〔英〕雷天助（James Laidlaw）著
吴迪 邱昱 译

以德为体

The Subject of Virtue

An Anthropology of Ethics and Freedom

关于道德和自由的人类学

北京大学出版社
PEKING UNIVERSITY PRESS | CAMBRIDGE

著作权合同登记号　图字：01-2022-4548

图书在版编目(CIP)数据

以德为体：关于道德和自由的人类学 / (英) 雷天助 (James Laidlaw) 著；吴迪, 邱昱译. —北京：北京大学出版社, 2022.11
ISBN 978-7-301-33430-0

Ⅰ.①以… Ⅱ.①雷… ②吴… ③邱… Ⅲ.①哲学人类学—研究 Ⅳ.①B089.3

中国版本图书馆 CIP 数据核字(2022)第 181933 号

This is a simplified Chinese edition of the following title published by Cambridge University Press:
The Subject of Virtue: An Anthropology of Ethics and Freedom, First Edition (ISBN 978-1-107-02846-3) by James Laidlaw, first published by Cambridge University Press 2014.
This simplified Chinese edition for the People's Republic of China (excluding Hong Kong SAR, Macau SAR and Taiwan Province) is published by arrangement with the Press Syndicate of the University of Cambridge, Cambridge, United Kingdom.
ⓒ Peking University Press 2022
This simplified Chinese edition is authorized for sale in the People's Republic of China (excluding Hong Kong SAR, Macau SAR and Taiwan Province) only. Unauthorised export of this simplified Chinese edition is a violation of the Copyright Act. No part of this publication may be reproduced or distributed by any means, or stored in a database or retrieval system, without the prior written permission of Cambridge University Press and Peking University Press.
Copies of this book sold without a Cambridge University Press sticker on the cover are unauthorized and illegal.
此版本仅限在中华人民共和国境内(不包括香港、澳门特别行政区及台湾省)销售。
本书封面贴有 Cambridge University Press 防伪标签，无标签者不得销售。

书　　　名	以德为体：关于道德和自由的人类学 YI DE WEI TI: GUANYU DAODE HE ZIYOU DE RENLEIXUE
著作责任者	〔英〕雷天助（James Laidlaw） 著　吴迪、邱昱 译
责任编辑	董郑芳
标准书号	ISBN 978-7-301-33430-0
出版发行	北京大学出版社
地　　　址	北京市海淀区成府路 205 号　100871
网　　　址	http://www.pup.cn
电子信箱	ss@pup.pku.edu.cn　dongzf@pup.cn
新浪微博	@北京大学出版社　@未名社科-北大图书
微信公众号	ss_book
电　　　话	邮购部 010-62752015　发行部 010-62750672　编辑部 010-62753121
印 刷 者	三河市北燕印装有限公司
经 销 者	新华书店
	650 毫米×980 毫米　16 开本　19.75 印张　253 千字 2022 年 11 月第 1 版　2022 年 11 月第 1 次印刷
定　　　价	89.00 元

未经许可，不得以任何方式复制或抄袭本书之部分或全部内容。
版权所有，侵权必究
举报电话：010-62752024　电子信箱：fd@pup.pku.edu.cn
图书如有印装质量问题，请与出版部联系，电话：010-62756370

中文版序

在完成《以德为体：关于道德和自由的人类学》（以下简称《以德为体》）快十年后，得知中文版将要出版，我甚感欣喜和荣幸。

在撰写《以德为体》的时候，道德人类学这一领域方兴未艾，当时还只是由一群规模较小的"痴迷者"从不同的理论基点出发试图发展的新兴领域。如今，道德人类学已经成为一个成熟的人类学研究领域，它不仅包罗丰富多样的课题，而且还广泛影响了一大批各个分支领域的人类学作品。我写这本书的初衷是为道德人类学的建构提供理论基础和纲领。我想借这本书来反思人类学中一直以来阻碍道德人类学发展的理论桎梏，分析一些人类学家在对道德生活进行概念化处理时可能用到的哲学资源以及它们各自的优缺点，探索我们如何把一些关键性的道德概念转化成社会现象加以研究，最后列出了一些可能有益于道德人类学发展的研究方向。

令人欣慰的是，这些年，同行们觉得本书中的一些讨论对他们的研究很有帮助，即便其中不乏一些对道德人类学的争辩和不同看法。

《以德为体》出版之后，一系列里程碑式的重要学术著作相继得以出版，进一步发展了这一领域。其中包括如下作品：Michael Lambek 的 *The Ethical Condition* (2015)，Webb Keane 的 *Ethical*

Life (2015)，Veena Das 的 *Textures of the Ordinary* (2020)。还包括一些合集：Julia Cassaniti 和 Jacob Hickman 合著的"New Directions in the Anthropology of Morality"（*Anthropological Theory*，2014），Matei Candea 等主编的 *Detachment* (2015)，Iza Kavedžija 和 Harry Walker 合著的 *Values of Happiness* (2017)，Jonathan Mair 和 Nicholas Evans 合著的"Ethics Across Borders"（*HAU*，2015），Cheryl Mattingly 等主编的 *Moral Engines* (2017)，Linda Layne 主编的 *Selfishness and Selflessness* (2020)，Morgan Clarke 和 Emily Corran 合编的 *Rules and Ethics* (2021)，David Henig、Anna Strhan 和 Joel Robbins 合编的 *Where is the Good in the World?* (2022)，以及我和 Martin Holbraad、Barbara Bodenhorn 一起为了庆祝 Caroline Humphrey 的学术成就而合编的 *Recovering the Human Subject* (2018)。除此之外，还有一些杰出的记述不同文化背景下道德生活的民族志作品，其中包括如下作品：Gregory Simon 的 *Caged in on the Outside* (2014)，Sian Lazar 的 *The Social Life of Politics* (2017)，Tomas Matza 的 *Shock Therapy* (2018)，Paolo Heywood 的 *After Difference* (2018)，Lesley Sharp 的 *Animal Ethos* (2019)，John Fahy 的 *Becoming Vaishnava in an Ideal Vedic City* (2019)，Nicholas H. A. Evans 的 *Far from the Caliph's Gaze* (2020)，David Henig 的 *Remaking Muslim Lives* (2020)，Moisés Lino e Silva 的 *Minoritarian Liberalism* (2022) 和 Johannes Lenhard 的 *Making Better Lives* (2022)。

这里，一些关于中国社会道德问题的重要研究更值得我们关注。其中包括如下作品：Yunxiang Yan 的 *The Individualization of Chinese Society* (2009)；Ellen Oxfeld 的 *Drink Water, But Remember the Source* (2010)；John Osburg 的 *Anxious Wealth* (2013)；Teresa Kuan 的 *Love's*

Uncertainty (2015);等等。

我诚挚地希望,拙著中文版的出版可以激励更多的学者来研究中国不同社群中发生的多种多样的道德生活转变。

最后,我还想感谢那些使得这本译著得以问世的人。我尤其要感谢邱昱和吴迪,谢谢他们开启了这项翻译工程,并在翻译拙著过程中付出了大量辛勤的工作。同时,我还要感谢黄剑波为这本译著作序。

雷天助(James Laidlaw)
2022 年 9 月 1 日

作为德性的自由
（中文版代序）

今年 3 月初收到邱昱博士邮件，嘱我为《以德为体》（*The Subject of Virtue*）一书的中文版写几句话作为介绍，获信之初很是愉快：一是在 2017 年短访剑桥的时候曾与雷天助（James Laidlaw）有过一面之缘，二是想到中文读者可以更容易地接触到这本道德/伦理人类学领域的必读著作。但我当时略有犹豫，一方面考虑到为这样的典范之作写中文版序自觉有些惶恐，另一方面其时我尚在重庆老家照顾病重住院的父亲，实在没有心力进行严肃的思考和写作。不过，我答应先抽时间再看看原书，读读译稿，作为再次的学习。确实，在阅读译稿的过程中，一些之前看英文版的草草印象被唤醒，部分关键之处找出英文对读，消除了之前留下的不少困惑，多有收获。

本来计划回归正常的教学和工作之后就择日把阅读感受记录下来，但我在 5 月 7 日下午回到上海，仅仅两天后，9 日晚上我所在的小区就进入了封闭状态，一直延续到 6 月 1 日基本解封，才能出入小区。在这 84 天中，尽管没能完成这个短篇写作任务，但这本书所讨论的问题却成为我的一个生活事实，每天都在实际地面对，真实地触及：关于"自由"（freedom）、关于"德性"（virtue）、关于"自我"（self）及"人"（person）。

确实，在此期间，与两千多万人一道，我们切身经历了"非常"的状态，虽然只是丧失了部分的行动自由，可这就算不是绝无仅有，大概也可说是见所未见。不过，从这段恐慌、沮丧、压抑的经验中，从这段不寻常的日常生活中，我也形成了关于自我、关于家庭、关于邻舍、关于更大的国家及社会的一些之前不曾有的感受，发现了一些不曾细细琢磨的角落。

对我来说，最切实的体会就是在最为基本的衣食事务中理解了何为真正的关爱。我接受过朋友的"投喂"，这不只是解决了基本的温饱问题，更重要的是，这件事提醒我：我被人关注，被人想起，我不是一个孤零零的存在。

或许更私密，但也是更深层的感受来自更为日常和琐碎的事情。和多数上海家庭一样，在这期间我每天的主要任务就是"抢菜"和做饭。不过，由于有尚在疾病康复期的家人，这件事需要更为上心，更为迫切，不仅要吃饱，还得尽可能吃好。于是，在我们都暂时让渡了一部分自由行动的权利的同时，我选择主动地、愉快地去照顾这些需要照顾的人：开开心心地切菜做饭，刷锅洗碗。这个选择的重点不在于我做了这些事情——我的家人其实做得更多，而是我自己体会到，对于那些需要我的人来说，我是重要的。这或许在现在这个特殊时期，显得格外重要，因为我被需要着，而这在根本上定义了我作为人的一个不可或缺的维度。在这个家庭中，我不只是一个孤单的个体，仅仅是一种功能上的存在，或者是社会契约或法律意义上的角色，不只是社会意义上的"父亲"或"丈夫"，而是"处于内在关系中的人"(intrinsically social person)。正是我心甘情愿地照顾了这个需要我的人，才形塑了我，才构成了完整的我；或者更准确地说，我的选择和相应的行动，使得我有可能成为一个更好的我。这是人之为

作为德性的自由（中文版代序）

人的应有之义。

我想说的是，尽管似乎我们很多时候感受到的自由是一个失去或被剥夺的问题，或者说是"freedom from"的问题，但是同样需要留意，更为重要的可能是我们心甘情愿地去做什么的问题，去促成什么的问题，或者说是"freedom to"的问题。自由，准确地说，我们在寻求的是何种自由，便是《以德为体》这本书所处理的主要问题之一，正如本书的副标题所提示的那样："关于道德和自由的人类学"。

简言之，雷天助认为，"自由"这个被人类学忽视的概念理当成为人类学研究的关键议题，因为自由并不是没有束缚的行动，而是人们可以根据自己的德性自主行动的一种能力，而这乃是人之为人的根本之所在。这种对于德性的强调则始于对人类学的反思，长期以来人类学研究将自由的问题限于压制与反抗的面向，那样的讨论集中于对"晦暗"（dark）的揭示、对权力的批判，以及对自主行动的权利的声张。在雷天助看来，这种"不自由的科学"（science of unfreedom）向我们宣告"我们已不再活着"：因为人类的行动动机已经被经济化为资本的算计、结构的形塑与霸权的压制的产物。自由不过是一种受系统蒙骗的幻觉，主体不过是阶级再生产的结果。

然而，这样的讨论无疑陷入了现代社会科学的话语，以至于它时常忽略了那些为了自我形塑的良善（good）而不断地努力的个体生命与他们所遭遇的历史境况。在这个层面上，"不自由的科学"所忽视的，正是人们都具有与良善相联系的能动性（agency），并基于这种能动性去获取自己的自由。这样的自由，涉及真正的德性，也理当成为作为人类学研究合法主题的自由。

这里，雷天助实际上提出了一个关键的问题即"free from"

与"free to"之间的差异。前者强调外在的控制，落脚点是那些政治的、宗教的或文化的制度与体系；后者关心的是内在的意愿和能力，落脚点是主体（subject）。也正是在主体形成这个意义上，我们才能理解，为什么雷天助对自由的讨论关联到对人的理解。而这也就解释了为什么雷天助如此倚重后期福柯（Foucault）的思想。事实上，雷天助对于后期福柯思想的精彩梳理也是我在阅读这本书时印象最深的一个部分。20世纪80年代后，福柯将知识、权力与主体收束于伦理这一主题，试图重新发掘主体的欲望，并对自我进行关切。虽然读者可能对人类学或道德/伦理人类学没有兴趣或者所知甚少，可值得注意的是，雷天助对福柯的讨论或许有助于让当下（中文）学界对于福柯的简单理解和刻板印象有所改观。

需要略做说明的是，雷天助在讨论"自由"时用的是"freedom"，而不是现代人特别是自由主义传统更多使用的"liberty"。在我看来，这大概可以反映出，雷天助有意回到一个更深远的思想传统来讨论人，尤其是生活在现代的人。

然而，偏爱后期福柯思想的雷天助显然没有引用神学讨论，但在我看来，在欧洲知识体系中，关于"自由"的讨论不可避免地需要回到神学意义上关于"自由意志"的争论，否则就会遗漏许多关键的节点和信息。不过，这可能是一个超纲的要求，一本书不可能穷尽相关议题。

对于当下的人类学研究，雷天助提出了非常尖锐的批评，其中几条相当切中时弊；对于方兴未艾的道德/伦理人类学研究，雷天助也有所褒贬，但仍抱以厚望，认为道德/伦理人类学不仅是一个新的领域或动向，或所谓转向，而且应该是所有人类学的根本指向。对此，想必读者各有所见，留待各位自行掂量。但无论如何,密歇根大学人类学系的韦伯·基恩(Webb Keane)教授的评论深得我心:《以德为体》这本书将是"一代人学习人类学的基石"(a cornerstone of our teaching for a generation)。

黄剑波

华东师范大学人类学研究所

2022年5月,上海,初稿

6月15日,上海,完稿

译者按

人类学写作往往是一种"诠释"与"翻译"的过程。

一部优秀的人类学著作，不仅要求人类学家对田野做全景式描述（或深描）、情境性分析（或语境分析，即"contextualisation"）和结构型的理论框架建构，更重要的是，要求人类学家在读者与田野社群之间建起一座沟通的桥梁。通过不断地在本文化和异文化概念系统之间穿梭、比较、翻译，人类学家把熟知变得陌生，以达到借鉴和警醒；把陌生转化成熟知，以达到理解和共情。这么来看，人类学知识生产与写作本身就是一个很复杂的"转译"过程，而翻译人类学的"翻译"更为这本就复杂的事儿添了另一层困难，因为在翻译人类学著作的时候，对话由双方扩充成了三方。

在翻译的过程中，译者不仅要兼顾作者的田野和本文化与译著阅读群体的概念和用词之间的差异性，为了做到信、达、雅，译者还要尽量地"体味"作者的问题意识，以及他（她）是怎样理解自己的田野对象的——思作者之所思，虑作者之所虑。然后，基于作者的问题意识和关注点，译者再从自己的文化概念系统中找到恰当的、近似的词句，翻译出作者在人类学创作中做过的"翻译"。因此，翻译人类学著作需要译者将同一文本进行两次语境化处理；也就是说，译者要同时做两次"思想上的田野"。由于这一过程的复杂性，误译的可能性就变得很高，许多地方也变得"不可译"；若是再碰上写作风格"优雅"的作者，在写作时双关、暗喻、反讽等修辞方法信手拈来，那么这些问题也就会变得更加突出。

这些就是我们两位译者在翻译《以德为体：关于道德和自由的人类学》时所面临的困境：一方面，我们要保证"信"，忠实于作者的用词和修辞手法，尽量直译；另一方面，我们又想确保"达"，把作者的理念、议论方式和问题意识，用译著读者能够接受的方式表达出来。对于两个没有接受过任何翻译技巧训练、此前尚未翻译过任何大部头著作的"门外汉"来说，"雅"是可望而不可即的。

当"信"和"达"发生冲突的时候，我们选择了后者。所以，对于本书中的很多地方，如果读者与原文比较的话会发现，译者并没有直译，而是凭着多年来接受的人类学研究训练，结合自己对作者的问题意识和行文习惯的理解，咀嚼了原文，然后重新按汉语习惯，用自己的话重述了原文的意思。译者原本的构想是以"作注"的方式来翻译这本书，不过后来发现这一工程实践起来过于庞大，就放弃了。但是，译者仍认为，"作注"是一种翻译人类学著作的好方法，尤其是人类学理论著作。这么做不仅可以更好地翻译出作者的问题意识，而且可以彰显译者的主体性，把译文（或注文）转化成观点，供日后进一步的学术商榷。

鉴于译者在翻译本书时用的这点儿小心思，我们觉得有必要在这里澄清对几组关键词的翻译方式。

第一组关键词，"道德"和"伦理"。

汉语学界习惯把"morality"翻译成"道德"，而把"ethics"

翻译成"伦理"。因此，现在很多人类学译著沿用了这一方式，把"anthropology of ethics"译为"伦理人类学"。在本书中，译者觉得这么翻译欠妥，故而反其道而行之，将"ethics"译为"道德"（和"美德"），将"anthropology of ethics"译为"道德人类学"。

首先，我们需要澄清的一点是，作者曾多次强调，"道德"和"伦理"的用词差异在人类学相关著作的撰写中并不那么重要——大多数人类学家（包括本书作者在内）都存在不同程度的两词混用的现象。

其次，如果较真儿起来，作者对"道德"和"伦理"的区分沿用了哲学家伯纳德·威廉姆斯的做法："morality"强调规范，而"ethics"更倾向于个人品性和处世方法。如果从这一层意思出发，"ethics"更接近汉语中"道德"的含义。按哲学家安乐哲的说法，"德"的原意就是"因个人魅力而产生的一种吸引力"，故有"美德"一词。而在汉语中，"伦理"一词原是指古代的音乐条理，后有人与人关系之秩序与规范的含义。按费孝通的理解，"伦理"指的是"纶"和"人伦"，即一种关于社会关系的排列组合方式，而不同的社会关系和阶序要受不同的规范的制约。按这一理解，"伦理"反而更接近目前西方人类学界的"morality"。所以，在本书中，一般将"morality"翻译为"伦理"，而将"ethics"翻译为"道德"（和"美德"）。

第二组关键词，"自由"（"自由主义"）和"自主"。

另一组频繁出现的词是"自由"和"自主"。在原文中，很多时候"freedom"和"liberty"是通用的，都用来指代"自由"。这也很符合汉语的习惯。但在一些地方（尤其是第四章），作者借鉴了伯林和斯金纳的观点，对"自由"做了进一步区分，即"积极自由"和"消极自由"。在阅读过程中，读者要特别注意这一区分——很多地方省略了"积极"和"消极"。这一区分在作者讨论"自由主义"（liberalism）的时候尤为重要。

另外，原文中多次使用"autonomy"指代特定方式的自由。在翻译时，译者皆把"autonomy"译为"自主"，即便在汉语表达上有些地方显得比较拗口。

第三组关键词，"中介性"和"主体能动性"。

最后一组概念最为复杂，因为这组概念的定义本身就是第五章中争议的焦点，也是作者理论的根据。

在通常情况下，人类学研究者把"agency"译为"（主体）能动性"。但作者认为，这种对"agency"的定义方式大为局限，甚至"扭曲"了其本意，因为对（主体）能动性的判定包含判定者先入为主的价值取向。换言之，行动者只有在做出了判定者（大多数情况下是社会科学理论工作者）所认为的具有"能动性"的行为时，才算是具有"主体能动性"。鉴于此，作者建议回归使用"agency"一词的原意，即"中介性"和"能动性"的双关。

对"agency"的重新界定的确给翻译过程带来了很多困难。在第五章的很多情况中，"agency"既指代"（主体）能动性"，又指代"中介性"。同时，作者也用"agent"指代"中介者"。这种多项指代难免会产生混乱。为了尽量避免误解和误译，译者在第五章中用了大量的英语括注，在拿不准的时候就标注了英文原词。希望这么做，读者可以自己定夺"agency"的特定指代意义。

是以为按。

致　谢

感谢那些阅读过本书全部或部分的早期版本、讨论过其中的一些观点、提出过意见和建议，或者只是耐心地听我讨论过这个话题的所有人。后者主要包括过去几年里剑桥大学社会人类学专业的本科生和研究生。在我授课和辅导的过程中，他们的回馈敏锐而极具探索性。这些回馈对本书产生了相当深刻的影响。

在过去的几年里，马太·坎迪亚（Matei Candea）、乔安娜·库克（Joanna Cook）、尼古拉斯·埃文斯（Nicholas Evans）、保罗·海伍德（Paolo Heywood）、卡洛琳·汉弗莱（Caroline Humphrey）、乔纳森·梅尔（Jonathan Mair）和苏马亚·文卡特桑（Soumhya Venkatesan）等人在智识上陪伴着我。这种陪伴极大地丰富了这项研究工作。我们的阅读小组，以及这些朋友不遗余力地慷慨相助，投入时间去阅读和评论尚处于进行时的文稿，都成为我许多富有成效的想法的来源，也有效地帮助我躲开了可能犯下的错误。

在我担任梅隆研究员（Mellon Fellow）期间，剑桥大学艺术、社会科学和人文学研究中心（CRASSH）举办了"处于哲学和人类学之间的伦理学"这一跨学科研讨会，这也对我产生了影响。感谢所有参加研讨会的人，感谢该中心热情洋溢的主任西蒙·戈德希尔（Simon Goldhill），特别是感谢我的共同组织者哈尔瓦德·利勒哈默（Hallvard Lillehammer）。我们定期讨论和深层次合作了如何构思人类学与道德哲学之间的对话这一项目。这次合作是我近年来最珍视的知识乐趣之一。

在本书最终完成的那一年里，我获得了几次宝贵的机会，得以展示本书的部分内容。我感到受益匪浅。在爱丁堡大学做蒙罗讲座（Munro Lecture）是非常愉快的经历。感谢雅各布·科普曼（Jacob Copeman）、伊恩·哈珀（Ian Harper）和乔纳森·斯宾塞（Jonathan Spencer）的盛情邀请，也感谢该大学人类学系每个人的热情招待。塔尼娅·吕尔曼（Tanya Luhrmann）一如既往地选择了一个合适的时机，提议我去斯坦福大学人文中心做访问学者。她一如既往地周到地组织了一场精彩、有活力的学术研讨会。除此之外，她让我基本处于安静写作的状态。当然，除了我们一起用餐的时候。在用餐期间，我很高兴地向学科同行介绍了我的研究工作。他们具备最敏锐的探测器，帮助我消除了研究中的模糊性。由于乔尔·罗宾斯（Joel Robbins）、乔·汉金斯（Joe Hankins）和鲁珀特·施塔施（Rupert Stasch）的慷慨邀请，我得以在加利福尼亚大学圣迭戈分校的人类学系展示了书中的部分章节，并参加了一些非常愉快的讨论。最后，在莱斯大学的一周时间里，我有机会在一个讲座和两个紧张的研讨会上向一群出色的研究生介绍了三个章节的草稿。詹姆斯·福布恩（James Faubion）和亚历山大·雷吉尔（Alexander Regier）对我的写作提出了深刻的意见，并给予我最为美妙热情的款待。威廉·达尔（William Düell）还向我推荐了跑步，我从中体会到了在休斯顿沉闷潮湿的夏天空气中的独特乐趣。

我的感谢清单中还包括艾伦·艾布拉姆森（Allen Abramson)、迈克尔·班纳（Michael Banner）、苏珊·贝利（Susan Bayly）、摩根·克拉克（Morgan Clarke）、马丁·霍尔布拉德（Martin Holbraad）、蒂莫西·詹金斯（Timothy Jenkins）、马格努斯·马斯登（Magnus Marsden）、普维斯·莫迪（Perveez Mody）、戴维·欧文斯（David Owens）、阿南德·潘迪安（Anand Pandian）、石瑞（Charles Stafford）、鲁珀特·施塔施和奥拉夫·岑克尔（Olaf Zenker）。他们或阅读了部分文本，或提出了意见和建议，或跟我展开过富有启发意义的讨论。特别令我感激的是，乔尔·罗宾斯阅读了定稿前第二份全稿的大部分内容，并以他特有的同情心和穿透力进行了评论。作为丛书编辑，迈克尔·兰柏克（Michael Lambek）和乔纳森·斯宾塞给予我极大的支持。

剑桥大学国王学院和社会人类学系是两个无与伦比的学术共同体，给予了我激励和支持。能有机会与这两个学术机构的同事一起工作，是一种不可估量的特权和乐趣。最后，我必须向彼得（Peter）送上我的感恩和爱。

"道德科学"一词相对于它所指代的研究对象而言，显得过于傲慢了，而且冒犯了高尚的品味；后者往往倾向更谦逊的词汇。人们应该明确地承认，要为建立一门关于道德的类型学做好准备，在长期内必须做什么，和到目前为止应当做什么。这些包括：收集材料、培养对价值及其差异的细腻感知，并形成概念——这些感知是活的，不断生长、繁殖和消亡。或许人们可以试着生动地展现这些活生生的感知的更平常和反复出现的形式。

弗里德里希·尼采（1998［1886］：74）

（《善与恶的彼岸》，梁余晶等译，

光明日报出版社2007年版）

我们需要把自己从"神圣化的社会是唯一真实存在"这样的执念中解放出来。我们不应该再认为人类生活和人类关系的最基本要素——我是指观念——很扑朔迷离。观念的确存在，不仅在庞杂的话语系统形成之前存在，也能超越话语系统而存在。虽然观念往往隐藏在日常行为之中，但它一直都是行为的驱动力。即使是在最笨拙的制度设置里，在悄然无声的习惯行为中，我们依然会发现观念的存在。

米歇尔·福柯（2000［1981］：456）

如果一个人有可能在同其他人都没有交往的情况下，在某个与世隔绝的地方长大成人，那么，正如他不可能想到自己面貌的美或丑一样，他不可能想到自己的品质，不可能想到自己情感和行为的合宜性或缺点，也不可能想到自己心灵的美或丑。所有这些都是他不能轻易弄清楚的，他自然也不会注意到它们，并且，他也不具有能使这些对象展现在自己眼前的镜子。一旦把这个人带入社会，他就立即得到了在此以前缺少的镜子。这面镜子存在于同他相处的那些人的表情和行为之中，当他们理解或不赞同他的情感时，总会有所表示；并且正是在这里，他第一次看到自己感情的合宜和不合宜，看到自己心灵的美和丑……把他带入社会，他的所有激情立即会引起新的激情。

亚当·斯密（1976［1790］：110-11）

（《道德情操论》，蒋自强等译，

商务印书馆2003年版）

目　录

第一章　超越社会科学中的"不自由"　　001
　　实践论的经济化　　007
　　人类学与道德　　013
　　作为"社会"的道德　　020
　　相对主义搭建的海市蜃楼　　027
　　自我与他者　　036
　　人类学和哲学　　044

第二章　美德：具有民族志姿态的哲学？　　051
　　"美德"　　054
　　人类学对美德理论的借鉴　　059
　　麦金泰尔的理论　　062
　　从亚里士多德式的反思到教会权威　　074
　　美德、手工艺与习惯　　081
　　后麦金泰尔时代的美德和传统理论　　087
　　"他者化"现代性　　098

第三章　福柯的道德谱系论及其未为人知的"自由哲学"　103

欲望的历史化　106

雅典之谜　110

主体化　115

多种多样的自由　123

伦理与道德的区别　125

将雅典城邦中的自由和欢愉问题化　135

走出活力主义（vitalist）的舒适区　141

第四章　人类学中的"自由问题"　155

在开罗，学习规范　158

自由派的自由？　161

被培育出来的"无能"　170

自主性与自我独立　176

自主性与自我的一致　185

价值的冲突？　189

自由与行为自发性　196

交换彼此的自由　199

第五章　认真对待"责任"　201

对两种"能动性"概念"不必要"的划分　204

责任和道德自我　213

在阿赞德人（Zande）的占卜中建立责任　222

在统计推理（statistical reasoning）中建立责任　229

绝对自我责任？　234

第六章　不情愿的食人者　237

参考文献　253

索　引　283

第一章

超越社会科学中的"不自由"

在人类生活中，道德究竟处于什么位置？"我们应该怎么活？""什么样的人生才是有价值的？""我要做一个什么样的人？"——不只是哲学家、教士或者政治改革者才应该对这些问题感兴趣，道德更应该是人类学研究不可或缺的一部分。无论是关于行为的对错，还是人们彼此之间的拖欠，抑或我们想成为什么样的人，这些道德思考和伦理考量弥漫于我们的生活，无所不在。可是，在研究时，人类学家应该如何借鉴哲学家的理论？哲学关于道德问题的反思又能从人类学对世界各地人群日常道德行为的记录和分析中汲取什么养分？在对道德的实证研究中，我们怎样才能在人类学和道德哲学之间建立起一套行之有效的跨学科对话机制，从而最大程度地来反思人类的生存经历？为了能直接地理解与分析社会道德生活，我们需要对现有的社会理论进行怎样的梳理和整合？

本书的主旨是为过去二十多年来快速发展的道德人类学的学科建设提出一些规划性建议。虽然道德人类学近年来的确为民族志写作开辟了新的方向，但是我认为道德人类学不应该仅仅被规范成人类学的一个分支学科，或是人类学研究的一个特殊领域。恰恰相反，道德人类学的宗旨应该是丰富人类学的核心理论和实践，为人类学整体学科的整合发挥其应有的作用。提出此宗旨的依据正是：道德考量是人类生活必不可少的组成部分，人们无时无刻不在道德之中。鉴于人类学理论迄今为止仍忽视（有时甚至刻意边缘化或否定）对道德行为的分析，我们如果真的想要把道德人类学成功地建设起来，那我们就需要寻求一些可行性方案，使实证性的、可比较的、民族志层面上的人类日常道德行为成为人类学理论分析的焦点。近来兴起的性别研究（the study of gender）可以为道德人类学的建设提供一个很好的参照先例。无论是在人类学，还是在大部分的人文学科和社会科学学科中，性别研究起初都是以一个分支学科的姿态兴起的，但在其成熟之后，性别研究反而变成了对各大学科领域的普遍修正。其学科发展经历了从对被忽视主体（"女性人类学"）的研究和对特定观念态度（"女权主义人类学"）的研究，到对被忽视主题（"性别人类学"）的研究，然后再到对该主题的普遍性认可（"男人也有性别"），最终性别研究成为人类学整体理论的一个新维度。

类似的学科转变对于道德人类学来说也是必要的，因为现代理论在分析社会生活的时候总是习惯性地把道德当成一种表面的、边缘的、虚幻的，抑或带有欺瞒性的行为加以处理。其实这种处理并不意味着社会科学研究者就一定要这么想。正如迈克尔·兰柏克（Michael Lambek）最近说过的那样，在田野中发生的社会交往和社会关系为人类学家提供了很好的理由去反驳这种观念。他指出："人类学家通常会发现，他们在田野中遇到的人总是很努力地试图做着他们自己认为对的或者好的事情。人们也经常以社群公认的'对'与'善'为标准来评判彼此的行为。时常，人们还会讨论究竟什么是善良等问题。"（2010a：1）道德思量——无论是一种对个人的认可，还是对行为责任的划分，或者

第一章 超越社会科学中的"不自由"

是对事态的评价——在交流过程中无处不在，它也是社会交往的固有内在组成部分（参见 Keane 2010；Rumsey 2010；Lambek 2010b）。当然，这并不意味着在任何时候任何人都能很好地选择去做适宜的事。更重要的是，我们不应该将道德思量的普遍存在性与人们对道德规范的遵守程度这两个不同的问题混淆处理。道德人类学上的一切主张都不应成为对田野人群的道德评判，而应该是对人们如何做出道德评价的描述。

诚然，有人可以辩驳说：表面上，道德思量在人类社会生活中是无所不在的；但是，如果我们深究道德行为的产生基础（例如个人自由和责任）以及人们的道德反思和道德决策等日常经历，我们就会意识到这些都只不过是行为主体产生的错觉罢了，归根结底，真正决定人类行为的还是物质条件。这种辩驳在学术实践中存在多种形式。一种辩驳是以进化论或认知心理学为基础，主张自由（和对自由的假想）是人类认知能力进化过程中的副产物（例如 Wegner 2002）。这种论调即便是在认知人类学领域现在都不怎么受待见。有鉴于此，我在本书余下的章节中对这一观点也就不再赘述了。要是真有一天他们能拿出足够的证据来证明这一主张的有效性，那么道德就不存在了，而这本书的论题便也无从谈起了（参见 Faubion 2011：38）。另一种辩驳也同样笃信物质条件的决定性，说自由和道德是一套系统性的、意识形态上的幻想（例如 Althusser 1971）。我们不得不承认，人类学家对这一观点并不反感。从某种程度上来说，这并不奇怪，因为很多人类学家的基本论调和这一观点是一脉相承的——他们对结构马克思主义（structural Marxism）和拉康的心理分析法（Lacanian psychoanalysis）都很感兴趣。

由此可见，当社会学家齐格蒙特·鲍曼（Zygmunt Bauman）

说社会学和社会理论在总体上是一门"不自由的科学"(science of unfreedom)时(1988:5),他一语中的。无论社会科学工作者是否认可这一情况,只要他们想提出有效的社会解释,就必然都会选择对人们社会行为中的道德因素做简化处理。只有在淡化处理了行为主体的个人自由选择的经历,认定自由选择的经历都不过是一些遐想之后,那些所谓的"社会性""国家意识形态""全球体系""新自由主义""殖民主义话语霸权"等理论框架才能直接地、顺理成章地被用来解释人们日常的行为抉择过程。这也正是为什么迄今为止,社会科学工作者在理论分析中还没有感觉到有使用"自由"这一概念的需要,包括齐格蒙特·鲍曼本人。当他被邀请撰写一本关于"自由作为社会科学概念"的著作时,鲍曼很明确地否认了"自由"变成社会理论核心分析概念的可能性,而更倾向将"自由"当作社会学分析客体来研究。鲍曼写道,在研究自由时,社会学应把兴趣点放在为什么现代西方意识形态会将自由视为无上价值这种问题上(1988:28-9)。在后面的章节中我们可以看到,就类似的问题,道德人类学已经对西方的特殊性提出了充分的挑战,但是其理论前提假设却从未被质疑过,仍然广泛地被使用着。

直到最近几年,"伦理"(以下我会进一步解释"伦理"[morality]和"道德"[ethics]的区别,在此我们权且将两者视为一组可交换使用的概念)才渐渐变成人类学的研究主题,但很多人类学家对伦理研究仍模棱两可。这种理论上的晚熟不仅仅在于学界的忽视。为了更好地阐明道德人类学在社会理论中所面对的障碍与困境,我们不妨先简要地参看一下目前社会科学理论中最具影响力的一个范式。这一范式起初也恰恰是为了脱离"不自由的科学"而被提出来的。

实践论的经济化

自从谢里·奥特纳（Sherry Ortner 1984）综合了布迪厄（Bourdieu）、德赛都（de Certeau）、吉登斯（Giddens）、萨林斯（Sahlins）等众多学者的社会理论，提出了"实践理论"（practice theory），很多人类学家就都期盼"结构"（structure）与"能动性"（agency）这一对辩证概念能在不抹灭社会文化结构的理论解释力的前提下，真真正正地将自我个体决策过程（在质上区分个人意向性行为和物理性因果联动关系）提上日程。在实践理论中，实践是一种媒介，是一个不断的循环过程——客观物质条件塑造着主体的观念与性情，而受特定的观念和性情影响的主体的行为则更倾向再生原有的客观物质条件。

毋庸置疑，关于实践理论，皮埃尔·布迪厄（Pierre Bourdieu）的论述是最全面，也最有影响力的。他借马克思主义理论框架把结构主义（structuralism）、后结构主义（post-structuralism）以及心理分析派的学说（psychoanalytic thought）整合在一起。其雄心壮志堪比马克思和涂尔干。但是最终，无论是在布迪厄本人的著作之中，还是在他的追随者的扩展论述之内，"结构"和"能动性"之间的辩证关系不是变成了一种对两者的进一步划分，就是变成了一种对双方作用力的摇摆分析（先分析结构对主体的影响，再分析主体对结构的能动性），而分析的落脚点经常是社会文化结构的决定性。

无论是在布迪厄（1977；1984；1990）、吉登斯（1979；

1986)、奥特纳（1984；1989；2006）的笔下，还是在其他人的笔下，实践理论的理论范式对"能动性"的界定都是和"结构"直接相对的。也就是说，对结构的再造、抗争或改变才是认定个人行为效力（能动性）的标准。因此，这种处理方式的结果便是系统性地把自由问题（"人类行为是否或在什么意义上不受拘束，出于个人意愿"这样的问题）与主体行为对结构的影响效力问题混为一谈。换言之，只有对"结构"产生一定作用效果的主体行为才会被认为具有"能动性"。在这种理论框架下，研究分析者总是喜欢假定社会主体行为的"真正"目的在于自我获利，即通过抵触或者挑战社会文化结构来提升自己在社会结构中的地位。这样一来，"能动性"就成了追求个人权力和地位的代名词（参见 Lembek 2000；Laidlaw 2002；Keane 2003；Mahmood 2005；Evens 2008；Sykes 2009；Laidlaw 2010b；Faubion 2011）。故而，这种对"能动性"的理论设定混入了研究分析者对"自由"的个人价值判断——对于他们来说，只有追求个人的"真正利益"，才算兑现了"自由"。这种认知和我们日常所说的"自由"大相径庭。

虽然布迪厄可以借用修辞来掩盖他的价值取向，但归根结底，他的确是一个实打实的马克思主义者。布迪厄强调物质对人类意识的决定性作用。他曾经很明确地指出，人"虽是在其所在的客观结构中产生的，但最终是由经济基础决定的"（1977：83），所以一个人的性情和价值取向不可避免地要取决于他（她）的阶级和社会地位。虽然布迪厄给予了主体一定的行为空间，但是在他的笔下，主体的价值取向和行为动因到最后都只不过是其阶级成分再生产（class reproduction）的结果罢了。在建构其宏大的理论框架时，布迪厄费尽心思地反复强调，即便经济竞争这一套逻辑不能涵盖一切，主体的各种行为在分析上也完全可以被简化为资本的流动方式来理解（Bourdieu 1984；1986；1991；1993）。在他的理论中，亲属关系、朋友关系、同事关系与邻里关系等任何承载社会责任的关系都被归类成"社会资本"（social capital），而教育、谈吐举止、个人品味也都被诠释成对"文化资本"（cultural capital）的投资。"象征资本"（symbolic capital）也同样被用来简化所有形式的仪式和所有体现声望的事情，其中甚至包括友善、慷慨以及无私的行为。的确，在布迪厄的理论中，无利所图已然成为一种臆想；参与公益竞跑、给孕妇让座、在大街上为迷路的游客指路等这些善意的一举一动，都变成了人们以文化资本、社会资本和经济资本为考量的投资行为。对于布迪厄来说，所有的行为都是资本运作的不同形式。它们就像经济资本一样，本质上都是劳动力的不断累积（1986：46）。故而，他认为，在社会理论分析中，把实践加以经济化处理是理所当然的，因为无论实践以什么样的形式存在，其背后真正的动力永远都是"客观的经济利益"。

从这种分析方式出发，在世界的任何角落所发生的任何事情都可以被解释成主体以个人利益为出发点对权力做出的抵制和反抗。很多时候，这些诠释都是研究者自身价值观的投射，彰显的却是强烈自厌的现代西方自我观。对量化的执着也正基于此。正是因为资本的转换与投资在现实中很难得到特定的回报，所以业界，乃至人类的整体社会生活都被塑造为一幅简单（甚至幼稚）的图画。随着社会、文化、象征、政治和学术被资本化，近来"性欲资本"（erotic capital）也被抬上了桌面。其倡导者承认性吸引力很难被量化，但是他们仍固执己见，说在量化分析上的困难"并不应该成为否认性吸引力在社会行为中所起到的重要社会经济作用的借口"（Hakim 2010:499）。显然，在理论分析过程中，这种把美丽、活泼、迷人等不同的社会表征归类为同一种资本类型的处理方式不可能是认可"性吸引力"学术重要性的唯一方式。不过，我们可以肯定的是，这种简单的将性吸引力归类为资本的做法恰恰忽视了性吸引力本身所具有的特性和强大力量。即便在性吸引力上做再多的理性计算，也不可能囊括我们所熟知的那些由性欲望带来的喜悦与悲伤。就其特征而言，道德在这种理论框架中完全变成了一种社会管控机制，即向女性灌输一种意识形态，禁止她们通过利用自身的性资本来最大化其经济和社会优势。

布迪厄在其对礼物交换的经典分析中，把善意无私的给予行为和人们对社会地位的竞争做了等同处理。他将礼物交换描述成"受集体维护和认可的自我欺骗方式"（1977:6），并指出：正因为礼物交换系统在交换参与者的"背后"（behind the backs）运转，所以此系统本身完全可以进行自我循环再生，不需要依赖主体的意志。类似地，在布迪厄的论述中，象征资本、社会资本和文化资本之所以能够起作用，大多是因为它们作为资本的本质是隐秘的——要么被误认，要么被借代，而对这些资本的累积最终取决于它们是不是一种经济手段。布迪厄一再坚持说，他的理论不是机械的，人类意志在他的理论中有"自治力"（autonomy），但是他所说的这种"自由意志"（自治力）实质上只是一种受系统蒙骗的假象，即人类对自己行动力的错觉。换言之，正因为人类对主体行为自治的误识在社会系统自我再生的过程中起着至关重要的作

第一章　超越社会科学中的"不自由"

用，布迪厄才承认了"自治力"的存在（1990:41）。他将有操控力的社会结构与行为主体的惯习（habitus）结合起来。这种结合确保行为主体的观念和性情都为社会结构的再生提供了条件。惯习只会感知它准备去感知的事物，这种"选择性感知"确保了主体行为的自我纠正能力。也就是说，在实践过程中，主体的一切"随意行径"都会被惯习矫正成为"一个可预期的结果。惯习是当下唯一直接与行为的未来结果相关的可知、可控的因素"（1990:64）。无论主体如何判定自我行为，在客观事实上，他都是在玩一个最大化游戏——在游戏中，主体尽可能地促成社会结构的再生。布迪厄写道："关系网是投资战略的产物，无论是个人的还是集体的，是有意识的还是无意识的，投资目的本身都是建立和维系日后有用的社会关系"（1986:52）。T. M. S. 埃文斯（T. M. S. Evens）曾对布迪厄的理论做过折中的总结。他说，在布迪厄的理论中，"虽然他经常会提到道德的力量，但这只不过是他对象征资本的操练罢了；而结构再生的机械过程，尽管在原则上被否定，却是他事实上所推崇的"（2008:115）。诚然，布迪厄的理论体系很庞杂，其论述主要涉及社会如何完成自我再生产，以及物质结构如何生成主体并借主体性情来进一步促成自我物质结构的再生。在布迪厄的世界里，人类的反思、意志力与责任感都只不过是对结构系统再生过程有用的工具罢了。在这一世界里，任何改变都注定只是一种奇迹！在这一世界里，残忍、傲慢、嫉妒，连同爱情一并消失得无影无踪！在这一世界里，我很"欣慰地"通知大家，我们已不再活着！

约翰·斯图尔特·穆勒（John Stuart Mill）曾很睿智地观察到，政治经济学的理论都建立在对复杂的人类行为和动机加以简易抽象化处理的基础之上。他写道："这种抽象化处理方式将所有的渴望和动机"统统简化成对财富的追求（1864：137）。经孔德、马克思、涂尔干和布迪厄传承而来的社会学理论在处理人类自由问题时也做出了类似的简易抽象化处理。如果在理论分析上我们继续唯此种"不自由的科学"马首是瞻，那么人类学研究将注定比穆勒笔下的经济学还要阴沉。按照这一理论传统，我们只有在把生活中的道德做简易抽象化处理之后才能理解人类行为。但值得庆幸的是，并不是所有的社会理论传统都属于前面的由鲍曼所界定的"不自由的科学"，例外中就包括大卫·休谟（David Hume）、亚当·斯密（Adam Smith）、亚历西斯·德·托克维尔（Alexis de Tocqueville）、弗里德里希·尼采（Friedrich Nietzsche）、马克斯·韦伯（Max Weber）、格奥尔格·齐美尔（Georg Simmel）和米歇尔·福柯（Michel Foucault）。另外，在以后的章节中我们还会看到，人类学中也有很多的范式可以帮助我们逃离这种"不自由"。诚然，当鲍曼说这种阴沉的"不自由的科学"仍是当下的主流时，他是正确的。道德人类学之所以不应该只屈居为人类学的分支学科，正是因为道德人类学，如果我们想要真正将其建立起来，势必将发展出一套更充分的理论解释体系。在这个新的体系中，主体的行为与责任不应该再被描述成"客观结构"自我再生机械过程中的一环、是各种"客观作用力"下的必然产物。为了发展出一套更充分的理论解释体系，我们需要将"自由"纳入我们的视野——不仅把"自由"当成一种研究对象，更重要的是把它立为我们理论的出发点和分析过程中的基础性概念。除非我们围绕"自由"发展出一套理论概念体系，在此之前，道德都将无从谈起；自然而然，道德人类学也只能是自相矛盾的。

第一章 超越社会科学中的"不自由"

人类学与道德

正如我前面提到的,道德人类学是近二十年内发展起来的学科。人类学关于道德的讨论在 20 世纪 90 年代才开始。当时,人类学家刚刚意识到,作为社会生活重要组成部分的道德也应该被纳入人类学的研究范畴。但我们必须承认的是,在此之前,道德其实一直都隐藏在人类学思想之中。在人类学学科史上,很多伟大的民族志作品都对道德概念和道德思量等问题进行过复杂的讨论。很多有影响力的学者也多次提出,人类学在本质上是关于"道德"的学科,即便他们对"道德"的定义大相径庭。

众所周知,涂尔干在晚年(1953;1979)曾宣布,他的理想是将伦理学转变成一门以经验为基础的、专研"道德事实"(moral facts)的实证主义科学。这一理想的实现,对于涂尔干而言,将意味着实证主义社会科学的最终胜利;同时,也可以证明作为社会生活基石的道德规范和价值是有律可循的,因此我们可以依据专家的意见来改造和提升道德水准。几十年后,罗伯特·马雷特(Robert Marett)也曾评价说,在庞杂的人类学领域内,"对道德观念和道德制度的研究是社会人类学最重要的任务"(1931:395)。由于马雷特受其当时所在的牛津大学中"理想本能主义"(Idealist Intuitionism)学派的影响,他对道德的定义和涂尔干的实证科学主义是不同的。马雷特写道,对于道德进化过程的研究(从动物的"残暴本能",演化成原始社会的暴政,再发展出道德反思和道德独立),进化论所能做的贡献是很有限的,自然主义论(reductive naturalism)更不可能有任何帮助。这是因为，整个进化过程恰恰是人类特有的道德本能战胜人类生物自然性的过程（1902）。当 E. E. 埃文斯-普里查德（E. E. Evans-Pritchard）在 1950 年的马雷特纪念讲座上论辩说社会是道德系统而非自然系统的时候（1962），他不是在支持马雷特的关于"原始人"不具备道德反思能力的说法，而是主张道德生活应该存在于科学因果关系链条以外。基于此，埃文斯-普里查德进一步否认了涂尔干将道德视为可预测的、受社会结构决定的观点（详见 Evens 1982）。他坚持，人类学家不应从自己的角度替人们的决策和行为做出解释，而应该给予其所研究的人群足够的自我行为理解力；所以，人类学的任务是以田野人群的道德分类和道德概念来"翻译"其道德系统。

埃文斯-普里查德对人类学的这种认识影响了他之后的很多代人类学家。他们通过翔实的民族志扎扎实实地记录着当地人的人格概念，以及当地的道德价值观（例如：Evans-Pritchard 1956；Lenhardt 1961；Campbell 1964；Beidelman 1971；Fortes 1971；Carrithers, Collins and Lukes 1985；Herzfeld 1985；Beidelman 1986；James 1988）。如罗杰斯（Rogers 2009:14-15）所述，这些学者对亲属制度的特别关注使得他们对道德（作为自我和他人相互塑造的过程）的阐述很有成效。但是，他们想通过比较的方法将其发现的田野规律加以普适化的尝试却都无果而终。其中就包括佩里斯塔尼（Peristiany）关于地中海地区的荣誉和耻辱的研究（1965），杜蒙（Dumont）关于南亚地区的等级制度、纯洁和污染的研究（1980），以及威尔逊（Wilson）关于加勒比海地区的名誉和尊重的研究（1969；1973）。这些失败是由于，他们对文化整体性和文化内在同一性的假设使得他们的理论在适用度上受到很大限制，尤其是当他们试图用"本土道德"（local moralities）去分析跨地域现象时（详见 Herzfeld 1980）。在如何系统性研究人类的道德生活这一课题上，其他一些人类学尝试也没能取得更好的结果。

爱德华·韦斯特马克（Edward Westermarck）在其著作《关于道德概念的产生与发展》（*The Origin and Development of the Moral Ideas*）（1906；1908）和《道德相对论》（*Ethical Relativity*）（1932）中提出了一套很经典的主观主义文化道德相对论。其思想的核心是把自然情感（尤其是感激和愤恨）视为人类道德反应的基础。这些情感是普遍存在的，但是基于这些情感而产生的道德观念及其内涵却随着时间和地点的不同在变化。另外，韦斯特马克还指出，在大多数情况下，人们对道德观念的接受都要经过反思。他希望通过阐述"我们自己"的价值观发生的偶然性，人们可以更好地质疑和改良"我们"现有的价值系统，朝着更具理性的、更富启蒙精神的道德观出发。在后面，我们将会看到，博厄斯（Boas）的相对主义人类学也抱有同样的期望。如果当时的学者能够继续按休谟的人性观来完善韦斯特马克的理论的话，那么这一理论也许可以变得很有说服力。但最终，韦斯特马克的经验主义人性论还是被人类学相对论的拥护者抛弃了。即便近些年一些哲学家开始沿着类似的思路来系统地重新思考道德（例如 Wong 2006），但是在人类学领域中韦斯特马克的道德理论却鲜有追随者。的确，他几乎已经完全被人类学遗忘了（参见 Stroup 1982；1984）。

有着同样遭遇的是肯尼思·里德（Kenneth Read）。基于他在巴布亚新几内亚高地加胡库-加玛人（Gahuku-Gama）地区的田野调查，里德于 1955 年撰写了一篇倡导建立道德人类学的纲领性论文。在文章中，里德指出，韦斯特马克的道德相对论完全忽略了道德的特质：虽说不同的社会会产生不同的价值观念和行为准则，但是不论在哪里，人们都要在不同的价值观之间做出选择。虽然，在世界的大多数地方，人们都要靠"社会媒介"（social medium）来实现自我表达与自我塑造，可是在根本上每个人依然是"一个完整人格的存在，其在本质上是社会媒介的批判者"（1955:249）。人们的反思、批判以及对另一种社会存在可能性的想象——这些现象的存在就意味着"社会规范和道德义务之间永远不可能只是简单的对等关系"（1955:249）。因此，如果我们想要更好地理解人们在不同情境下进行道德反思的规律和变化，那么道德的比较研究就需要超越社会规则与社会制裁的范围，从根本上去理解道德人格是如何养成的。里德进一步议论道，加胡库-加玛人的道德观在本质假设上有别于"我们自己"的道德观。也就是说，他们的"构成道德的概念种类和道德生活的思维框架"与"我们"是不同的。因为当地人对"抽象性自我"没有清晰的概念界定，也没有把自我与自我所承担的社会角色以及自我所隶属的社会关系进行分割处理，所以对于加胡库-加玛人来说，道德责任是"个案分配性的"（distributive）；也就是说，当面对不同的人时，因为彼此社会关系不同，所以道德交往方式也应不同。他们不觉得自己有义务对所有人一视同仁。里德进一步指出，虽然加胡库-加玛人对自我个体性的认知力很强，但他们并不认为每个人都享有同等不变的道德价值。这种自我观念对他们的道德生活有着很深远的影响。

和韦斯特马克一样，里德的文章虽然很有洞察力和原创性，但在他之后鲜有追随者将他的研究规划付诸实践或加以完善

(在第六章中我们将展开阐明其中原委)。不仅仅是这两位学者的研究无人问津,被遗忘的道德人类学研究项目还包括雷蒙德·弗思(Raymond Firth)的道德标准比较研究项目(1951;1953)、克莱德·克拉克洪(Clyde Kluckhohn)的价值体系比较研究项目(1951)、克里斯托夫·冯·富雷尔–海门多夫(Christoph von Fürer-Haimendorf)的以南亚民族志的综合比较为出发点来探索社会等级与特定的道德价值观(如纯洁和责任感)关系的研究项目(1967)、西比儿·沃尔弗拉姆(Sybil Wolfram 1982)和戴维·波科克(David Pocock 1986;1988)在20世纪80年代倡导的道德人类学研究项目。当时,在人类学界,这些尝试或多或少地都有些影响,但是最终却都不了了之了。

这些"漠视"并不意味着,在如何理解道德生活问题上,人类学家还没有发展出重要的理论观点。正相反,在道德研究方面,人类学发展史中充满了杰出的想法和革新。这些是我们人类学知识遗产里一笔永久的财富。其中,显著的例子包括贝特森(Bateson)的社会精神观(ethos and eidos, 1936),利奇(Leach)的动态价值冲突相关论(1954),格卢克曼(Gluckman)的理性人假设(1955)和责任分配论(1972)。但很可惜,和上面提到的论著一样,这些理论观点没有任何一个(也没能一起)为道德人类学研究提出过理论分析框架。

虽然在人类学领域内研究道德的文献比较贫瘠,但哲学家时不时地会基于他们自己对田野材料的分析来试图发展出一套系统的道德比较研究(Macbeath 1952;Brandt 1954;Ladd 1957;Moody-Adams 1997;Cook 1999)。曾经有一对人类学–哲学夫妻档学者甚至想合作确立一个跨学科对话机制,以在道德研究上形成统一的方法(Edel and Edel 1968；初版于 1959）。他们的号召最终也是无人响应。

在过去的二十年里，情况有了很大的转变。道德人类学领域涌现出一批纲领性文献，例如伦理人类学与民族志（Howell 1997；Kleinman 2006；Barker 2007；Robbins 2007a；Zigon 2008；Heintz 2009；Sykes 2009）、美德人类学（Humphrey 1997；Faubion 2001b，2001c；Laidlaw 2002；Evens 2008；Lambek 2008，2010a，2010b；Keane 2010；Laidlaw 2010a；Faubion 2011）、伦理科学人类学（Carrithers 2005）、道德人类学（Fassin 2008，2012）、"善学"人类学（Robbins 2013）等。另外，或多或少地，倡导者之间也开始相互借鉴彼此不同的提案，例如罗宾斯（Robbins 2007a；2009）和齐贡（Zigon 2009a；2009b）之间的交流、法桑（Fassin 2008）和斯托维斯基（Stoczkowski 2008）之间的对话。更鼓舞人心的是，越来越多的人类学家开始认识到，如果想要更深入地理解人类学的研究课题和田野现象，那么我们对道德观念和道德实践作用的思考则必不可少。当下，在民族志写作上，一批关于道德人类学的专著也正在不断地涌现，例如帕里什（Parish）对尼泊尔城内的民族多样性的研究（1994）、中国人类学家对当代中国社会变迁的研究（Yan 2003，2009；Oxfeld 2010；Kleinman et al. 2011；Stafford 2013）、罗宾斯对巴布亚新几内亚高地人群转变为基督教徒的惨痛经历的研究（2004）、帕克森（Paxson）和克拉克（Clarke）对希腊城市内（2004）和黎巴嫩境内（2009）的生育技术应用的研究、潘迪安（Pandian）对南印度地区发展过程中的地方"黑社会"势力与政府之间冲突妥协过程的研究（2009）、罗杰斯（Rogers）对俄罗斯过去三百年来旧义（Old Faith）教派不断受迫害而仍得以幸存的研究（2009）、思鲁普（Throop）对密克罗尼西亚环岛上人们如何面对慢性疾病所带来的痛楚的研究（2010）、齐贡（Zigon）对俄国东正教在治疗艾滋病过程中作用的研究（2011）、黑尔韦（Hellweg）对西非的一支处于边缘化境地的给予狩猎和牺牲特殊崇拜地位的组织所承担的类国家功能的研究（2011）、伯恩斯坦（Bornstein）对印度人道主义的实际运作的研究（2012）和戴夫（Dave）对同性恋权利运动下女同性恋团体的形成的研究（2012）。更有不同的学者先后研究了在伊斯兰教（Asad 1993；Mahmood 2005；Marsden 2005；Hirschkind 2006；Louw 2007；Hafez 2011；Rasanayagam 2011）、耆那教（Laidlaw 1995）、基督教（Lester 2005；Keane 2007；Rogers 2009；Elisha 2011）、印度教（Parish 1994；Prasad 2007）和佛教（Eberhardt 2006；Cook 2010）中，信众是如何有意识地进行自我修养实践的。

为了道德人类学的建设与不断完善，我们应该怎么做才能确保和巩固目前为止取得的这些成果？道德人类学这个工程的共同目标又是什么？在建设过程中，哪些理论困难需要被克服？哪些才是最需要避免的理论陷阱？到目前为止，我个人以为，为了继续巩固我们在道德人类学建构上所取得的成就，我们需要克服人类学学术话语上的四项弱势。①

---

① 关于这点，我应该说得更直白一点。我在下面几个环节的论述中将指出学科内有损道德人类学发展的趋势，这些描述并不全面，所以有些观点难免会显得消极。对人类学弱点的批判与否定是本章接下来的部分论述的宗旨和基调。我做这些批判的动因在于，迄今为止涌现出来的道德人类学研究纲领性文献，虽然百花齐放，但是存在很多内部矛盾和冲突。正是因为道德人类学发展的速度过快，大家对彼此的研究方法的界定还不是很清晰，相互了解也不到位，在专业学术词汇的定义上也存在很大的争议。就目前的形势而言，似乎人类学家对新研究领域的热情要远远大于他们对如果更好地建设和完善道德人类学等问题的理性思考。

作为"社会"的道德

第一个弱项是对"社会"和"社会属性"(the social)的定义。"社会"通常被视为一种客观性存在（或者客观现实的一个"层面"），而"个人"往往被认为是社会的组成部分。在这一概念中，道德是社会的自有属性，而个人的道德源于它和社会的从属关系，产生于个人的社会化过程之中。故而，个人与社会两者是部分与整体的关系；同时在道德层面上也是对立的。近来，在社会的客观存在属性问题上，学者们从其历史特性和概念逻辑性出发，产生了很多质疑（例如 Rabinow 1989，1996，2011；Strathern 1992，1996，2004；Latour 2005）。由于内容庞杂，我在这里就不再赘述了。就本书的论题而言，我们需要格外注意的是，很多学者在概念上习惯性地把"社会"和"道德"等而视之，其中最权威、最有影响力的莫过于涂尔干（参见 Wolfram 1982：268；Parkin 1985：4-5；Laidlaw 2002：312-5；Widlok 2004）。

在涂尔干的学术生涯中，虽然他的观念经历过重大的转变，但是道德却始终是他研究的兴趣核心。他的早期著作描述的大多是在社会分工不断加深、在多元经济体系之间的依存关系取代宗教和社员身份而成为主要的社会凝聚力、在世俗个人主义代替宗教而变成道德价值的主要源泉之时，现代世界主导性的道德价值观念在这些历史转变中的进化历程问题（1933 ［1893］）。但晚年的涂尔干开始对这种观点（社会分工带来的差异性可以为现代社会的整合和稳定提供新的基础）产生怀疑。他不再相信现代社会会产生崭新的社会凝聚力基础、其与以往会存在质的不同，所以在现代国家中，充当世俗宗教宗旨的"道德个人主义"的作用在本质上和以往的宗教是一样的。因此，涂尔干在晚年对民族志的再次关注是他想去寻找仪式对社会再生作用的原因，以及宗教权威确保顺从性行为规范的基本机理（1995［1912］）。涂尔干认为，在现代社会中，对这些效果的复制是必要的，所以建构和维护一个公民宗教（civic religion）也是必要的。对公民宗教的设计以及对这种宗教系统下道德教育的监督，都应该是社会学家义不容辞的责任（1961［1925］）。

晚年的涂尔干认为，人性中存在不可化解的二元性，所以人类的存在必然包含两种形式："一种是自我的生物性，另一种是自我的社会性（自我纯粹是社会的延伸）。"（1972［1914］:159）而道德，正如那些神圣事物一样，完全是自我的社会性的衍生品：

> 道德规则环绕在每个人周身，形成理想的屏障。在道德规则的脚下，人类如洪水般的激情戛然而止，无以为继。正因禁锢，方可满足。一旦道德的屏障被削弱，被禁锢的激情将从裂痕处汹涌而出。这破势而出的洪水将永无停歇之处，人类亦将在不断追寻无果之事中郁郁而生。（1961［1925］:42）

由此可见，涂尔干笃信，有秩序的集体生活和个人的心满意足都依赖社会对个人感官享受和利己主义思想的管控和压制。

涂尔干笔下的道德在本质上等同于神圣法，而非世俗法。在他的理念中，社会扮演着上帝立法者的角色。因此，他觉得他遵循着古典实证主义（classic Positivist）之路，完成了康德开启的宏图伟业。康德虽认为道德法由理性而出，但康德同时也认为，对上帝存在的假定是道德存在的必要前提。这在他的著作

《实践理性批判》一书中表现得很明显,可在其后的论著(例如《单纯理性限度内的宗教》[Religion within the Boundaries of Mere Reason],1996c [1793])中却鲜有提及。而涂尔干却一直坚守这一信条。如他在《宗教生活的基本形式》中指出,社会即上帝,社会是上帝"变形后的、象征性的表达"(1953:52),而理性并非康德假想的那样是与生俱来、亘古不变的。理性也是社会的产物(Durkheim 1995;Durkheim and Mauss 1963)。涂尔干坚信,实证主义社会学完全可以通过证明这些论点来改进先验哲学(a priori philosophy)。

在他的伦理学宏著《道德》(La Morale)的提纲中,涂尔干再次应用了他在《宗教生活的基本形式》中使用过的写作技巧,即通过驳斥和排除反面论证来树立自己的理论主张,而这些弱不可击的观点通常都是涂尔干为了凸显自己的主张而预先设定好的。在提纲中,涂尔干论述到,意识(consciousness)势必是道德的唯一客体,是我们责任感的唯一动力。但是,他这里所指的不是自我的或某种单一存在的意识,而是一种比自我意识还要宏大的存在,即作为集体意识的社会(1979 [1920]),一个"在本质上和单纯个体集合不同的道德体"(1953:51)。

虽然这种将社会视为"一个有活力的生物体""以集体志向为灵魂"(1953:93)的观点看起来似乎很神秘,但是实质上,涂尔干笔下的社会和社会学知识是机械化的。对他而言,道德不过是社会规则和价值的总和罢了。道德是社会结构的功能之一。如其所述,"总体而言,在其他所有条件都相同的情况下,社群结构的力量越大,道德规则就越多,对社群成员的威慑力也越强"(1957 [1537]:7),所以道德随着群体结构的大小和特点不同而变化（1953:56-7；1957［1537］:3-8）。这意味着，社会学家的任务是根据未来的社会结构而设定合适的道德规则，以帮助社会更顺畅地应对急速发展的社会变化，或者是"为未来更美好社会中的特定理想"设定规则（Karsenti 2012:30）。

另外，在《职业伦理与公民道德》(*Professional Ethics and Civic Morals*) 一书中，涂尔干就社会学家的任务提出了更明确的预案。考虑到工商业缺乏有力的行业组织来设计与推行职业操守，他提倡设立全面的现代化行会系统（1957［1937］:28-41,105-9；1951［1897］:379-84）。行会一旦成立，其"集体力量"将吸引人们纷纷加入，所以会员制应是强制的。涂尔干的构想是，行会应取代个人投票和地区选举制度，因为对社会结构来说这些皆是无政府性的肆意妄为。行会间接代表制通过单位、社团、行业和国家把个人联结起来，从而更好地发挥社会的"商议器官"(deliberating organ) 功能。

这种把所有社会组织等级化，再一并纳入国家权力管控的社团主义构想与涂尔干的理论基本路线是相符的。涂尔干对集体主义的理解完全废除了构成道德核心的自由。这一点在涂尔干论述他自己和康德的理论差异时体现得很明显。在康德看来，对道德法规遵守与否是自由意志的操练问题。这也正是为什么康德在《道德形而上学原理》的开篇便声明：道德的主题是"自由法则"（1996a［1785］:43）。而在涂尔干看来，我们是否遵守社群规范完全取决于社会组织的设计完善程度，以及人们的社会化程度（1957［1937］:14-15）。所以，康德哲学中的难题——作为自然世界的一部分、受自然因果法则影响的人和有自由意志、理性的人之间是什么关系——在涂尔干的笔下迎刃而解，因为只有国家和社会学家才需要实践自由和理性。在他后期的作品中，涂尔干不再把现代社会中利益和价值的冲突看成是一种有积极意义的现象。因此，他也不再认为自由有任何特殊的价值。对于涂尔干来说，真正值得讨论的自由应该是"解放式的依附关系"（liberating dependence），即对必然性存在的接受、对由集体意志而生的社会规范的欣然接受；只有这么做，"社会的智慧"（1953：72）才可以适当地疏导与限制人们的自然欲望，反之，无一欲望会得以满足。

不可否认的是，涂尔干确实承认：道德，作为一种不可能被物质利益完全替代的真实性存在，在构成社会生活中起着关键性作用。他对人格和个体性（individuality）的道德价值的讨论也为后来相关领域内的历史比较研究提供了理论基础。另外，涂尔干也曾很精准地判断说，社会分析的核心问题应该是价值观的产生地点和产生方式，以及价值观的传播和兴盛过程。他很有洞察力地指出，贯穿整个人类历史，这些一直都是在宗教实践中完成的。而且，对这些问题的探究也确立了宗教研究（尤其是宗教仪式）在社会理论中的地位；即便是在大多数的社会学家都认为以"封建迷信"为基础的传统宗教正在消亡（涂尔干本人就一直是这么想的）的时候，亦如此。然而，涂尔干笔下的道德并不像他说的那样是对康德学说的超越。当涂尔干将"上帝"做世俗化处理而成为"社会"的时候，自然而然地，他也就可以很简单地回避一个必要问题，即我们应该如何理解道德自由。因此，涂尔干最终对道德的定义完全和康德的律法观一样（我们后面将看到，这个定义在很大程度上已经不适用于比较研究了），且他更进一步：涂尔干把对律法的遵从合理化为一个机械性系统在顺畅

第一章 超越社会科学中的"不自由"

运转过程中的固有组成部分。因此，涂尔干视集体道德高于个人，而他的这种理论偏见也恰恰使得宗教上的"无我的绝对服从"（selfless obedience）价值观在他的社会理论中得以存活。

很多人类学家唯涂尔干这种理论（道德与社会等同）马首是瞻。只是因为某一社会实践具有加强集体凝聚力的作用，他们便认定这种实践是"道德的"。他们也时常会因为特定的价值观在内容上具有群体共享性，便将它视为"道德的"。这种倾向在"道德经济"（moral economy）这个概念的应用上体现得很明显。通常，"道德经济"是指因习惯法而形成的集体权利和利益主张。学者通常喜欢把这种"道德的"集体诉求放到一个简单的、富有浪漫主义色彩的双项选择中加以甄别，即把"群体的长期价值"和"个人利益短期最大化"放在一起做对比（Hann 2010：196）。① 同样，这种理论分析趋向在帕里和布洛克（Parry and Bloch）对长期、群体性的"道德交换"和短期、个人性的"社会破坏"的两种概念区分中也体现得很明显（1989）。在马克思主义人类学家中间，即便很多人尽量避免使用"道德经济"这一概念去做分析，但当他们谈及道德时，道德有时也会被认定为统治阶级的意识形态（Bloch 1989；Rydstrom 2002），而有时又会被视为无产阶级对处于统治地位的意识形态的本来面目的洞察

---

① 自从詹姆斯·斯科特（James Scott）从 E. P. 汤普森（E. P. Thompson）那里借用了"道德经济"这个概念，在大量的文献中，"短期"和"个人"便成了"道德"的反义词，并且必然包含"个人利益"和"贪婪"等含义，就好像"群体"价值从不包括嫉妒和仇恨，集体权利从不以短期和贪婪的动机为基础一样。但是，我们没有理由不把旧制度下贵族对免税权的捍卫、工会对劳工垄断的保卫和农民对固定农产品价格的维护放在"道德经济"的范畴内考量。这种"道德"概念的使用方式把"道德经济"主张中的集体主义倾向和研究者本人对这种价值观的赞许很巧妙地结合了起来，使其变得不言而喻。

（Taussig 1980）——无论哪个观点都认定了集体凝聚力的必要性。

因此，我们现在可以很清楚地看到，为什么一旦人类学继承了涂尔干的"社会"概念，"道德"就应该变成学科的关注焦点。这是因为，道德是人类社会生活的重要组成部分，是凝聚群体的重要力量。并且，一旦"道德"被狭义地限定为集体规范和规范的遵守方式，那么道德研究的重要性也就微不足道了，道德将会被稀释，变成涂尔干社会学整体研究核心——在理论上解释对个人随意行为有效的"社会控制"如何建立起来（Strathern 1985）——的一个折射面而已。基于涂尔干的这些学术目的，"道德"变成了"社会结构"、"文化"、"意识形态"、"话语体系"（discourse）的同义词。有鉴于此，近来越来越多的人类学家试图摆脱这种分析方式（把"道德"简化为社会控制手段的做法），去探索和发展一种诠释道德的新方法（其中包括：Beidelman 1986; Pocock 1986; Briggs 1998; Laidlaw 2002; Salazar 2006; Robbins 2007a; Evens 2008; Zigon 2008; Widlok 2009; Faubion 2011）。当研究道德时，问题的关键不是否定；也就是说，我们不是只将"社会控制"完全排除在外，或完全否定道德是社会管控的结果就可以了。如果仅仅如此，那么日后社会管控问题再被提及的话（例如 Yan 2011），人类学家还是可以老调重弹、"开倒车"、再次发掘道德规范的社会管控作用。我认为，道德研究的重点在于，我们需要换一个核心问题。这并不是说道德生活不包括规范，而是要问：这些道德规范的特殊之处是什么——我们在研究道德中发现的规律是否适用于人类生活其他方面？也就是说，研究的重点在于关注道德生活的特殊性，尤其是道德反思、道德冲突、道德疑惑、道德评价以及道德抉择的复杂性。

第一章 超越社会科学中的"不自由"

相对主义搭建的海市蜃楼

阻碍道德人类学发展的第二个大障碍是相对主义。很多人认为，相对主义是人类学家在研究道德生活时应有的观点，也是他们作为学科成员的标识。人类学先天的相对主义偏好已经使其他学科的成员认为，除了相对论以外，人类学在道德研究上不可能有什么真正的贡献。持肯定态度的学者会把人类学列为他们自己学术论述中的例证（见 Prinz 2007），而那些反对者则将人类学的发现说成一种"人类学家的道听途说"（the anthropologist's heresy，见 Williams 1972：34-9）。同时，在人类学内部，这一理论偏好也使得很多人类学家对近来兴起的道德人类学产生了怀疑。他们担心，道德人类学是很"危险的"，会违背学科之初衷。这些批判着实让人遗憾，因为大部分自称为相对主义拥护者的人类学家实际上都不是相对论者。另外，相对主义本身也不过就是一个对似是而非的问题的非逻辑性的解决方案而已。

相对主义在人类学中最忠实的支持者莫过于沿承了博厄斯传统的美国文化人类学。当年，也是和博厄斯走得最近的几个追随者首先把相对主义确定为人类学的学科信条，尤其是本尼迪克特（Benedict 1935）、赫斯科维茨（Herskovits 1948；1972）和米德（Mead 1928）。他们断言，基于民族志事实而来的知识已经很有说服力地证明了一点：道德价值观、道德标准和道德评判都有其自身意义之所在，故而它们的合理性只存在于特定的文化范围之内，而世界上的每种文化本身都是一个完整的道德世界。因此，一种文化对另一种文化的道德评判注定是没有意义的。无论这一观点在反种族主义和反民族中心主义上曾是多么的有力、坦率和挚诚,都还是无可避免地延承了相对主义本身存在的概念矛盾性。本尼迪克特曾说过:"'道德'不过是被社会所认可的'习惯'的代名词罢了。"(1934:73)赫斯科维茨也曾写道:"确实,我们有理由相信'自由'应该被更实际地定义为在自我文化中被利用的权利。"(1972:9)

博厄斯本人的观念则比较复杂。库克(Cook 1999:74)指出,博厄斯其实并不是相对论者,但是他那些名满天下的学生误认为他们的老师是真诚的相对主义拥护者。为了进一步证明这一点,库克援引了博厄斯的一次公众演讲。其中,博厄斯明确地说道:"对人类文化的研究不应该导致道德相对主义的态度。"(1938:202)但是,如果详析这句话的语境,我们就可以清楚地看到,博厄斯所反对的不是文化上的道德相对主义,而是"群体"(group)中个人之间的相对性。诚然,博厄斯笔下无所不在的"文化适应"(acculturation)及其产生的文化统一也许可以算是相对主义运动背后最重要的理论推动力。博厄斯的这种道德相对主义观在他的文章《原始部落人群的自由》("Liberty among Primitive People")中体现得淋漓尽致。在文章中,他叙述道,在原始文化中,通过文化适应,个人所处的文化圈完全把个体"吸收"了,以至于他们都没有意识到自我文化以外的行为方式的存在。他们也不可能认识到,他们本以为是个人自由选择的东西其实是在成长过程中所习得的"文化模式"(cultural pattern)强加给自己的。即便如此,在原始文化中,主体所经历的自由感仍是最完整的。对于他们来说,"对规则、法律和习俗的遵守不是出于强制,而是出于自愿"(1942:51)。对这种主体自由经验最好

第一章　超越社会科学中的"不自由"

的佐证便是，这些原始社会中根本不需要"自由"概念，因为"自由"概念只有在个人与文化强烈冲突之下方能产生和发展。然而，正是文化整合的事实在一定程度上显示了思想自由"并不是完全不存在的"。在部落习俗下，即便没有人对社会变化有明显的感觉和认知，个人微小的创新仍在随着时间一点一点发生着。在博厄斯的想象中，"原始"人群对自由可能有的唯一经历是在他们忍受不了霸权而起义、杀死暴君的时候。除了这些特殊事件外，在根本上，自由就是一种主体的臆想，可以被文化的"客观"表象证否。[①]

正如马林诺夫斯基（Malinowski）在战后观察到的那样（1947：62，84），在1942年就对"自由"做出这样的界定实属惊人。[②] 而且，这一论调很显然是对"原始"生活的浪漫遐想。而这种遐想又预先认定，在人类社会的整个历史中，"文化接触"（cultural contact）是不存在的。这里需要重点说明的是，如果任何社会（无论是不是原始社会）真能有效地贯彻博厄斯预想的这种文化灌输，实现彻底的价值观整合，那么在这个社会中，人们也就很少会对道德问题产生疑问。他们将一如既往地生活着，不需要想任何事情，也没有棘手的道德抉择需要定夺，更不需要去做自我价值反思（Moody-Adams 1997：83）。由此可见，文化道

[①] 博厄斯理论中的"文化"概念根本没有给自由或是道德选择留有任何余地，这一点很是惊人，因为他的支持者（例如米德和本尼迪克特）都热衷于个体自由和自治权（尤其在性别选择问题上）。可是，由于他们奉行的相对主义理论框架，他们的这些关注也只能以被研究者个人性格或心理反常的方式出现。

[②] 洛伊佐斯（Loizos 1995）曾指出，甚至在1990年，埃里克·沃尔夫（Eric Wolf）仍在倡导同一观点。借鉴马克思和博厄斯的理论，他主张社会不存在"自由"的概念，也没有对其他生活方式可能性的认知。洛伊佐斯赞同马林诺夫斯基的批判，认为这些想法都是不现实的遐想。

德相对论不仅会使道德研究在人类学领域变成一种混乱的无稽之谈,夹带着殖民主义者的傲慢,而且它对文化的概念界定也暗示着研究客体的虚无。在高度整合的文化中,我们作为研究者所能发现的也只剩下本尼迪克特所说的"被社会认可的行为习惯"。道格拉斯·罗杰斯(Douglas Rogers 2009:13)曾敏锐地观察到,正是出于这个原因,当代人类学家在研究道德时都尽量避免使用暗含"实体界限"(bounded entities)之意的"文化"这一名词。道德人类学对人类学整个学科的贡献之一恰恰是为人类学家添加助力,使我们学着把自己从以往对"文化"这一概念的过度依赖中解放出来。

学者关于相对主义的逻辑合理性的宏观讨论差不多和欧洲哲学一样古老,而每一次产生的新的论述方式也不过是对苏格拉底式证明(详述在柏拉图的《泰阿泰德篇》[Theaetetus] 中)在样式上做出的不同翻新罢了。它们大体上都是论证,在逻辑结构上相对主义是自相矛盾的:相对主义本身的理论正确度只能是相对的,因为它主张世界上所有的真理都是相对的。加芬克尔(Garfinkel)曾很精辟地把相对论的逻辑矛盾性解释给他在美国加利福尼亚的学生们:"你也许和我的立场不同,但是至少我知道对我来说相对论绝对不是真的。"(援引自 Putnam 1981:119-20)对这些庞杂的哲学辩论,我在此便不再赘述了。关于相对主义的哲学难题也不可能一下子被解决,在可预见的未来仍会继续。然而,对人类学来说,这两点尤为重要:一是,相对主义貌似一种解决方案,可是其所解决的问题并非人类学实际上所要面对的;二是,即便当人类学家声称在使用相对论时,他们真正的用意与相对主义也相去甚远。

文化道德相对论只有在博厄斯所述的那种文化模式(那种内

部紧密结合的、自成一体的、可单独被抽离而加以分析的文化)下方能成立。现在,人类学家对这种文化存在的认可已经不再像他们当年那般坚定了。人类学家已经不再认为"文化"是一种自我内生性的存在,也不再认为"文化接触"只能是一种外在性事件。现在,当人类学家使用"文化"时,这个词大概也是用来描述社群认同、边界划定、制裁、合作与竞争以及社群间的相互区分等过程的效果,而这些"文化"效果也是片面的、时刻变化的。人类学家已经不再认为用"文化"来界定学术问题是妥当的,而将那些与本文化"不合拍"的人盖棺定论为"不道德"也是有问题的(根据本尼迪克特的定义,"不道德"即"不合拍")。

伯纳德·威廉姆斯(Bernard Williams)曾很巧妙地指出,文化相对论总是要么来得太早,要么来得太晚(2005:69)。"太早"是指在两种文化还没有接触的情况下,没有哪一方能形成"我们"和"他们"的身份界定,所以在此种情况下,根本不会涉及相对论的问题,因为相对论要解答的问题还没产生呢。"太晚"是指在两种文化交往达到某种深度之后,它们便不再是两个绝对分离的个体(也不再是两个完全不同的"世界"),此时相对论也失去了其适用的基础。当一个群体意识到自己和"他者"在思想和行为上存在不可消除的差异时(这是人类学家最熟悉的场景),显然再提及相对主义已然太晚了。和人类学家以往所臆想的不同,在当代世界中没有哪里是完全和"我们"隔绝的。人类历史经过了复杂且深远的交织。现在所呈现出来的任何一种现实都不可能完全"超出与我们相连的因果链条"。在阐述穆斯林性别关系的时候,莉拉·阿布-卢赫德(Lila Abu-Lughod 2002:

786）也曾做出过与威廉姆斯类似的判断——"此时倡导不干预为时已晚"。如果学者将对穆斯林女性的压迫描述为一种"文化差异",那便是在修辞上把它粉饰成了一种自然、中立的现象,进而将其从真正的历史因果中抹掉了。基于文化相对主义而提出的论述大多都要依仗绝对主义：对"相对性"裁定的最终分析标准都是独断的。①

以上这些陈述足以证明一点：虽然现在仍有很多人类学家把文化相对主义视为学科的标志,但即使在文化相对主义可以成为解决方案的时候,他们也已经很少认可相对主义的前提假设了。对相对论的坚持俨然已经失去了学科逻辑性。但值得庆幸的是,这些人所坚持的在很多情况下都不属于相对主义。就博厄斯的追随者而言,他们所主张的道德价值相对主义很典型地是基于某种特定价值观而做出的判断,即对自主、包容、多样化、种族平等、反帝国主义等价值的绝对拥护。他们的这些自相矛盾的论述往往只是字面上的。另外,和早期的人类学家一样,他们描述"其他文化"的价值观和生活方式的主要目的是说服读者,让他们自己得出特定的道德结论。本尼迪克特解释道,"研究者要克制自己,不要以自己所在的文明的特质为参考系来批判其他文化"(1935:230)。所以,在当代人类学家声称自己是相对论拥护者的时候,大多数情况下,他们其实都只是在口头上支持马库

---

① 这一点有时会显得很尴尬。在20世纪七八十年代,麦金·马里奥特(McKim Marriott 1990)认定,由印度本体论所产生的"一元主义"(monist)文化和西方的"二元主义"(dualism)有着天壤之别。基于此,他试图建立"民族社会学"(ethnosociology)来专门研究印度次大陆。而当界定这种对印度文化有积极作用的本体论时,他却将其一会儿说成南亚人的"心智"(mind),一会儿又说成印度人的"心智"。马里奥特对这些词的混用在很大程度上掩盖了印度的历史复杂性和宗教多样性。这种误判在当时是很符合政治正确标准的,但是随后的政治历史对他就没那么客气了。

斯（Marcus）和费希尔（Fischer）所说的"文化批判"（cultural critique）而已（1986），即通过对不同信仰、价值观以及社会实践的描述来批判英语地区和欧洲的文化。"西方文化"的"霸权"与"统治"通常是他们的主要论调，但事实上这些所谓的"霸权"和"统治"早已经在其他学科领域内被批判过了。人类学家的作用不过是为这场持续已久的论战添油加醋罢了，而其所依赖的论证技巧却又恰巧是存在明显逻辑缺陷的文化相对主义。在这种论述技巧下，他们希望读者可以很直接地领会其所描述的文化的道德优越性（和西方价值相比），同时也认识到其在政治或道义争论中的意义。这种议论方式在学术史上源远流长：从卢梭想象中的原始社会，到狄德罗的大溪地人（Tahitians），再到孟德斯鸠笔下的波斯人和蒙田描述的食人族。当然，当它传到后来那些鲜有原创力的学者手中的时候，他们所宣扬的道德观（社群主义下的朴素和言论自由要好过自私、冰冷的个人主义和情感压抑）难免变得有些絮叨，成了老生常谈。这些论调所依赖的"异国情调"（exoticism）似乎也已经不复存在了。

这一论调的最后一个著名支持者可能便是克利福德·格尔茨（Clifford Geertz）。在1983年的美国人类学学会年会上，格尔茨应邀做了题为《反反相对主义》（"Anti Anti-Relativism"）（1984）的演讲，其后被学界广为引用。在演讲稿中，他竭尽全力地为本尼迪克特、赫斯科维茨以及其他相对主义倡导者辩解。格尔茨对他们的赞许并非出于这些人的精湛学术水平，或他们的民族志的翔实程度，而是出于这些学者在撼动西方霸权上所起到的先驱性作用。格尔茨将这些相对主义倡导者的作用比喻为"撤席、掀桌、放花炮"。格尔茨支持他们的另一个原因是，这些相对论倡导者是他的敌人的敌人;和格尔茨一样,这些学者对某一观点都持否定态度,所以应该支持。在文章中,格尔茨把就相对主义而发生的论战和当时的冷战放在一起进行了不着边际的类比。他援引了很多非人类学家的对相对主义的批判,并且把这些人的行径与冷战中的麦卡锡式(MacCarthy)"猎巫"运动做对比。格尔茨指责说,他们狂妄、偏执地怀疑一切,不断臆想着由相对主义而带来的这个社会的道德崩溃。他暗示,人类学家其实可以在不完全相信相对主义的情况下去批判这些危险的、疯狂的反相对主义者,就好像一个人可以在"不信仰共产主义"的前提下批判麦卡锡的反共产主义言论一样。即便不相信相对主义,格尔茨也建议学者应该成为相对论者的"同行伴侣"(fellow-travelling),一起继续扰动"邻家的茶桌",成为"创造惊讶的商人"(merchants of astonishment)。可惜,历史并没有眷顾格尔茨的类比。我们要是真的接受了格尔茨的建议,那将是学者对其学术所能做出的最不负责任的选择。格尔茨本人其实对这些后果有充分的认识。他曾提到,"文化"概念中的边界性,作为相对主义的论证基石,是一种不合逻辑的虚构(2000[1986]),而他所实践的人类学"在掩盖这一事实的过程中有共谋之嫌"。可是,相对主义这种肤浅的议论凭借着最耀眼的学术平台,确实为一代人类学家提供了自信。他们相信,只要他们所倡导的原则本身是"相对的"(格尔茨在他的文章中从没提过这一点),那么他们就不必过于在意其逻辑性。

斯托维斯基(2008)和罗宾斯(即出)近来都观察到一种学术现象:我们上面提到的那些由异族文化提出的文化批判,在很大程度上已经被一种阴霾的、救赎礼一般的"苦难人类学"(anthropology of suffering）取代了（Stoczkowski 2008：348）。在取代的过程中，学者主要依赖了一种很巧妙的论证修辞反转技术。这种类型的民族志在行文上很擅长捕捉关于暴力、疾病和贫穷的日常个人体验。斯托维斯基曾指出，"苦难人类学"同本尼迪克特对"西方文化主要特质"的批判一样，用"辛酸的苦难"再次确定了西方文化对"那些跃然纸上的全球性病困"应负的责任。在这种写作手法下，"猎奇主义"（exoticism）似乎已不再是关于文化的，而变成了情理性的，也就是说，"悲哀和不幸似乎已成为猎奇主义的新的存在方式"（2008：354-5）。罗宾斯也指出了"苦难人类学"背后的道德目的——通过民族志描述使读者"在骨子里感受到我们人类共有的脆弱性"（Robbins 即出）。他还进一步论述说，尽管研究者做苦难人类学的目的是值得赞许的，尽管此类民族志"的确在阐述我们这个时代所面对的文化问题上有很重要的作用"，但是"苦难人类学"对人类学学科理论的贡献似乎是很有限的。这是因为，这种民族志的议论效果依靠的不是文化背景分析法（除了对新自由主义的假定外，"苦难人类学"的确也没能应用社会政治经济分析法）。其议论手法主要靠的是个人本能的主体感知力以及对人性的假设。由此可见，"苦难人类学"和在它之前的猎奇式文化批判一样，对相对主义情有独钟。这着实很让人惊诧。作为这种民族志写作方式的先驱之一的南希·舍佩尔-休斯（Nancy Scheper-Hughes）曾在1995年著文很猛烈地批判过文化相对主义。她认为，相对主义将人类学的批判和人类学家自己的"道德"（这里特指政治观念）混为一谈，以至于人类学的批判力在不断丧失。然而，她在五年后却又提倡，"人类学家应该把有警示作用的文化相对主义"引入生物伦理学的研究

(2000:197)。

这里所说的"警示作用"也许是整场论战的关键。自博厄斯起,人类学里的相对主义断言似乎主要有两点:(1)相对主义是学者对著名的"诠释宽容"(interpretive charity, Davidson 1984)原则(这主要讲的是一种研究态度,即在研究者能很好地理解其所收集的材料之前,假定他/她尚未做出好的诠释)的误解。(2)相对主义是一种紧张的护身符,以替代学者想象中的唯一备选:对每种不熟悉或不符合"西方"观点的生活方式,不假思索地发出进化论者似的道德谴责。但是,前者与相对主义直接不相容,而后者在整个人类学的现代史中是由一系列非相对主义的道德和政治要求所推动的,例如非相对主义的多元主义立场认为,生命形式的多样性在本质上是好事。博厄斯的学生们当时所面对的是占主流地位的人类学进化论。他们的担忧是,对进化论的错用会导致种族主义等政治问题,所以他们选择激烈的、容易记住的、有效的相对论作为主要修辞手法来组织论证,这似乎情有可原。但是,如果在20世纪人类学都没有找到一个比文化相对主义更好的理论来批判进化论和文化沙文主义,那么人们难免会质疑这么做的目的之所在。相对主义论者的政治主张是值得捍卫的,不过须建构在一个更强有力的理论基础上。在使用时,我们也应该舍弃"相对论"这种有误导性的名称以及其中固有的逻辑矛盾性。

自我与他者

第三项,在道德人类学的发展过程中,即使没有人类学家会完全赞同这种区分方式,人类学家也总是倾向将"现代西方"下的"自我"描述成与非西方社会的"自我"完全不同的概念，有时甚至把两者描述成完全对立的。这种二分法的主要表现形式包括不可分性自我（individuals）和可分性自我（dividuals）、笛卡儿的二元论和一元论、自我中心主义和社群中心主义、整体性物质存在（holistic embodied being）和分离性精神存在（alienated mentalist existence）、本质型（essential）自我和关系型自我。在人类学文献中，这些对立的使用很少是作为一种综合性理论，或在描述世界各地不同地区时用来作为区分的标准，而大多数时候用来区分我们与他们、西方与非西方之间的差异。在两项对比中，人类学者对于非西方的总结往往是基于翔实的民族志记录，而对西方的判断却总是支离破碎、夹带着某种政治主旨（Carsten 2004）。在不同的人类学论著中，人类学家关于这些对立概念的议论有时可能会很详尽，而有时只不过是一笔带过罢了。例如，在贝丝·康克林（Beth Conklin）杰出的民族志作品中，她曾这样描述居于巴西亚马孙地区的瓦里人（Wari）：

> 他们并没有将需要精神的心智（mind）和属于物质的身体分开。很多在西方人看来是属于大脑意识活动范围内的概念（如学习、性格以及习惯的发展等），对于瓦里人来说都是物理性的，这些活动发生在肉体层面，尤其在眼睛、大脑和心。(2001:140)

只有在这种人类学惯用的写作手法中，我们才可以看到，作者会建议"西方人"不要认为习惯的养成是包括身体的，或者学习和性格都和包括大脑在内的肉体无关。①

这种随性的写法难免会给人留下一种印象：除西方以外，全世界其他所有地方的人大概都一样。即便有不同，很多时候人们指出这些不同的目的也是说明这些"文化异质性"是如何被保留下来的。因此，这些不同之处所充当的角色只不过是在与西方个人主义相对的社会中心主义谱系上的一环罢了。但令人感到奇怪的是，这些关于人格的社会文化决定论提倡者虽然经常以文化多样性和丰富性自居，但是在对比自我与他者之间的差异时却很少比较产生这些差异的历史背景，因此其描述和议论经常会变得很单调。

当然，也有很多民族志作品是例外。② 例如，在关于南亚地区的人类学研究领域，杜蒙的议论就很有名：除了出家人（religious renouncer）之外，整个印度文明中都不存在个人主义的影子，而出家人为实现自我个体性而付出的代价是，他们完全无法在种姓社会里生存。杜蒙指出，生长在印度世界里的人是彻头彻尾的关系性主体，不存在个体性。杜蒙的这一总述是为了展现个人平等社会和整体等级社会的区别。当麦金·马里奥特抨击杜蒙的理论时，他其实在根本上还是同意杜蒙的说法的，即和在西方二元论下自由、独立的个人相比，种姓社会里生活的人们之间没有质的区别，他们彼此之间是相互浸透的（permeable, McKim Marriott

---

① 如果"西方人"真的像人类学家假想的那样，都是二元论者的话，那我们就没法理解什么使人们改变了自己的性别。我们也无法理解为什么人们会想通过整容、减肥、健身等改变身体的方式来重新塑造自己的性格（Sedgwick 1992；Benson 1997；Valverde 1998；Benson 2000；Heyes 2007）。而在描述"西方世界"的翔实的民族志记录中，我们也经常会发现，人们在很多时候都实践着"可分性自我性"（dividuals），例如在网络上扮演多种人格，却不曾出现精神分裂（Boellstorff 2008:150）。

② 比如 Murray（1993）、Spiro（1993）、Lambek（1998）、Luhrmann（2006）、Quinn（2006）和 Humphrey（2008）。

1976，1990；Marriott and Inden 1977）。诚然，他们的这些观点都是基于南亚生活中一些有趣且重要的事实，但是把这些和"西方个人主义"进行过度对比，不但没有起到启示性作用，反而使得南亚人的生活变得很难理解。不可否认，和批判他的人不同，杜蒙在论述西方思想史的时候更加小心；因此，杜蒙笔下的文明差异显得没有那么过激（1985；1986［1983］）。可是，因为这种对比写作手法很容易使读者记住当地的"文化"特质，所以他们的这些议论和主张变得很有影响力，以至于一些本不喜欢高谈阔论的人类学家时不时地也会被卷入这场论战。帕里（1989）和贝泰耶（Béteille 1991）曾不约而同地指明，既然在"西方"、在印度的社会制度与实践中，我们可以同时发现一元论和二元论的存在，那么在多大程度上这种两相对比会帮助我们理解当地社会，是很值得怀疑的。其他学者也反驳说，南亚人群很显然已经发展出了很成熟的自我观与个体性（McHugh 1989；Ewing 1990；Parish 1994；Cohen 1998；Nabokov 2000；Halliburton 2002）。并且，当地社群组织也以不同的形式承认了（甚至有意培养着）自我的个体性（Mines 1994），而对个体性的承认和培养并不一定会在政治上形成个人主义倾向。就像世界其他地区一样，在现代南亚地区，对于政治个人主义有支持者，同时也有反对的声音。

这些关于西方与"他者"的两相对比中留下了一处学术空白，即人类学对历史、哲学等学科中存在的那些欧洲中心主义的道德理论发展概论——从尼采的《论道德的谱系》(Genealogy of Morality)（1994［1887］），到查尔斯·泰勒（Charles Taylor）的《自我的根源》(Sources of the Self)（1989），或罗斯（Rose）的《管控灵魂》(Governing the Soul)（1990）——几乎完全没有做出回应。最知名的例外可能要数马塞尔·莫斯（Marcel Mauss）于1938年首发的那篇文章《论人类意志的分类：关于人和自我的概念》("A Category of the Human Mind: The Notion of Person; The Notion of Self", 1985）。此篇文章在人类学知识史上的地位，在一定程度上可以和尼采的《论道德的谱系》相提并论。同尼采一样，莫斯在文章中追溯了现代道德主体的历史形成轨迹：从社会生产者到有意识和责任心的个体，再到权利和神圣价值的守护者。但是，和尼采以及后来出现的大多数人类学家不同，莫斯试图讲的故事具有全球视野，将个案放在浩瀚的人类历史长河里加以审视。这和在他之后的人类学家的视角也不同。

借鉴涂尔干对主体的道德集体本质（moral-collective）和自然个体本质（natural-individual）的区分，在一开篇莫斯便指出了因社会建构而产生的"人格"（personne）和具有物质精神独立性的"自我"（moi）之间存在的断层，并且还说明，他在文章中想要重新建构的是关于人格的历史。因为，自我观在人类历史中是自然而然便存在的，所以其本身并无发展史可言，它属于心理学研究的主题，而不是人类学的。在确定目标后，接下来，莫斯把人格的发展大略按照时间顺序加以列举：从美洲西北和澳大利亚土著的印第安普埃布洛斯（pueblos）民族志，讲到古印度、古中国和古罗马，再到基督教和现代欧洲。尽管这种列举方式在某种程度上有进化论思想的影子，但是正如艾伦（Allen 1985）曾经建议的那样，如果我们把这种方式解读为一种写作技巧，其主旨在于通过展现社会"类型"来明晰世界历史过程的话，那么我们就可以更好地理解莫斯的本意。莫斯发现，在"早期"社会中存在一系列的"人物"（characters）。每一个"人物"通常会和一个名字、一副面具、一种社会角色或者一位祖先相关联。它们会被个人所继承,从而逐渐演变成人格。通过莫斯的追述,我们可以看到,这些社会呈现出了一种循序渐进的"发展过程":人格和社会角色之间的不断分离。这使得个人可以在变换面具的时候保留主体特征。起先,在印度、中国和欧洲都产生过类似的人格,不过随着历史的推进,在印度和中国,这种人格"逐渐消失"了。在知识发展方面,这些文明更注重的是对自我的分析和解剖(例如印度佛教道德传统下的自我观),而并没有关注综合式人格(integrity of the person)的实践发展。

相比之下,在古罗马,两个很重要的因素决定了"人格"概念日后在欧洲的发展方向。一个是罗马法。在罗马法系统中,人、物和行为被很清晰地区分开来。例如,在一个父亲去世以前,其儿子便可以完全"成人",享有法律权利(这种思想终结了上面讲到的人格对一系列面具和角色的继承的观念)。儿子的成年同时也结束了其父亲对儿子生命的所有权(儿子已然为人而不再是附属物)。并且,在平民暴动之后,古罗马公民的公共人格权利也得以被承认和确立。另一个是,希腊哲学中"人"的概念不断发展,成为道德主体。莫斯尤其强调斯多葛(Stoic)学派的"面子"(prosopoy)观念。他认为,这一观念是欲望和反思的基础,亦是自我反省和自我塑造实践过程的核心。它使得一个人成为"有意识的、独立的、自由的、有责任感的"主体(Mauss 1985:38)。莫斯还指出,基督教把这个观念升华到了形而上的哲理层面,并将其神圣化。对于这一时期基督教所起到的关键性作用的理解,杜蒙要比莫斯更加深入。杜蒙认为,正是基督教的发展最终导致了印度和欧洲的不同。而在莫斯的论述中,中国和印度的例证最终不了了之。这是因为,莫斯想证明的并不是同一个概念("人格")在不同文明中存在的不同形式,而是这个概念的发展谱系。

因为莫斯当时生活在极度的强权之下,所以他在文章的最后特别提醒说,现代西方人格的神圣性正在不断地被挑战:"我们需要去捍卫我们所拥有的人格。要不然,在我们这个时代,这一神圣的观念将消亡。"(22)在莫斯一文之后的几十年里,发生了两个使人惊诧的、相互矛盾的政治过程。一是莫斯所担心的那种可能给个人权利带来巨大威胁的集权体系坍塌了,二是以保护"人权"为宗旨的庞大的世界性组织网络被建立了起来。但同时,在知识界,"甚至在这一理论的原产地",莫斯所关心的个人道德整体性也在不断地受到挑战。的确,从20世纪30年代起,欧洲大陆哲学的学术主线就是对"个人"这一概念的不断攻击(参见Seigel 2005)。

在这里,不得不指出的是,莫斯的文章在结构上存在一个致命的缺陷:在谈论古希腊哲学的时候,他悄然地背离了在文章开头为自己定下的方法论规则——将"人格"和"自我"区别对待。迈克尔·卡里瑟斯(Michael Carrithers)的文章为我们提供了"另一种关于自我的社会发展史"(1985),同时也帮助我们认识到了区分这一概念的必要性。卡里瑟斯正确地指出:我们关于这两个概念之间存在鸿沟的想法其实是有误的。他坚持说,"自我"概念的发展是建立在和"人格"概念交流基础上的。卡里瑟斯进一步地把视人为社会集合体的人格理论(personne-theories)和视人为道德中介的自我理论(moi-theories)区分开来,并且强调对自我的系统性反思并不是西方特有的。诚然,在公元前5世纪的印度北部,随着自我塑造的系统化

第一章 超越社会科学中的"不自由"

(其中佛教和耆那教是最重要的两支),对"自我"概念的实践以及人类思维能力的认知都产生了质的飞跃,足以与莫斯所确定的罗马法对"自我"概念形成的决定性作用媲美。卡里瑟斯写道:

> 这些以自我为导向的道德系统和莫斯基于原始社会总结出来的集体性人格道德系统有本质上的差别,因为对于他们来说,自我并不是从原始仪式舞蹈中的人的形象衍生出来的,而是源于人类本身——它产生在德国浪漫主义者和自然相通的时候,在斯多葛学派克制本性欲望的时候,在小乘佛教教徒于森林中打坐的时候,在新教基督徒于自己的卧室里忏悔祈祷的时候。这些都有各自的社会发展史。当他们集体产生狄俄尼索斯(Dionysian)似的疯狂的时候,也一定对阿波罗似的道德节制强烈赞许。这并不意味着,我们要反对莫斯所鄙视的关于集体型人格的法律化和政治化过程,但是这些自我观有其自身的发展过程、发展逻辑和相对独立性。(Carrithers 1985:248)

莫斯忽视了这些发展的重要性(其中包括中国的)。因为他的议论以道德、法律上神圣不可侵犯的个人为目标,所以从这些社会里发展出来的对自我的塑造和解剖,以及对自我的系统性分析,都要被视为历史发展中的死胡同,要被省略掉。但是,这些自我观念的发展并没有导向死胡同。它们的重要性也不仅仅局限在"当地"。那些人生活的方式,以及自我的塑造技巧已经很广泛地传播开来,其影响力也很深远。然而,这些影响力在过去的两个世纪里,随着不同的传统之间在观念和实践上不断地交往交流,才得以显现(例如,东南亚小乘佛教的禅定和印度瑜伽改造结合后进而得以实现全球性商业化发展)(Preblish and Baumann

2002；Alter 2004；Strauss 2005；Singleton and Byrne 2008；Cook 2010；Singleton 2010)。

为什么人类学家一定要牢记：在现代西方个人主义和非西方传统的关系型自我观之间不是简单的对立关系？这是因为，前面卡里瑟斯简单勾勒出来的发展史——关于不同自我理论之间的创造、传播、交流和交换，以及自我理论和人格理论的复杂互动过程——还没有被很详细地记录下来。与"西方和他者"那种陈词滥调相比，这些历史将为我们在研究不同道德生活方式的时候提供更贴切的背景信息。因此，将这些不同的自我观拼接起来是道德人类学研究必不可少的一部分。

人类学和哲学

第四项问题是，人类学对伦理学的关注一向过于浮皮潦草。在很多关于道德人类学的提纲中，学者往往只关注一种道德哲学理论，且一般都是和主观主义（subjectivism）相关。这一倾向很明显地影响了人类学家对田野资料的诠释。[①] 我相信，不会有人认为一个只依赖一种理论而提出的学术提纲能在特定研究课题上做出什么成绩来，不管是关于亲属制度、国家政权、礼物交

[①] 比如，勃兰特（Brandt）能够了解到很多霍皮人（Hopi）对"一个人应该是什么"的关注，这种关注远远超过他们对那些被允许或禁止的行为的关注。勃兰特对此现象表示不解（1954:113）。但是，在研究过程中，勃兰特却忽视了这些材料。他坚持认为，任何道德系统里最重要的部分，必须是那些关于评价特定行为（包括态度）是对或错的观点（1954:151）。这样一来，勃兰特忽视了以下可能性：霍皮人的道德系统可能与他自己持有的道德理论在结构上存在差异，且霍皮人可能非常看重人的道德品格（character）。在第二章中，我们会着重阐述后一种道德系统在人类学研究中的意义。

第一章 超越社会科学中的"不自由"

换,还是关于道德。再者,某一种哲学理论对"道德真理"的绝对垄断也是不可能的。因此,道德人类学如果想要持久地发展下去,就不能只基于一种道德哲学理论。

如果别的学科已经很好地分析与总结了道德生活的本质,那么我们人类学研究道德的必要性在哪里?如果道德人类学真的有学术价值的话,那么它一定意味着,人们的道德生活中还存在值得研究的东西,关于道德的一些基本问题还没有定论。所以,很重要的一点是,人类学对道德的研究不应该建基于某一特定的道德形而上学(meta-ethics)学派。我们应该同时与多个道德哲学流派对话,即便有时这些学派之间的理论是互不相容的。关于研究实践,我们不可能事先知道哪一种哲学的道德观会更符合田野现实。

对人类学和哲学这一关系的澄清是很有必要的,因为这是人类学家的弱点。在研究哲学问题时,大多数人类学家都会显得没有自信。研究的套路通常如下:首先,援引一位当下知名哲学家(一般是欧洲大陆哲学流派)的观点来抨击某种"强势的西方理论假设"(这给人的感觉就好像法国、德国和斯洛文尼亚的哲学家都不属于西方似的);然后,去发掘非西方社会中存在的与该哲学理论相符的社会实践(仿佛生活在新几内亚高地的人们平时闲来没事儿就会讨论海德格尔、斯宾诺莎、德勒兹或者莱维纳斯的哲学一样)。这些人类学家认为,这种写作套路既可以证明"自我"的真理性,同时还可以彰显"他者"的道德性。应用这种烂俗套路来议论的结果往往是很滑稽的,在某种程度上完全违背了这群人类学家对哲学的恭敬之情。虽然他们把哲学视为解释现实本质的最终理论权威,但他们的做法就好像在建议人类学家在做田野调查之前需要确定自己所支持的形而上学流派一样。这种方式无法使人类学和哲学齐头并进,也无法使两者在发展有用的哲学概念和完善哲学命题方面形成平等的伙伴关系。如果人类学家继续唯"哲学"马首是瞻的话,那么我们就没有办法真正地与哲学家进行有实质意义的对话。

但同样,如果我们仅仅是为了宣扬人类学在某种理论上的优势而孤芳自赏、不去和多种不同的哲学流派对话,也将是无益的。这正是涂尔干学派的论证态度(详见 Karsenti 2012:21)。涂尔干的科学实证主义倾向将"哲学"描绘成一个对先验性概念的理论抽象过程,是神学转化为科学社会学过程中的一个阶段。的确,在涂尔干的新康德主义中存在很深的理性主义烙印。但是,正如沃尔弗拉姆(1982)曾经批判过的那样,涂尔干实质上错判了功利主义。在涂尔干的笔下,功利主义似乎对实证研究丝毫不感兴趣,但他完全忽视了约翰·斯图尔特·穆勒在道德原则应用问题上对生活经历的强调。沃尔弗拉姆认为,人类学其实很容易便可以构想出功利主义原则上在道德人类学研究中如何运作。例如,我们可以去研究不同的社会对幸福(和幸福的分配)存在怎样的诉求,有哪些不同的社会处理方式。不得不承认,我个人的确觉得这种研究项目并没有什么前景,但是它起码比涂尔干所认可的那些实证研究更接地气。

另外,我认为,判断道德人类学发展成功与否的一个重要标准是,我们能否长久地和各种不断发展的(不只是欧洲的)哲学流派进行对话。本书的目的之一便是促进这种跨学科学术对话机制的建构。

在后面的章节中,我将反复提及自己在印度北部的耆那教中做田野时的经历(详见 Laidlaw 1995)。耆那教的传统大量继承了前

第一章　超越社会科学中的"不自由"

文中卡里瑟斯所描述的古印度的自我观。尽管耆那教和佛教是在同一历史时期、同一地域，作为竞争对手而产生的，但是与佛教不同，直到 20 世纪，耆那教仍仅局限在南亚半岛传播。耆那教的信奉对象主要是二十四祖。他们发现了通过苦行和灭欲脱离人生苦海的方式。二十四祖中的最后一位，即筏驮摩那（亦称"大雄尊者"[Lord Mahavira]）大概与释迦牟尼同时代。至今，这通往精神至善的耆那之路仍然被耆那教的僧侣们信奉。他（她）们全是单身，依靠乞讨游历为生，在城镇之间赤足而行。除了化缘所用之钵等一些简单的僧侣用品之外，他（她）们不占有多余的财物。这么做都是为了体现和传授耆那教非暴力、不依附的道德品质。耆那教的信众，在城市里多为做贸易的商人和职业工作者，而在乡镇里却多为小商贩和信贷商。不论在哪里，他（她）们都很积极地参与苦行，比如节食、忏悔和打坐。除此之外，信众也会膜拜耆那圣者以及在世的耆那教高僧。但因为这些信众在形式上并没有出家，所以在生活中，他（她）们需要遵守的社会道德往往与他（她）们的宗教信仰起冲突。信众的道德生活需要同时满足不同的道德要求，同时实践相互冲突的道德原则，这已成为必然。正是起初想要理解这些信众如何在道德冲突的情况下来实现生活幸福、怎样的社会制度才能使其追求得以实现等问题，引导我最终写了这本书，试图借此寻找答案。

本书的第二章和第三章主要是探讨人类学如何从当代英美分析哲学的"美德理论"，以及福柯在晚年所确立的"尼采式道德谱系"（Nietzschean genealogy of ethics）的研究方法中汲取养分。谢里尔·马丁利（Cheryl Mattingly 2012）在其近期作品中很有洞察力地指出了这两种理论派系之间存在的矛盾性。基于她个人对这种矛盾性的认识,马丁利却错误地以为,人类学在研究道德时必须两者择其一(而她个人比较倾向"美德理论")。她的这种认识在很大程度上受到了阿拉斯代尔·麦金泰尔(Alasdair MacIntyre)的影响,而麦金泰尔本人对"道德谱系论"就有偏见。我们将会在第二章看到,人类学家到目前为止几乎已经完全被麦金泰尔的"美德理论"迷住了,以至于他们很少能够观察到这一理论的弱势。鉴于此,我建议,在研究人们的道德生活的时候,如果人类学家可以更中立地对待这两种理论的话,我们就可能更有收获。但在这里我想强调的一点是,即便我们需要中立态度,这也并不意味着要把这两种理论进行整合。我们应该允许它们之间存在理论矛盾性,同时也应该对其他流派的哲学思想持开放心态。①

第四章和第五章的主要目的是探索一条可行的理论道路,即我们如何通过借鉴"美德理论"和"福柯式道德谱系学"来对我们已有的社会理论基本概念进行修正和改造,最终以人类学对道德生活的关注来取代科学中的"不自由"。这一过程包括对"自由"和

---

① 在时间和个人能力允许的条件下,我很希望能在本书中对休谟和斯密的"道德情操论"给予全面论述,尤其是主体间道德情感对个人人格塑造的作用。在最近的道德哲学研究中,他们的理论有复兴之势。虽然在一定程度上,"道德情操论和美德理论"有重叠之处,但是,道德情操论的很多方面,尤其是目前的道德心理学那部分的理论,给美德理论带来了很多直接的冲击。这一点在目前的人格研究成果中体现得很明显(见 Doris 2002)。就我个人而言,我并不认为"情境主义者"(situationalist)对美德理论的批判实现了他们的预期效果。可是,如果我们把他们的论点换一种说法,即社会环境(包括关系、实践、建筑以及身边的物质环境)在人格的发展和维系上有其内在必要性,那么对人类学来说这将会是很有潜力的研究方向。在所有的当代道德哲学流派当中,道德情操论和道德心理学也是对人类学研究最感兴趣的(见 Joyce 2005;Wong 2006;Prinz 2007)。这正是因为,道德情操论学派的学者一向认为他们的研究应该以实证主义为基础。另外,他们也希望能在人类学中找到支持自己的主观性和相对性理论的同伴。可惜的是,他们目前所关注的人类学理论似乎都很另类。无论如何,这两者之间诚恳的、认真的交流会进一步加深彼此对道德的认知。相比之下,人类学与康德主义的道德理论之间的合作似乎很难想象。而拉波特(Rapport 2012)的论著却是个例外,为我们提供了一些思想源泉。

"责任"等概念的重新思考,并把它们发展成为可以在田野调查中应用的概念。诚然,这些尝试都是为一项更宏大的事业添砖加瓦罢了。不过,我确实希望,我现在所做的这些尝试至少能证明:关于人类道德生活的研究在社会分析中还是存在理论可能性的。

有些时候,我在书中的一些主张会显得比较狂妄,例如我会说,现有的社会理论在系统上还无法理解它所欲解释的社会生活中的某些重要组成部分,而我的书能够予以补足等;但大多数时候,我认为我的主张、建议仍是谦逊中肯的。我并不认为"道德"可以囊括一切人类学理论。我也不认为道德人类学是最全面的人类学研究方法。正如我在前面提到的,我在这里提倡的"道德人类学"不是人类学的一个分支,不像经济人类学或者政治人类学那样,专门研究人类生活的某一特定领域——"道德"或者"善"。我们可以有很好的理由去怀疑将这种跨文化"道德"作为人类学特定研究主题的可能性,起码它的存在并不会比"宗教"门类多。另外,我这里所说的"道德人类学"不是像文化人类学一样,把"当地的道德"当作一种文化来研究。我认为,这么做只会很快地把我们导入上面提到的社会理论的死胡同。简言之,本书的核心论点是:由于人们的日常生活中无时无刻不充溢着反省和价值判断,所以社会生活中的道德行为不应该被简略成其他社会行为的附属品或从属物。因此,我们要重新梳理社会理论,对道德行为的独立性给予充分认识。当然,这一理论取向并不排除研究道德现象中存在的其他问题和方法;比如,本书便没有对关于"邪恶"(evil)的人类学研究予以评论(见 Parkin 1985;Caton 2010;Biehl 2012;Das 2012)。乔尔达什(Csordas)最近提出,对于道德人类学来说,关于"邪恶"存在与否的问题的研究是最根本的,因为"如

45

果没有邪恶，道德也便失去了意义"。从他的论述中我们可以很清楚地看到，乔尔达什援引的"道德"概念和本书所关心的"道德生活实践"大相径庭。以道德生活实践为基础的"道德"概念并没有刻意去影射，也没有刻意去排除"邪恶"。在这里，我并不想否定乔尔达什。我只不过想说明，他的道德人类学大纲和我在本书中提出的道德人类学是两种不同的研究。

本书的最后一章（第六章）会将一条贯穿全书的论证暗线明朗化，即提出一种研究方法使道德人类学研究本身可以变成一种道德实践方式。借用伯纳德·威廉姆斯（1986:203-4；1985:142-8；2006:61）的概念，我将进一步阐明"民族志姿态"（ethnographic stance）在人类学学科道德实践中的核心地位。"民族志姿态"指的是，人类学家在不丧失自我固有的道德观和价值观的前提下，尽可能地以当地人的道德概念和道德生活方式来理解当地社会，通过学习使用当地人的道德概念来参与当地生活。威廉姆斯观察到，一些哲学家很善于在生活中捕捉与实践融为一体的道德概念，另外一些哲学家则更善于在理论层面分析和解释道德的多样性，但很少有人将其合二为一。因为成功的"民族志姿态"需要研究者同时掌握以上两者，所以威廉姆斯建议，"民族志姿态"对哲学研究会起到很重要的作用。我认为，"民族志姿态"要求我们认真对待自己所描述的生活方式，不但视其为我们学习的对象，还要试着学会用他们的概念来思考，把他们变为我们批判性反思和自我塑造的资源。到目前为止，并非所有的道德人类学概念都是基于这种"民族志姿态"而产生的，不过我认为，这应该成为人类学道德实践的前提。

第二章

美德：具有民族志姿态的哲学？

THE SUBJECT OF VIRTUE

人类学家在研究道德生活的时候总是觉得，与其他当代的伦理学流派相比，他们似乎和"美德理论"（virtue ethics）更投缘。美德哲学家通常认为，对伦理道德的理解需要先从考察一系列特定品性（character）开始，例如对勇敢、大度、优雅、虔诚、谨慎、懦弱、庸俗、鲁莽，或者残暴的研究（不同的美德哲学家会侧重研究不同的"美德品质"和"恶行"）；然后，描述与这些美德相关的修辞分类及其相对应的道德心理和道德实践。另外，还要描述美德实践发生时的社会关系和情境。简言之，要理解美德，便需要对道德生活方式加以"深描"。这和格尔茨（1973）所提倡的民族志标准是一致的：好的民族志描述要"深入"（thick）。也就是说，按美德哲学家的理解，美德是事实与价值的结合。这恰和诠释人类学所认定的异曲同工。① 正因为此，美德哲学家习以为常地认为，哲学需要包括"社会诠释这一维度"（Williams 1985:131）或是"民族志姿态"（ethnographic stance，Williams 1986:203-4）。由此，我们也不难理解为什么他们会认为"诠释性民族志"（interpretative ethnography，Moody-Ad-

---

① 两者的相似并非巧合。格尔茨"深描"概念的直接理论源泉，即吉尔伯特·赖尔（Gilbert Ryle）的《心的概念》（*The Concept of Mind*）（1949）也对维特根斯坦哲学流派产生了重要的影响，而当代美德理论复兴所依仗的理论基础恰恰是维特根斯坦的哲学。

ams 1997:169)和"描述性人类学"(descriptive anthropology, Baier 1985:232)是美德理论的研究前提了。

故而,美德理论和人类学的相似性的产生基础便一目了然。但很奇怪的是,到目前为止,人类学家对美德理论的借鉴却还只局限于阿拉斯代尔·麦金泰尔(Alasdair MacIntyre)一个人。不可否认,麦金泰尔是一位很有影响力的哲学家,不过他的理论过于特殊,而且他也绝不可能代表整个美德理论学派。在本章中,我将试图总结麦金泰尔的理论维度,及其哲学观点的内在逻辑性——在目前人类学家对麦金泰尔的理论的只言片语式引用中,以上这两点还没能完整地体现出来。另外,我也将指出,为什么人类学会对麦金泰尔的理论尤为钟爱。这种钟爱也正是我们需要警醒的原因。如果人类学家真的想和美德理论有实质性交流的话,我们便需要认识到美德理论流派内部的多样性和麦金泰尔的理论自身的特殊性。

"美德"

正如其他学派的理论概念一样,关于"美德"的理论中包含很多复杂的方面。要是对这些逐一仔细审查的话,其中一些难免站不住脚。但是,下面提到的这几点多多少少还是存在一定真理性的。在20世纪中叶,英语世界中的伦理学被两种思潮所统治:一个是康德主义下的道义学(deontology),其宗旨是确定理性道德主体的义务和责任;另一个是以功利主义(utilitarianism)为代表的道德后果论(consequentialism),其宗旨是探寻一种以幸福指数的计算为基础来评价个人的道德行为的可靠方法。两个学派都

第二章 美德：具有民族志姿态的哲学？

试图建立一套普遍性理论，也都希望各自理论中被简化、抽象出来的基本原则（两者都认为，基本原则越少越好）可以指导道德主体在特定环境下的道德选择。美德理论的产生是对这两派的回应。美德理论根植于维特根斯坦学派的传统——柯林伍德（Collingwood）的历史主义也对美德理论产生了很大影响，它是对以上两种道德理论架构的抨击。

伊丽莎白·安斯科姆（Elizabeth Anscombe）的《现代伦理哲学》（"Modern Moral Philosophy"）（1958）开了当代美德理论的先河。在文章中，她争辩说，几乎所有的现代伦理哲学流派提出的理论都没有什么实质作用。哲学应该摆脱现代伦理学的范式，特别是应该摒弃"道德责任""义务""权利"和"罪责"这些概念，因为这些概念的产生所依赖的是一套以"上帝立法"（legislating God）为基础的信仰系统，而这一系统早已消亡。安斯科姆认为，即便现代伦理学的大部分理论（安斯科姆在文中视"道德后果论"为现代伦理学理论之表率）和传统的上帝立法观都已经不管用了，哲学家至少还可以通过认真仔细的研究来重建一套更富有现实意义和成熟度的道德心理学，并以此为基础来复兴亚里士多德的道德分析方法，从而发展出一套以人类美德行为和美德培养为核心的伦理学理论。安斯科姆的这篇文章被20世纪70年代兴起的美德理论运动视为奠基之作。其中的支持者及其理论包括彼得·吉奇（Peter Geach）的《论美德》（*The Virtue*）（1977），菲莉帕·富特（Philippa Foot）的《美德与恶行》（*Virtues and Vices*）（1978），麦金泰尔（MacIntyre）的《德性之后》（*After Virtue*）（1981），伯纳德·威廉姆斯（Bernard Williams）的《道德运气》（*Moral Luck*）（1981）和《伦理学与哲学的限度》（*Ethics and the Limits of Philosophy*）（1985），查尔斯·泰勒（Charles Taylor）的《自我的根源》（*Source of Self*）（1989），迈克尔·斯洛特（Michael Slote）的《从伦理到美德》（*From Morality to Virtue*）（1992），约翰·麦克道尔（John McDowell）的《心灵、价值与现实》（*Mind, Value, and Reality*）（1998），罗莎琳德·赫兹豪斯（Rosalind Hursthouse）的《德性伦理学》（*On Virtue Ethics*）（1999）。这些作品对古希腊伦理思想进行了一系列的总结和反思。起先是以亚里士多德为主，而后对斯多葛学派（stoics）更感兴趣。以斯多葛学派理论为基础的著作包括阿梅莉·罗蒂（Amélie Rorty）的《亚里士多德的伦理学》（*Essays on Aristotle's Ethics*）（1980），马莎·努斯鲍姆（Martha Nussbaum）的《善的脆弱性》（*Fragility of Goodness*）（1986）和《欲望的疗法》（*Therapy of Desire*）（1994），南希·舍曼（Nancy Sherman）的《品性的构造》（*The Fabric of Character*）（1989）和伯纳德·威廉姆斯的《羞耻与必然性》（*Shame and Necessity*）（1993），以及茱莉娅·安纳斯（Julia Annas）的《关于幸福的道德》（*Morality of Happiness*）（1993）。

虽然关于美德理论的论著繁多，但是这一时期学者们的核心思想大体是一致的。他们都反对简化的、非认知主义的（non-cognitivist）情感观念（情感表达不包含价值判断和其他的认知内容）。同时，他们也反对安斯科姆说过的那种肤浅的道德心理学。他们都对道德行为主体的本质很感兴趣，更关注人格品性的形成过程以及道德教育方式。并且，他们都认为，美德行为和去情境化后（decontextualized）的、孤立的"道德抉择困境"是不一样的。另外，因为人格品性是在社会关系和一定的社会制度下形成的，所以这些学者都认为，伦理学在本质上应该是以实证经验为

第二章　美德：具有民族志姿态的哲学？

基础的有历史性和比较性的研究。这一学术定位不仅意味着，为了理解道德主体的历史形成方式，哲学家需要对道德生活方式进行富有想象力的重构，也意味着，伦理学不可避免地会包含对道德思想史的研究，因为道德思想是道德生活的重要组成部分。所以，美德哲学家也对"现代自我"的形成历史研究颇深。他们借用古典哲学对人格品性发展的论述（特别是亚里士多德的理论），试图纠正现代伦理学对人格品性形成过程研究的忽视。不可否认，美德理论被很多学者（包括麦金泰尔）包装成了一种"复古风"，即复兴那些被启蒙运动打断的、亚里士多德式的道德思想传统。这里需要补充说明一点：一些美德哲学家如安妮特·贝尔（Annette Baier）（1991）、西蒙·布莱克本（Simon Blackburn）（1998）等，同样也对道德心理学和人格塑造产生过兴趣，不过他们汲取的是苏格兰的启蒙运动思想，尤其是大卫·休谟的理论（相反，麦金泰尔对休谟是很有敌意的）。从这一点上便不难看出，美德理论其实包含很多不同的观点，将它们统称为"亚里士多德主义"是不公正的。例如，威廉姆斯将古希腊伦理学与休谟的怀疑论融合在一起——他认为，在很多方面亚里士多德的理论都是失败的典型（1985：第三章）。另外，艾丽斯·默多克（Iris Murdoch 1970，1993）的理论很具特性，且很有影响力，但她代表的是美德理论中的柏拉图主义。

当代美德理论流派的一个很重要的特征是，很多学者试图整合和确立一套可以与康德主义道德理论或者功利主义理论并驾齐驱的新道德理论。他们认为只有这样，才能真正客观地用理性的力量来彻底批判我们已然接受的道德信念和实践（Nussbaum 1993；Hursthouse 1999）。如果我们从这个角度来理解美德理论,那么这一流派似乎和其他当代伦理学流派有很多重叠之处(Slote 1992;Baron,Pettit,and Slote 1997)。甚至,康德伦理学和美德理论的结合也将很有可能,因为康德本人就对美德主体的形成问题很感兴趣(Engstrom and Whiting 1996;O'Neil 1996;Sherman 1997)。但如果这种整合真的得以实现,那"美德理论"难免就会丧失其理论独特性。美德理论中的基本概念分类也会在跨学派论战中变得混乱而招人厌烦(Nussbaum 1999)。另外,有些学者还争辩过,说现代的伦理学架构其实和古代的伦理学架构大相径庭。因为古代的伦理学并不是根据几个有限的基本原则而建构起来的金字塔式的理论框架,所以古代的哲学家不曾想过要将伦理学进行系统性整合和完善(Annas 1993:7-10)。古人认为,如果人们在道德之外来寻找伦理学理论系统化的"阿基米德支点",这么做本身就是在泯灭道德思想,而并非在促进道德理论的发展(Williams 1985;Baier 1985)。有鉴于此,一些现代美德理论哲学家倡导我们,不仅要从古典哲学的思想内容中汲取营养,更要学习古人做哲学的方式和态度。用皮埃尔·阿多(Pierre Hadot)的话来说,在古代,哲学便是一种"生活方式"(1994[1987];2002[1995])。诚然,这一倡导依赖一定的话语形式(form of discourse),但是精神操练和社群生活也都要有一定的话语形式。就此而言,至少道德理论是对生活方式的内在性反思。[①] 从这方面来看,美德理论中的"复古"是想通过重新发掘那些被现代"理论"掩埋已久的日常道德生活,对那些我们觉得习以为常的

---

① 很有意思的一点是,在同一历史时期,北印度也存在一样的状况。在耆那教和佛教产生的历史时期,也存在着很多与古希腊学派一样的群体。他们大都以一个有魅力的领袖型人物为中心而组成。每一个群体都在以自己独特的方式来探索一条达到智慧最高形式的道路。

生活方式进行"陌生化"处理，从而增进我们的批判性反思能力（Williams 1993；1995a：183；1995b：216-9）。

所以，当审视不同类型的美德理论时，我们要问的一些关键问题是：什么是它的理论形式？其理论框架是否将自己排除在外？研究者本人究竟是置身于其所描绘的道德生活之中，还是在道德生活之外？正如我们下面将要看到的那样，麦金泰尔在回答这些问题时是十分含糊的。

人类学对美德理论的借鉴

人类学家迈克尔·兰柏克（Michael Lambek）一直都对美德理论持有很浓厚的兴趣。这在人类学界是罕见的。虽然他对美德理论的借鉴主要来自亚里士多德的学说，但是我们不能说麦金泰尔对他就完全没有影响。① 兰柏克认为，"道德无处不在"是田野中存在的最基本、最常见的民族志现象。这里讲的"道德无处不在"主要指的是，人们在生活中无时无刻不在以"善"的概念来指导和评价日常行为。鉴于此，他号召，人类学家不应该将一切现象都简化理解成"权力的行使和对权力的抵制"。兰柏克提醒我们："也许一切行为都可能包含政治性，但是政治并不是一切。"（2000：312）因此，在寻求用人类学方法来描述和理解社会生活的道德层面时，兰柏克没有采用"后果论"或"道义

---

① 兰柏克经常引用的另一个学术权威是汉娜·阿伦特（Hannah Arendt）。我在本书中不会讨论阿伦特，但是在这里需要提请读者注意的是，阿伦特的理论主要来自海德格尔对亚里士多德学说的很主观、很另类的诠释和解读。其中就包括海德格尔本人对古希腊城邦政治所怀有的浪漫主义情怀，以及他对现代性和自由民主的敌视。所以，最终殊途同归，阿伦特在理论上和麦金泰尔的主张是很相似的。

论",而是更偏向对美德理论的借鉴。他的这一偏爱不仅是因为他觉得,在三种理论中美德理论与日常道德生活实践的契合度最高。正如他所说的:"实践经验中的例证不仅存在于前现代社会或现代性以外的社会(pre- and extra-modern societies)中,更存在于我们现在的生活之中。"(2008:151)更重要的是,兰柏克发现,亚里士多德的概念即"实践智慧"(phronesis)① 可以为我们提供一种很好的方法,来避免因二元对立而产生的一系列矛盾概念。兰柏克认为,这种二元对立主要来源于柏拉图学说:一边是独立的、正式的理性,而另一边是幻想和非理智的情感(2002)。兰柏克认为,这些二元对立的概念被不断地在人类学理论中复制,而这些概念分化似乎又在不断地敦促人类学家在二元对立中抉择——无论是在研究的科学客观性与情感认同之间,还是在由理性(或社会)而生的康德式(或涂尔干式)道德义务与功利主义的个人道德偏好之间(2008)。兰柏克还评价说,在"实践智慧"概念的引用上,布迪厄理论中的"惯习"(habitus)(1977[1972])似乎是对亚里士多德既有概念的翻新。乍看之下,"惯习"是对亚里士多德实践智慧理论的发展,但是由于布迪厄通常视人们在社会实践中行"善举"的原因最终都为积累"社会资本"(详见本书第一章中的有关论述),所以他的理论不可避免地沦落成为工具主义的(Lambek 2000:316;2008:136)。

兰柏克的主张(美德比其他道德理论更适于描述田野情境)近几年吸引了很多人类学家的关注(例如,Lienhardt 1973;Overing and Passos 2000:4;Rogers 2009:11)。兰柏克甚至还说

---

① 兰柏克没有按传统方法将"phronesis"译为"实践智慧"(practical reason),而是译成了"判断"(judgment)。这主要是为了避免概念混淆,因为在人类学理论中萨林斯将"实践智慧"定义为一种正式的、带有功利性的行为计算方式。

过，人类学学科的发展过程中其实一直都暗藏着亚里士多德的传统，只不过很多人对这一理论暗线没有什么意识（2008：135-6）。例如，莫斯对礼物交换的理解（1990［1950］）。追随迈尔（Myhre 1998）的主张，兰柏克认为，莫斯视礼物交换为一种具有实践目的内在化属性（intrinsic to the practice itself）的行为，而并不是一种以外在功利为目的的行为手段。礼物交换的这种属性，在某种程度上和亚里士多德对美德的理解很相符（在人类学对"分享"和"慈善"的分析研究中，我们也可以看到类似的情形，参见 Widlok 2004；Bornstein 2009）。基于这种诠释，礼物的馈赠和其他一些仪式行为一样（例如牺牲［Lambek 2007；2008：148-50］），都是对特定道德标准和道德条件的遵循（2010a：18）。

当然，在心理人类学和语言人类学著作中，大量的作品与特定文化道德情感下的日常道德生活有关（著名作品包括 Rosaldo 1983；Edwards 1985, 1987；Schieffelin and Ochs 1986；Shweder, Mahapatra, and Miller 1987；Besnier 1990；Reid 1990；Shewder and Much 1991；Moore 1995；Briggs 1998；Fung 1999；Csordas 2009）。这些作品大多只借鉴了一些有限的心理学模型，主要是劳伦斯·科尔伯格（Lawrence Kohlberg，1981）的"道德发展"阶段论（参见 Reid 1984；Kagan and Lamb 1987；Turiel 2002）。很重要的一点是，这些作品基本上从不关注美德理论。但是，谢里尔·马丁利（Cheryl Mattingly）是一个例外。她通过援引亚里士多德的"叙事"（narrative）理论（马丁利同时还受到了麦金泰尔、马莎·努斯鲍姆、保罗·里克尔［Paul Ricoeur］和布鲁纳［Bruner］的影响），试图理解叙事性逻辑是如何将动机、行为和结果串联在同一因果链上的；这种叙事性逻辑又是如何影响着人们日常对医疗诊所的感知的。借此，马丁利得以通过她的民族志作品来展现，在面对巨大不幸时，家庭是如何维系关爱和希望的（1998；2009；2010；2013）。

除了以上这些作品外，在援引美德理论时，大多数人类学家所采用的几乎都是麦金泰尔的理论（例如，Laidlaw 1995；Edwards 1996；Gilsenan 1996；Auston-Broos 1997；Valeri 2000；Lakoff and Collier 2004；Robbins 2004；Collier and Lakoff 2005；Clough 2007；Ochs and Kremer-Sadlik 2007；Prasad 2007；Flatt 2010；Throop 2010；Hellweg 2011；Mittermaier 2011；Muehlebach 2012）。在这里，我们与其说麦金泰尔对人类学的影响是深远的，不如说他的影响是广泛的。随后，借着塔拉勒·阿萨德（Talal Asad）对伊斯兰人类学（1986；2003；2006）的发展，麦金泰尔在人类学界的影响力得以不断加深。在理论上，阿萨德吸收了麦金泰尔对"传统"这一概念的独特理解，将伊斯兰教视为一种"叙述传统"（discursive tradition）。借由这一概念，阿萨德巧妙地解决了伊斯兰教研究中长久以来存在的困境，即我们应该是以教义，还是以"在地实践"，来界定"伊斯兰"。在这点上，阿萨德的理论同样给佛教、印度教和基督教的人类学研究带来了启示。之后，顺理成章地，当阿萨德和他的追随者以"叙述传统"这种视角来研究伊斯兰教的道德主体的塑造方式时，麦金泰尔的道德理论也进一步被整合到了人类学研究之中。

麦金泰尔的理论

在麦金泰尔的学术生涯中，他的信仰经历过多次改变，例

第二章 美德：具有民族志姿态的哲学？

如，他为了保持"对马克思主义原旨的忠诚"（1970：62，引自1981：262），曾宣称自己不是马克思主义者；另外，他还曾经在脱离罗马天主教之后重新接受洗礼入教。但是，麦金泰尔的著作——至少在从《伦理学简史》（*A Short History of Ethics*）（1966）到《依赖的理性动物》（*Dependent Rational Animals*）（1999）这一段时间——一直延续着同一理论脉络。他最有名的论著要数《德性之后》（1981）。在一开篇，麦金泰尔便毫不留情地对现代性进行了批判。他指出，我们现在在日常交谈和政治辩论中所用的道德词汇，例如"应该""对与错""正义""不公平"等，都是碎片（fragments）。这些词都曾经是一个完整的概念系统的一部分。不过，这个系统现在已经不复存在了。①麦金泰尔比喻说，就好像遭受了长时间的政治压迫和群众迫害之后的科学重建工作一样：人们试图在"焚书坑儒"后的断壁残垣中去拾取学术的碎片，来恢复"化学""物理"等被分散了的学科。我们可以在完全不了解其理论重要性的情况下对范式进行硬性记忆。那些零星概念，例如"力场"和"分子"等也可以再次被引用。即便如此，仍然没有人能真正地理解这些概念和范式之间的关联，也没有人能够最贴切地援用它们。按麦金泰尔所言，我们现在在道德语言的应用中便存在类似的问题（1981：2）。在丧失了理性争辩基础的情况下，这种应用方式的结果是，人与人之间存在的分歧原则上永远无法消解。人们之间的不同价值取向也无法共存。争辩在相互误解中不断白热化。敌对双方都用口号（如"选择权"

---

① 安斯科姆（1958）早期也做出过类似的判断："这就好像在刑法和刑事法庭都被废除并且被遗忘之后，人们依旧保留'刑事犯罪'这一概念一样。"麦金泰尔在《德性之后》中使用这个有名的比喻之前，在其他作品中也用过类似的比喻（参见 1966：85-90）。

"生命的尊严""不同形式的内战")来表达自己的怨愤(1981:236;1988:2-6)。这种理论碎片化远远不只体现为学者对某种范式的信奉(例如 Mackie 1977),也远远超出了"情绪论"(emotivism)对道德的理解——它已然变成了我们当下文化的主流。

"情绪论"是指,道德语言和道德评价是道德主体自我情绪的一种表达方式。按照这种理论的理解,道德陈述,如"某某是好的",意味着个体情绪的表达,即"我喜欢某某"或者"我赞同某某"。因此,道德评价本身并不具备事实陈述的客观性。正相反,道德评价所反映的事实不过是评价者的主观情绪状态而已。麦金泰尔认为,虽然情绪论对道德陈述的意义本质的理解是错误的,但是在社会学研究中情绪论应该很重要,因为就人们日常对道德陈述语句的使用方式的观察而言,情绪论还是很有道理的。麦金泰尔进一步解释说,如果情绪论真是正确的,那便意味着,道德陈述在本质上就不是诚实的,所以应该被抛弃(1981:20)。① 可是,人们不但没有这么做,恰恰相反,我们还在继续以纯功利的方式使用着这些道德语言(例如,当我们说"以某种受害者的身份起誓"),希冀唤起他人对我们的观念的赞许,从而为我所用。麦金泰尔笔下的"情绪主义文化"(emotivist culture)似乎并不把人们在处理人际关系中所运用的手腕视为有道德问题的行为。在议论过程中,麦金泰尔列举了三个象征性"角色"来阐明这个问题,他们分别是经理人(manager)、理疗师(thera-

---

① 安斯科姆早在麦金泰尔之前就做过这样的判断(1958)。她写道,"应该"这个词已经变成了一个"仅具吸引力(mesmeric force)的名词";也就是说,"应该"变成了"一种很强的心理作用力,而不再是指代任何一个具体概念"。休谟和"当下的伦理学者"的错误就在于,他们"试图在保留'应该'这个词的心理作用力的前提下,为这个词寻找另一套(很有问题的)含义"。

pist)和鉴赏家(aesthete)。他们都会谎称自己的实际情况良好,夸大自己的个人能力和用处。如果他们不是使用谎言来获取认可的话,那么他们所能依赖的就只能是对他人的系统性管控(1981:23-31)。麦金泰尔认为,情绪论无法解释这种情况的存在。事实上,道德语言在情感上的作用,以及这些道德陈述能够操控他人情绪的原因在于,我们对这些道德表达仍存有碎片化的记忆。我们仍记得这些只言片语是有意义的,但是作为一套语言系统,我们已经不知道如何恰当地去使用它了。

我们是如何陷入这种困境的?麦金泰尔认为,这主要源于"启蒙运动的失败"。其著作《德性之后》就是想通过对启蒙时期的不同哲学家的理论瑕疵的描述,来记录和分析启蒙运动失败的整个过程。在麦金泰尔的描述中,克尔凯郭尔、康德、狄德罗、休谟和亚当·斯密都全盘接受和继承了启蒙运动以前的社会文化对伦理的界定(包括生命的价值、对财产的尊重、婚姻的重要性等)。并且,他们也都一致认同,人性的本质就在于理性(1981:36-50;1988:6-8)。他们中每个人都认为,正因人性本就如此,所以杀戮是错的、真诚是好的,等等。这些启蒙时期的思想家还援用了一系列不同的概念,例如"选择权""实践理性""情感"来消除事实与价值之间存在的理论鸿沟。麦金泰尔认为,这些启蒙者的理论都注定要失败。原因就在于,他们所倡导的道德观只有在一个完全不同的概念系统中才能说得通(1981:52)。

亚里士多德是第一个详述这一特定概念系统的哲学家。这个概念系统与启蒙思想中将人性和道德(事实和价值)二分的认识方式不同——它是三项的,并且在本质上是一种目的论。依麦金泰尔所言,亚里士多德将(a)"自然存在的人"或者"没有被驯化的人性"与（b）"在充分认识到自我真实本性后人类可能的生存状态"区分开来，并解释说（c）道德，作为一种"理性的训诫"，将把（a）发展成为（b）（1981：52-3）。麦金泰尔认为，启蒙思想下的道德理论注定要失败，原因就在于（a）和（c）之间是没有必然性关联的，除非用（b）把人性加以本质化和目的式的处理。故而，单从（a）去证实（c）是不可能的。

在1990年的著作《三种对立的道德探究观》（*Three Rival Versions of Moral Enquiry*）中，麦金泰尔总结了曾出现过的针对这一理论困境的解决方案。第一种他称之为"百科全书式"解决方案。这种方案基本上假设不存在这种根深蒂固的理论困境；并且，倡导我们应该和启蒙运动时期一样，通过对人性进行不断的理性分析和客观解剖，把世俗的、自由的现代化工程继续开展下去。在麦金泰尔看来，功利主义和康德主义都属于这种方案的分支。他认为，如果连康德都没能完成这一方案，那么我们完全可以假定，在可预见的将来不会有人能迅速地实施这一方案（1988：334）。因此，对于麦金泰尔来说，不论它在"现代世俗文化"中多受欢迎，这种方案基本上都已经失效了。

第二种解决方案是虚无主义的，即放弃所有道德陈述和客观道德真理。这种方案认为，道德与真理不过是人们在追逐权力过程中用来掩盖自利的面具罢了。在主导的社会秩序之外，它们没有任何意义和合理性。虽然出于对尼采和福柯的恭敬之情，麦金泰尔将这一方案称为"谱系式"，但是随后，他把相对主义、后现代主义、解构主义以及批判理论统统都归入了这一类别。在下一章我们将看到，要想真正理解福柯和尼采的理论，我们需要一种不同的解读方式。不过，对于麦金泰尔而言，这种简单粗略的

第二章 美德：具有民族志姿态的哲学？

建相继提出了很多纲领性建议。他认为重建工作，包括对人性的重新定义，完全可以在我们现在所说的"社会"分析中完成，并不需要像亚里士多德认为的那样，必须包含对自然和生物的理解分析（1981:148,162）。因此，麦金泰尔在《德性之后》中倡导，用社会历史分析框架来取代亚里士多德的"形而上学生物观"（metaphysical biology）。我们在后面将看到，正是这一分析框架吸引了众多人类学家的关注。但是，在其随后的著作《谁之正义？何种合理性？》（*Whose Justice? Which Rationality?*）一书中，麦金泰尔对亚里士多德的论著形成了更全面的认识（1988:101-2）。1999年，在《依赖的理性动物》中，麦金泰尔对自己以前的观点进行了修正。他已经不再认为单纯的社会分析具有理论充分性，而是更直接地对亚里士多德的生物观加以改造。麦金泰尔认为，与其他物种相比，人类在更多的时间里处于危险的环境之中，所以我们发展出了独特的相互依存的本性。正是这种依存的本性促进了美德的产生。因此，麦金泰尔说，人类的实践理性并不是个人努力的结果，而是相互依存关系发展的产物。

由此可见，麦金泰尔在《德性之后》及其随后的作品中试图发展的理论针对的都是启蒙思想和自由-世俗-现代化所遗留下来的事实与价值的分离问题，以及这种分离给我们带来的抉择性假象（在不可能实现的科学客观性和虚无主义相对论之间做选择）。最终，麦金泰尔以三个相关性概念为基础，为道德的社会历史发展过程提出了一个新的理论框架。这三个概念叠加在一起，很好地总结了美德概念的"逻辑发展过程"（1981:186-7），它们分别是：（1）蕴含在复杂性社会实践之中的内在"优良度"（excellence）；（2）人类生活的叙事性特征；（3）"传统"。

在麦金泰尔的定义下,"实践"是一种复杂的、社会性的人类合作行为,如科学研究、政治(依照亚里士多德的意思)、农业、医疗、建筑或者游戏(如象棋和足球)等。麦金泰尔认为,社会实践本身就蕴含着"内在之善"(internal goods, 1981:187-8)。① 也许有人下象棋的目的是挣钱或者出名,但是想要达到这些目的,人们也可以通过别的方法,而学习象棋本身其实对挣钱或者出名这些目的来说,并没有什么实质性的贡献。所以,作为"善",它们是在象棋实践活动之外的。相比之下,麦金泰尔认为,象棋本身自有的"内在之善"应该是指一种战略性智慧,因为这种智慧可以使人在象棋游戏中胜出。这靠的不是个人感觉或者是个人看法,而是一种事实,即象棋竞技者所具有的优良素质。另外,这类实践活动本身具备历史性:足球运动不只是在踢球而已,建筑也不只是在码砖。它们都是社会历史发展的产物,所以它们的"内在之善",作为一种事实,也不是一成不变的,而是历史的产物。尽管如此,这些实践当中所蕴含的"内在之善"并没有丧失其客观性和物质性。人们对这些"内在之善"的学习,以及从"桀骜的人类本性"中发展出实践理性的过程,都需要我们对特定标准的接受和对权威的服从。

除此之外,为确保不同实践之间不发生冲突,由这些"内在之善"组成的美德结构便必须是一个连贯的、内在整合度很高的系统。"人是叙事性动物"(1981:216)这一特征为整合美德系统提供了基础。作为叙事性动物,人只有在回答了"我在什么故事

---

① 在他随后的著作中(1988),"实践"这个词在行文中很少出现。不过,关于这个概念逻辑的应用却显而易见。比如,关于"内在之善"和"外在之善"的区分就是由"优良之好"(the goods of excellence)和"行效之好"(the goods of effectiveness)的对比模式演化而来。

第二章　美德：具有民族志姿态的哲学？

中？"这一问题之后，才会找到"我需要做什么？"等这类问题的答案。关于"人类生命的叙事结构"这一说法，麦金泰尔指的是，人的行为需要在意图和目的中被理解，而我们又只能在行为意图和行为目的所指向的未来可能中来领会其意义。所以，当行为主体质问自己"我想成为什么样的人？"的时候，他已经为自己将要做出的道德选择打好了理性的基础。实践理性是离不开人类的叙事性认知方式的。叙事将现在、过去以及未来相连。麦金泰尔把这种人类的实践理性和叙事性理解方式，与当前在社会科学中大行其道的"人类抉择"（human decision）问题（这类问题通常以脱离人们生活实践的假想性"理性选择"或"选择性偏爱"等概念形式出现）进行了对比。他指出，无论是功利主义的计算方程，还是康德的道德定律，以"理性选择"为出发点的现代伦理学都已经完全被抽象的道德规则所主导（1981：119）；相比之下，亚里士多德其实极少提及"道德规则"（1981：150）。

依麦金泰尔所言，只有当实践、叙事和社会制度三者被"传统"完好地整合为一体时，"完满生活"才有可能。麦金泰尔笔下的"传统"，作为人类发展和正义传承的载体，在他试图以虚无主义和相对论以外的理论来应对启蒙思想所带来的困境中是至关重要的。而对于我们人类学家来说，麦金泰尔提出的复数"传统"（traditions）的概念也可以直接替代人类学理论中的"文化"，帮助我们超越"文化"概念中暗含的行为主体无意识力的问题。他的复数"传统"概念承载了关于我们该如何反思、争论、实践和传播人类繁荣和正义的诸多版本。这一创举对于他试图用虚无主义或相对主义以外的东西取代启蒙运动来说至关重要。为此，复数"传统"概念的提出也直接替代了传统人类学里的——以及浪漫主义,并在一定程度上(反)启蒙运动的——"多元'文化'"(plural 'cultures')概念,因为后者常常隐含不言明的、想当然的、无意识和未经审视的假设。

在《德性之后》一书中,麦金泰尔将"传统"定义为"一种有历史延展力的、体现社会性的议论方式,而这种议论往往和构成传统的优良品德有关"。它包括一系列的实践(往往是复杂的、旨在培养内在之善的合作性社会活动)、对这些实践的既有理解(因此,传统有反思性和话语性)以及对这些实践的传习方式(包括教学法、教学关系和教学手段等)。在《谁之正义?何种合理性?》一书中,麦金泰尔进一步发展了"传统"这一概念(1988)。尽管对传统的传习要求人们承认和顺从传统的内在标准和权威,但传统本身仍可以为持续的社会辩论提供平台。更重要的是,传统并不是孤立存在的,不同传统之间是可以坦诚交流的。这甚至可以发生在麦金泰尔所说的"认知危机"(epistemological crises)的情况之下(1988:361;2006:3-23)。在"认知危机"中,处于某一传统里的人很有可能会对敌对传统的信仰、价值和实践产生兴趣,并且开始采用其他传统来解决自己传统中所存在的问题和争议。在历史上,这种情况屡见不鲜。例如,在后荷马时代希腊各传统之间对"正义"概念的争辩,在苏格兰启蒙运动中加尔文主义与英国法律传统之间的批判式交流,还有麦金泰尔最关注的,奥古斯丁主义下的基督教与圣托马斯·阿奎那传承的亚里士多德主义之间的融合。麦金泰尔解释说,这些案例表明,在特定的历史时期,代表不同求知方式与道德生活方式的多种传统之间都经历过竞争、对抗、结盟与融合。对麦金泰尔来说,这些历史案例很重要,因为它们证明了不同传统所孕育的理

第二章 美德：具有民族志姿态的哲学？

性差异并不一定会导致传统之间的完全隔离或文化之间的不可交流。因此，不同传统之间的道德价值观差异也不一定会产生相对主义（1988:9-10；349-69）。

麦金泰尔所认定的这些道德生活特质也被其他很多（虽然不是全部的）美德理论哲学家所认可。他们也都通过对具有社会情境性道德概念的深描来反对事实与价值的二分。他们同时还强调，事实性描述和价值性判断在生活中经常是难以区分的（例如：Murdoch 1970；Foot 1978；Putnam 1981；Williams 1985；Nussbaum 1994；McDowell 1998；Putnam 2002）；并且，他们也认为，道德生活产生的历史多样性（如本书第一章提到的那样）证明，所谓的文化相对主义"问题"不过是臆想而已（例如：Putnam 1981；Williams 1985, 1993；Moody-Adams 1997；Raz 2003）。麦金泰尔对这些问题的研究虽然并非独一份，不过还是很丰富、很有原创性的。在很多方面，人类学家从对其理论的借鉴中也受益匪浅。不过，就美德理论而言，在道德教育问题上，很多著作也可以提供比麦金泰尔的理论更实际的建议（Sherman 1989；Annas 1993；Hursthouse 1999；Lovibond 2002）。在情感对道德的重要性上，很多著作中也存在比麦金泰尔的理论更充分的论述（Nussbaum 1994；Blackburn 1998；Nussbaum 2001）。更重要的是，这些论者并不像麦金泰尔本人及其人类学领域里的忠实粉丝那样，将现代社会和传统社会之间存在的道德差异进行理想化。他们也没有完全认同麦金泰尔本人对美德和传统所做的规范式的权威化处理。

从亚里士多德式的反思到教会权威

在麦金泰尔随后的一些重要著作中,权威不断地取代理性和传统的内在分歧,成为定义道德传统的最主要特征。他也渐渐地从亚里士多德对美德的原定义中游离出来,越来越多地把美德的操练描述成一种没有反思性的过程。

在《德性之后》一书中,传统是一种历史生活方式,体现的是不同类型的批判性理性实践。总体而言,麦金泰尔的议论重点在于强调传统的多样性。尽管他对现代性的描述是消极的,但是他同时指出了"救赎"的可能性:人们可以通过重建自愿性小社群,把社会角色和社会价值再次结合在一起,进而重塑道德生活的完整性。由此可见,麦金泰尔把希望寄托于新的圣徒——本尼迪克特的出现(1981:263)。但等到《谁之正义?何种合理性?》(1988)出版的时候,麦金泰尔这种模糊的、无政府主义的、辛迪加式的乌托邦已经全然被他自己对教会权威的忠诚所取代了。

在《谁之正义?何种合理性?》中,虽然麦金泰尔仍把自己的研究方法定为"亚里士多德式的",但是阿奎那的地位俨然已从一个在《德性之后》中不起眼的角色上升为一位大英雄。麦金泰尔赞许说,阿奎那最杰出的理论建树是将亚里士多德和奥古斯丁的传统很好地融合了起来。当麦金泰尔做出这种评判时,很显然,他指的这种融合是不对等的:"奥古斯丁对堕落的人性之理解被用来解释亚里士多德议论的局限性,正如亚里士多德的具体论述会经常被用来修正奥古斯丁的综合性结论一样。"(1988:205)由此可见,在麦金泰尔笔下,奥古斯丁的学说为新的道德心理学

第二章 美德：具有民族志姿态的哲学？

提供了理论框架，而亚里士多德仅仅提供了一些很零碎的、时有洞见的观察而已。对麦金泰尔而言，奥古斯丁最伟大的发明是提出了"意志力"（the will）（1988:181）。这一概念后来被阿奎那传承下来。"意志力"概念取代了亚里士多德的理论取向（美德应根植于人类的反思式实践理性以及对人类欲望的教育）。奥古斯丁强调，人们需要一种与知识和情操完全不同的内在力来防止被误导，来避免陷入罪恶的深渊。这种未知物——一种虔诚的、顺从的意志——要先于理解力、异于理性，并且完全取决于上帝的恩赐和怜爱（1988:154-8）。

关于不同传统的结合，麦金泰尔举了一个发生在苏格兰启蒙运动时期的例证。如果说阿奎那的理论——欧洲中世纪以教会为中心的文明方式的基础——是有持久力的，那么与其相比，苏格兰启蒙运动时期的理论融合却是一种不稳定的、短命的妥协。发生在苏格兰启蒙运动时期的这一场传统融合将商人社会的自我理解（以互惠和满足为主）和加尔文主义的"神授自然正义观"捏合在了一起。这一融合虽然在苏格兰得以短暂实现，不过最后还是被英国的大统一所摧毁；其中发展出来的零星理论也最终被休谟所遗弃（1988:281-99；1981:229-33）。即便在某些地方这一理论融合得以存留，但是其结合方式也是不平衡的：以教会法庭为后盾的宗教正统教义完全限制了哲学与理性论争所起的作用。依麦金泰尔所言，当日后一些自由派为休谟伸张正义的时候（休谟因为不遵从当时教会的正统教义，被认定为异教徒，并被其所在的大学解聘），他们的观点证明，这些自由派完全误判了标准与理性之间的轻重关系——人们对标准和原则的接受应该是个人理性判断能力的前提（1990a:15-18）。

在《三种对立的道德探究观》一书中,麦金泰尔更加明显地强调了权威在传统中所起的重要作用。他写道:

> 人们在特定道德群体中所持有的会员身份本身已排除了他们对传统的异议,而这种会员身份恰是他们能对传统提出理性、道德乃至宗教的询问的前提。(1990a:60)

另外,在这部著作里,麦金泰尔对自己所援引的阿奎那思想的基督教本质更加直言不讳:《圣经》和奥古斯丁被用来"超越亚里士多德和柏拉图的思想局限性"(1990a:150);并且,麦金泰尔有意通过"对特定基督教教义的支持和阐明"(1990a:124)来发展"迄今为止最适宜的美德理论"(1990a:150)。同时,麦金泰尔对阿奎那的马首是瞻也变得越来越明朗。麦金泰尔认为,现代哲学在本质上就是畸形的。在19世纪和20世纪,教会与现代哲学的每一次交流都是对天主教教义的扭曲(1990a:69-71)。现代哲学需要抛弃从笛卡儿到康德所发展出来的一切,重新回归阿奎那和但丁(1999a:74-81)。

现在来看,对于美德理论哲学家来说,麦金泰尔这些论点的特殊性不在于他本人首肯基督教在发展欧洲道德观中所起到的重要作用,也不在于"现代性"如何破坏了基督教对欧洲道德体系发展的影响。伯纳德·威廉姆斯曾经评价过,另外两位知名学者,即麦金泰尔和查尔斯·泰勒同自己一样,都认为道德哲学必然是历史性的;更巧的是,麦金泰尔和泰勒也都是罗马天主教信徒。威廉姆斯还观察道:

> 我曾认为这是令人很不安的事实,不过我现在不再这么想了。不可否认,我们三个人都承认,基督教在理解现代道德意识问题上是至关重要的。即便如此,在这一点共识

上，我们三个还是提出了三种不同的道德理论发展的前进方向：倒带式的（backward in it）、前进式的（forward in it）和脱离式的（out of it）。（2005：54）

在威廉姆斯的总结中，"前进式的"指的是，泰勒希望进一步在宗教信仰和世俗现代化之间做调和。想要实现这种调和，在一定程度上，理论家就需要展现世俗化之根源其实始于启蒙运动，甚至是在宗教改革之前。并且，这些根源在本质上都具有基督教性质（2007）。威廉姆斯认为自己的观点是"脱离式的"。他也公开地承认，自己的建议是非基督教的（不过确实是尼采式的）。在三者中间，最特殊的要数麦金泰尔的观点。麦金泰尔认为，现代化完全就是一场灾难。唯一的救赎方法是，推翻启蒙运动所建立起来的一切，重新回归到宗教权威上来。

当然，对这一观点（基督教深刻地影响了我们的认知），人类学家已习以为常（Needham 1973；Ruel 1982；Asad 1993；Jenkins 1999；Cannell 2004，2006；Robbins 2006）。同样，人类学家也很习惯性地认为，我们只有将"本土的"概念（如"hau""dan""taboo""mana""shaman"等）并入自己的理论，方能理解基督教给我们带来的可能性和局限性，并最终在思想方式上超越它（Fardon 1990）。人类学家有时甚至会担心自己所做一切之可行性，因为在我们思考、分析田野材料时，不可避免地会使用带有民族中心主义色彩的概念。鉴于此，有些人类学家正在努力尝试用不同的方式来认真对待田野中的生活方式，用"本土人"的视角来分析问题，尽管他们知道，这些借来的概念永远不可能完全成为"我们的"（例如 Strathern 1988，2004；Willerslev 2007；Candea 2010；Pedersen 2011；Holbraad 2012）。像我在上一章提过的那样，这些问题正充分体现着威廉姆斯所说的"民族志姿态"的重要性。威廉姆斯建议，"民族志姿态"可以为哲学家在处理文化多样性问题上提供一套可行性模型。

其实，麦金泰尔笔下的"传统"概念本身在处理不同的道德生活形式之间的交流和沟通问题上是很有用的。麦金泰尔在《德性之后》一书中提出了"传统"这一概念，并在《谁之正义？何种合理性？》一书中进一步发展了"传统"概念。然而，很吊诡的是，麦金泰尔对这一概念的使用随着他本人思想的不断基督教化，被限制得越来越严。在《谁之正义？何种合理性？》一开篇，麦金泰尔就说明，书中所述之故事的完整性需要犹太传统、伊斯兰传统和中国传统、印度传统的研究来补足（1988:10-11）。但他还指出，尽管作为故事主线的奥古斯丁基督教传统和同时期的犹太教历史不可分割，但是他不会像对待"自己的传统"那样对犹太教历史加以阐述。麦金泰尔坚信，犹太教的故事必须要犹太人自己来讲述。因为，如果其他任何人这么做，就都是一种"越俎代庖"的行为，是"大不敬的"，必须被"严厉谴责"。由此而见，麦金泰尔在《德性之后》一书中所构建起来的那种超越虚无主义和相对主义的跨文化理解的可能性，却在《谁之正义？何种合理性？》一书中被局限于一种文化内部，而威廉姆斯所提倡的"民族志姿态"也被抛弃了。另外被抛弃的，还有麦金泰尔自己在《德性之后》一书中体现出来的对人类学的钟爱。在之后的著作《三种对立的道德探究观》一书中，"传统"甚至被他简单粗暴地做了单一化处理。"传统"概念原本包含的多元性因素已然消失殆尽。麦金泰尔写道："绝大多数的，也许是所有的传统社会都是这么理解人类生活的特征及其延续性的。"（1990a:198）

第二章 美德：具有民族志姿态的哲学？

在人类学领域，借鉴麦金泰尔理论最为成功，也最具影响力的要数阿萨德（及其追随者）所提出的理论，即作为一种"叙事性传统"的伊斯兰人类学（例如 Mahmood 2005；Hirschkind 2006；Scott and Hirschkind 2006；Agrama 2012）。他们的研究在很大程度上复制了麦金泰尔的核心观念。同麦金泰尔一样，阿萨德（1993；2003）很强调启蒙运动给欧洲传统带来的"断裂式"（rupture）的影响——一方面是中世纪教会对所有事情和行为的统一性规范权威，另一方面是"现代宗教"在被公共政治生活世俗化驱逐之后对私人情感领域的闯入。在阿萨德看来，伊斯兰的"叙事性传统"和启蒙运动之前的天主教是非常类似的，因为它们都没有受到过启蒙运动的强力冲击。故而，阿萨德认为，麦金泰尔的"传统"理论很适合用来分析伊斯兰教传统（1986；2006：233-5，286-9）。他进一步说明，因为格尔茨的很多假设都源自世俗的现代化理论，所以麦金泰尔的概念和格尔茨的社会科学式的"宗教"模型不同（1993：27-54）。诚然，伊斯兰教和启蒙运动前天主教的相似性不仅在于形式，更在于义理。这是因为，伊斯兰学术传统保留和传承了很多基督教的由于世俗化而丢失的东西，其中就包括亚里士多德对人格塑造和实践理性的理解（Mahmood 2005：137-8）。所以，阿萨德的研究很有效地规避了麦金泰尔所提出的对立性道德系统之间的比较问题（完整、统一的天主教［或者伊斯兰教传统］与碎片式的世俗现代化之间的比较）。

由此可见，麦金泰尔那带有基督教深刻烙印的美德理论——无论是他自己笔下的，还是被阿萨德所传承的——都没能把握住机会开展比较研究。例如，我们能不能断言，佛教也算一种统一的、完整的"美德传统"(Keown 1992;Williams 2009)?或者,我们能不能说,佛教并不是一种理论,而是一个包括多种不同道德思想和实践的综合体(Hallisey 1996)?麦金泰尔笔下的"传统"和迈克尔·卡里瑟斯所总结的印度的"出世(renouncer)传统"之间——他把"出世传统"视为"延绵(印度)历史的涓涓细流"(1990)——有哪些相似性和差异?印度的"出世传统"是在应对历史持续和社会变迁等问题时所产生的观念。这和阿萨德在他的"伊斯兰人类学"中关注的情况很相近。但是,和伊斯兰的"叙述性传统"不同:伊斯兰强调的是身体在传授教义时的重要性(Scott and Hirschkind 2006:8),而卡里瑟斯认为,印度的"出世传统"更注重视觉艺术中的审美标准,以及这些审美在道德敏感度形成过程中起到的作用。卡里瑟斯所讲的"历史的涓涓细流"与麦金泰尔笔下的"传统",以及阿萨德所讲的"传统"之间所存在的差异究竟是印度和地中海文明(甚至亚伯拉罕文明?)之间的区别,还是理论上的区分?面对道德生活的组建和再生等问题,他们寻找的是各地区之间所存在的重叠可能性吗?

的确,我们可以在麦金泰尔的著作里提炼出被阿萨德吸收了的那些观点。例如,阿萨德在谈到"传统"的时候写道:"['传统']是一个比文化更具有开放性和时间敏感度的概念。它不仅指向过去,更意向未来。"(2006:289)但是,这并不是麦金泰尔原本的意思。随着阿萨德不断对"传统"概念的援引,这种"误用"就变得更明显了。当这一概念被用来翻译、理解伊斯兰教改革派(reformist)的实践时,它还是原封不动,没有对神权产生任何的挑战。

第二章　美德：具有民族志姿态的哲学？

美德、手工艺与习惯

麦金泰尔在《德性之后》随后的众多论著中，不断地用"传统"这一概念来指代教义权威。他所建构的美德理论在很多方面也随之发生了关键性的变化。例如，在《三种对立的道德探究观》一书中，麦金泰尔已经很少按特定哲学流派、法律传统或某一社群的理解模式来诠释道德问题，而开始更多地只按手工艺行会的学徒模式来理解道德问询。

关于美德和手工艺之间的比喻在古代就已经存在了。在亚里士多德笔下，这一比喻是就反思式道德知识结构而展开的（Annas 1993:67-73）。可是，到了麦金泰尔那里，这一比喻却被用来阐明传统社会的构成。他的用法的确和亚里士多德的原意相去甚远。同样，麦金泰尔把中世纪的行会也进行了浪漫化处理：知识的传授要依赖师傅的权威（1990a:60-6）、学徒对师傅的"顺从和信赖"，以及师傅对学徒行为的"前理性重塑"（prerational reordering）（1990a:82）。发生在内部的争辩和批评在麦金泰尔以前的著作中都处于核心地位，但是现在也全部从"传统"中消失了。取而代之的是与谦逊（1990a:84）和信念（1990a：101）有关的、必备的道德品行。

与之相比，在亚里士多德的理论体系中，手工艺和美德类似，人们都只有在具备了批判性反思能力之后，方能掌握。诚然，一开始，对一项手工艺技术的学习要通过模仿。不过，随着不断地锻炼和试错，一个有技艺的人会通过反思来理解自己所做事务之意义。正如茱莉娅·安纳斯解释的那样，对于亚里士多德来说：

> 美德不仅仅要求一个人自始至终在道德上做正确的事。一个真正有道德的人应该理解他所奉行的道德行为标准，并且能够解释自己的行为，为其辩护。(1993:67)

所以，按照亚里士多德的意思，美德的学习包括正确习惯的养成。但是，这里所指的"习惯"并不是行为主体对外在规范的无意识的内化过程，而是像乔纳森·利尔（Jonathan Lear）所说的那样，是"一种应对不同情况的行为敏感度"(1988:166)。虽然美德是经验和实践的结果，但这种经验和实践是以理性为前提的（Annas 1993:84; Sorabji 1980）。

相比之下，在论述美德的学习问题时，麦金泰尔所描述的"习惯化"(habituation) 过程并不包含道德主体的反思能力。在《谁之正义？何种合理性？》一书中，他议论道，在亚里士多德笔下，道德主体的行动通常是即刻和必然的，因为他们所承担的社会角色以及所处的社会秩序定位都是很清楚、系统、明确的，清楚到行为主体不需要思索便可以立即做出正确反应的程度。麦金泰尔认为，在当代社会，除了极特别的活动（例如体育比赛），人们很少会有这样的经历。这就好像，当一场曲棍球比赛快结束时，需要通过一名球员给队友传球才能获得更好的射门机会。如果这名球员当时对赛事情况判断准确的话，他必然会传球。一名好的球员一定会立即这么做（1988:140-1）。也许就是在对教练员的"服从式信任"中，球员通过对系统角色的不断内化，产生了习惯。系统角色包含一整套行为活动方式，"其中，事物的轻重缓急排序是很清晰的，个人所承担的角色以及角色之间的切换也被规范得很详细"，以至于人们在做出适当行为之时不

第二章　美德：具有民族志姿态的哲学？

需要个人的理性判断，在"习惯化"后一切都变得理所当然。

麦金泰尔将他的这种观点（在完善、和谐的传统下，美德的修习无需理性）包装得和亚里士多德的"实践理性"概念很相似。不过很可惜，他对亚里士多德的诠释并不能使人信服。确实，在亚里士多德笔下，习惯化是一种欲望教育。其目的是将个人的欲望进行恰当调训，从而使得道德主体能很自然地依规划好的欲望来行事。但同样，就像利尔指出的那样，在亚里士多德的理解当中，"欲望是复杂的，对欲望的调训和规整要依赖理性"（Lear 1988：165；Hursthouse 1999：119）。所以，美德的实践是一种由"欲望心态"（desiring mind）或"合理欲望"（thoughtful desire）构成的"有意识的抉择状态"（1988：164-74；Nic. Eth. VI. 2. 1139b）。① 对亚里士多德而言，美德的养成并不等同于机械的习惯化或身体对特定情况的自动反应。美德也不是通过重复和死记硬背学到的。美德的养成更不应该导致对行为自由度的不断压制。正相反，习惯化"不过就是一个人不断地做出同一种选择的累计结果"罢了，在这之后行为主体会更倾向这么做。习惯化会增强主体的辨识能力，因此也会增强"主体理性的有效性"（Annas 1993：51）。纳斯鲍姆曾很精辟地评价麦金泰尔：

> （他）忽视了亚里士多德对反思和意志的强调……他的曲棍球球员的借喻低估了一项好的体育活动所涉及的反思强

---

① 因此，并不是有了克制己欲的强大意志力，一个人便有了美德。美德是指一个人"习得了审时度势的品性：不仅知道什么时候该做什么，并且很欣然地去做"（Annas 1993：55）。当然，这与康德形成了鲜明的对比。康德认为，美德就是依道德意志而行动。这是否符合（或违背）个人意愿倾向都无所谓。对于康德而言，反思式理性发生在人们把个人欲望置度外，而不是对欲望的适当管理之时（Lear 1988：150-1）。

度；更重要的是，他的陈述严重低估了批判性思维在亚里士多德式的道德生活中的作用。(Nussbaum 1999:197)

对于亚里士多德来说，美德和手工艺技能之间的类比是重要的，但同时他也对这一类比的有效性阐述有所保留。美德和艺术（或者体力技能）的不同之处在于，它不仅要求主体掌握实践性知识，还要求主体基于"善"本身，对"善"加以选择（Lear 1988:170-1；Annas 1993:68）。① 勇敢与否、诚实与否、慷慨与否之所以成为一个人的责任，是因为这些是他（她）自己曾选择过的，也是他（她）正在不断选择的道路（Annas 1993：51）。如利尔所示，这也正是为什么在亚里士多德看来：美德能够"推动自我理解"；对个人人格的反思也是"由美德引发的，并且是对美德和自由的表达"(1988:186)。美德的本质在一定程度上便要求自我透明化。也许，如果我们从假定的、纯粹的中立角度（或者完全初始状态）来判断，道德主体就可能从没有对自己的人格做过任何独立的选择，但道德主体也不是完全的强制压迫、意识灌输或简单训练出来的产物。对美德的学习也许是从教授训导或者模仿榜样开始，然后通过不断的鼓励和惩戒来完成。不过，美德的完满实现需要行为主体对自我和自我所做之事进行不断的反思与批判。

---

① 对美德的操练本身是一种实践（praxis），而不是创新（poesis） (Nic. Eth. VI. 4-5)。尽管这两个过程都包含理性，但是前者指的是一种活动（enegreia）——依美德行事本身就是活动的组成部分，而后者强调的是变化（kinesis），其可以带来另一种独立状态或产品（Nic. Eth. I.1）。利尔（1988:158）用比喻的方式很形象地解释了亚里士多德的这一分类：建房子这种活动的目的是建造出一栋房子，其本身和建造过程是分开的；但是，长跑本身就是健康的一部分，而健康并非一种因多次长跑而顿然产生的独立状态或产品（同理，游泳、节食、睡觉都是这样）。在亚里士多德的论述中，依美德行事不是为了最终达到一种独立的幸福状态。依美德行事本身便构成了幸福。

第二章 美德：具有民族志姿态的哲学？

尽管一些人类学家直接援引了亚里士多德的观点（美德是一种理性实践），例如兰柏克（2002）将灵媒誉为"德性主体和主体德性"（subjective virtuoso），但是那些深受麦金泰尔影响的人类学家则更多选择用麦金泰尔的方式来诠释亚里士多德。例如，萨芭·马哈茂德（Saba Mahmood）在研究伊斯兰教改革派女性在开罗开展的虔敬运动（piety movement）时（关于她的论述，我会在第四章中具体展开）就曾描述了田野中的女信徒是如何通过修习美德来养成虔诚性情（pious disposition）的。据其所述，这些女信徒所欲达到的境界便是上面讲到的那种自然而然的、"个人性情中的不思辨"（2005：137；2003：850）。马哈茂德认为，这和"亚里士多德的'习惯'概念是一致的"（2005：139）。即便这种情况真的发生（详见第四章），这种状态产生的原因也不是亚里士多德所谓的"习惯化"，故而也并不是他所指的美德修习。正如我们前面看到的那样，对于亚里士多德来说，德性的养成和身体条件反射的形成并不相同。尽管马哈茂德对此有她自己的辩解（2005：136-9），但她所用的概念确实更接近布迪厄的"惯习"（habitus），而不是亚里士多德的"素性"（hexis），尤其当我们考虑到马哈茂德使用"习惯"这个概念的目的是想"让意识下岗"（making consciousness redundant）时（Mahmood 2005：119）。这种认为习惯是不思辨的"习惯"本身，就不是亚里士多德式的"习惯"。

当然，麦金泰尔也意识到，道德生活不可能只是依习惯而为之。不同的情况要求人们做出不一样的选择，有时甚至会落个悲剧性的下场。《德性之后》一书中包含了很多关于希腊悲剧的讨论（1981：143-5）。麦金泰尔甚至还批判过亚里士多德对索福克莱斯（Sophocles）的误读。他争辩说，并非所有的悲剧冲突都是个人人格缺陷的结果（1981：156-64，201）。麦金泰尔认为，亚里士多德在理论上一再坚持美德一体化和不同美德之间的不可分割性，其实是"没有必要的，也过分了"（1981：157）。麦金泰尔自己的观点是：冲突只不过是我们发现自我人生目标过程中的一个必要环节罢了（1981：164）。人们也许需要经常面对悲剧性冲突，但是我们总会有不同的方法来应对，有的很好，有的很糟，而这不会泯灭我们对美好人生的向往（1981：223-4）。基于道德标准差异而生的那些不可调和的矛盾冲突实质上是现代性独自面对的困境，因为"对一种道德标准的认同必然暗含着对另一种道德标准的放弃"（1981：201）。在《谁之正义？何种合理性？》一书中，麦金泰尔仍全心全意地支持托马斯主义（Thomist）的传统教义（对道德冲突的完全否认）。他指出，这种现象只可能在无秩序的传统中发生。在一个和谐的传统中，人们的社会地位和社会角色都被规定得很明确，人们的需求也被排列得很清楚，所以"在特定情境中只可能有一种正确的行为方式"（1988：141）。换句话说，一个具备良好秩序的传统是理性美德的前提和保障。

在回归罗马天主教并承认自己不再可能是一名"虔诚的和系统的"马克思主义者之后，麦金泰尔仍然对马克思主义留有仰慕之情。他宣称，马克思主义能对资本主义进行强烈批判（2006：150）。并且，马克思主义是启蒙运动后的世俗化理论中唯一的"在形而上学和道德研究范围上可以和基督教媲美的"学说（2006：146）。就像托马斯主义传统一样，马克思主义为它的追随者提供了一系列"明确的行为方式"。因此，它具有涤清道德冲突的潜在能力。麦金泰尔进一步批判道，韦伯和那些韦伯主义的追随者对价值本质多元性的认定实在是一种误识。他们的做法是后启蒙时代存在的情绪主义文化缺乏和谐一致性的表现。他们提倡的哲学多元主义是一种在意识形态上为由世俗的现代性所带来的混乱所做的辩护（1981：109，142-3）。如果一名人类学家没有像麦金泰尔这样唯宗教教义马首是瞻，而对僧侣或革命者的"稳重"少一些怀旧之情、对实际道德生活多一些关注的话，那么这名人类学家就可能更同意兰柏克的话（2008：140）：其实，麦金泰尔本人是把人类生存条件之基本特征（生活中价值矛盾和价值冲突的必然性）和现代性所带来的社会弊端混为一谈了。

后麦金泰尔时代的美德和传统理论

确实有事例表明，世界上存在一些很特殊的道德生活方式，它们已经延续了很久。虽然经历过巨大的社会变迁，但它们并没有被麦金泰尔所说的"传统"整合。说到这些事例，我们不禁会想到温迪·詹姆斯（Wendy James 1988）在描述苏丹乌督克（Uduk）社群时所使用过的"文化史料"（cultural archive）这一分析概念，还有道格拉斯·罗杰斯（Douglas Rogers 2009）关于俄国中部"无牧师旧礼仪派"（Priestless Old Believers）团体内道德传授过程的论述。罗杰斯指出，在道德传授的过程中，日常的实践活动（例如劳动、交换行为等）要比叙述性规则的教授更有效。这同时也说明，为什么在经历了多次政治清洗运动之后，这一团体所实践的特殊的道德生活方式仍能得以存续。

罗杰斯描述道，这一社群发展出了一套特殊的办法，来解决长久以来一直困扰基督徒的难题——如何在现世生活中达到出世。

虽然旧礼仪派教徒一出生便接受洗礼,但是在成年生活中,他们大都对自己宗教的仪式活动漠不关心,一般直到晚年才会积极参与宗教活动。这为长老们(Elders)奉行严格的苦行生活(其中包括不婚嫁、不近钱财、无劳力、分饮食、不参加婚礼等世俗节庆活动)提供了实践条件。他们的苦行生活完全在家里进行,外人往往看不见。罗杰斯解释说,他们的这种生活方式是一种特殊的遁世修行(eremitical retreat)。与一般的隐士不同,他们不去沙漠、大山或者森林中修行,而是在家中遁世。因此,旧礼仪派中每个人通常都在儿时(往往是在祖父母的呵护下)和晚年参与宗教活动,而在此之间的很长一段时间里,宗教修习都是在家里进行的。究其历史,这种宗教活动基本结构的产生源于东正教会的压力,之后又被社会主义集体化运动强化了。在集体化运动中,年富力强的父母通常要离家务工,年迈的长者和年幼的儿童会留守村庄。同时,这一人口变化也削弱了教会内部的派别分裂。因为当时的政府没在他们所认为的宗教场所发现这群人,所以政府的反宗教举措(无论是关闭教会,还是拘捕牧师)基本上没有影响旧礼仪派。罗杰斯所说的"旧礼仪派"的"道德目录"(ethical repertoire),即"一系列富有适应性的敏感、性情和期待",为这一群体得以延续提供了背景支持,即便他们曾经历过一系列道德权威上的交替更迭。但是,这一"道德目录"并非麦金泰尔所说的"传统",也不是那些怀有历史情结的文人墨客刻意总结出来的。

在脱离麦金泰尔的理论范式(连贯、和谐的传统是美德实现的必要条件)上,汤姆·博尔斯托夫(Tom Boellstorff)迈出了更决绝的一步。他的研究主要是关于印度尼西亚(印尼)的同性恋群体主体性的问题（2005）。博尔斯托夫议论说，如果我们非得要求印尼的同性恋群体的道德理想和当地的文化传统（或者西方的同性恋身份认同）一脉相承、完美整合的话，那么他们这些人对同性理想生活方式的追求和向往似乎将变得很不真诚（inauthentic）。印尼的同性社交场所虽然并不是隐匿的、封闭的，但是有其时空特定性：它们通常是和家庭场所、工作场所分开的。虽然在博尔斯托夫笔下，印尼的同性恋群体有意地塑造了自我的同性恋身份，可是在多数情况下，他们也会结婚育子。为了能够更好地以同性恋身份生活，他们并不觉得需要对家人、同事或者上帝忏悔自己的性取向。博尔斯托夫写道："他们所实践的是一种间隔性自我。虽然每一个场合下都会有一种自我，但是在场合与场合之间，自我是不存在的。"（2005：172）基于此，博尔斯托夫将这种人格结构比喻为"群岛"（archipelagic）：

> 在印尼的同性恋群体中不存在"出柜"的概念，而存在一种对生活方式的认知。他们认为，健康的主体性并不取决于生活的整合，也不基于一个统一不变的身份。健康的主体性源自对生活不同领域的区别处理，要将不同的生活圈间隔开，以防止谣言以及防止自己的性取向被发现。（2005：174）

在自我身份认同方式上，印尼的同性恋群体没有延续先例。他们不是全球化下的木偶，也没有复制当地传统。他们在保留了自己原有身份的情况下，为自我注入了一些新的部分。这些新旧身份是并列的，而不是整合划一的。博尔斯托夫把这种关系比喻成"电影配音"（dubbing a film）（2005：82）。

尽管我们在以上段落中批判了麦金泰尔学说的很多不足，但如果我们可以把麦金泰尔关于"传统"的主张（"传统"是道德生活的唯一合法方式）从其理论系统中剔除的话，那么麦金泰尔的其他一些概念还是很有用，很值得我们借鉴的。例如，"善是实践的内在成分"之观念、"社会习惯性实践是追求道德理想的途径"之观念、"道德传统是通过不断论辩而形成的"之观念等，都会对人类学研究有启迪作用。

阿南德·潘迪安（Anand Pandian）的民族志研究进一步补足了麦金泰尔的美德理论和传统理论。潘迪安描述的是印度南部康邦谷（Cumbum Valley）的乡村生活（2008；2009；2010）。对于麦金泰尔的观点（道德生活需要传统的统一性和内部整合性来维系，以及道德生活和现代性之间必然存在冲突等），潘迪安提出了异议。他指出，皮拉马来-卡拉（Piramalai-Kallar）群体向来受到印度南部其他种姓群体的歧视。在殖民主义后期，随着民间种族主义情绪的高涨，政府也开始把该群体按非法分子处理（2009：65-99）。自此之后，在一些政府资助的民间发展机构的督促下，很多卡拉人放弃了他们原来的看守乡村的职业（大多与敲诈、勒索和偷盗紧密相连），转而从事农业。殖民政府和附近的泰米尔人（Tamil）都希望务农可以提高卡拉人的道德素质，使卡拉人变得更加文明。在此过程中，人们对卡拉人野蛮本质的认定"为改造和完善他们提供了舆论基础"；因此，卡拉人的自我观也相应地"变成了一个道德问题"（2009：33）。

潘迪安指出，当地人认为，美德主要包括文明、有礼节、有自制力、勤劳和富有同情心。每一种美德都会促生一种特殊的道德自我观（2009：15-16）。这些美德的来源是多样的。它们取自当地在殖民时期前的农业文明传统、泰米尔人的古典诗词与文学、欧洲的启蒙思想和科技现代化理论等。虽然这些美德没有被

第二章 美德：具有民族志姿态的哲学？

当地的"阿奎那"或者被理性整合成为一套和谐的系统，但是潘迪安证明，当地人可以通过不断地援引这些源泉来营造自己的道德生活。那些传教士和殖民政府官员所提倡的基督教信念（工作具有救赎力）与印度当地的观念（勤劳和受苦是行为之业果）虽然可以相互呼应，但并没能和谐地整合在一起（2009：141-80）。为殖民政府工作的当地的水利工程师建设了水利灌溉系统，给这个土地贫瘠的村落带来了农耕的可能。这些创举可能源自新教伦理中的勤劳、细心、精打细算等美德理念，但是这些无私奉献的典范形象多出于更古老的道德理想——同情。潘迪安写道：同情就好像那自由流动、毫无私心的水一样，从灌溉的沟渠流到村民的心里，滋润着那本已干枯的心（2009：181-229）。就当地人的形形色色的道德理念而言，它们彼此之间的分隔和彼此之间的整合同等重要。

就像罗杰斯叙述的俄罗斯旧礼仪派那样，潘迪安强调，卡拉人的美德不仅是在宗教实践中、在学校课堂里甚至在政府的道德建设运动中发展出来的。更重要的是，当地人通过日常活动（例如农耕、放牧、灌溉等）来养成美德。他们对美德的修习也不仅是靠古代泰米尔的文学传统（尽管潘迪安指出，村民在日常生活中经常会引用一些经典中的只言片语），同时也要依赖他们"被国家号召所激发的对于发展和脱贫的渴求"（2009：223）。和其他一些人类学家一样（例如，Karlstrom 2004；Knauft 2007），潘迪安怀着敬重之心，描述了这个贫穷的受歧视群体向往达到启蒙和文明状态的抱负。潘迪安并没有像麦金泰尔那样，以高贵的姿态来蔑视这群人的努力，将他们视为肤浅的功利主义者（"有用即为善"）。

潘迪安反对麦金泰尔的说法——只有具备被整合的可能性的实践才能算作传统。他认为,尽管卡拉人的道德实践源泉是"支离破碎的"(in fragments),但是他们的道德生活方式依然有其特殊性和持久性。潘迪安还指出,叙述式自我理解方式的形成并不需要个人有一个完整的故事。以泰米尔人的"玛纳库"(manacu,翻译成英文是"heart"/"mind",即"心智")价值观为例,潘迪安描述了当地人如何用自己的特定方式,使用一系列不同的暗喻和图像来组织叙事。在一次谈话中(2008:473),潘迪安的一位卡拉朋友很自然地用不同的暗喻来表述自己的内心世界。他把对自我欲望的管控比喻成田间的水渠对灌溉水流的正确疏导;同时还把自己的心比喻成不受管的猴子,有一种不稳定的、异变的性情(2009:129-38)。关于猴子的暗喻恰巧说明的是,对人的正确管控就好像驯养动物一样,变成一个好人也需要克制自己的动物本性。一个人可能有不同种的动物属性:除了猴子以外,还可能像是偷盗的牛,在田间徘徊、偷吃庄稼却不愿劳动(2009:117-23);或像是农地里饥饿的麻雀,偷吃成熟的果实(2009:123-9)。对于卡拉人来说,一个人可以同时在不同的、彼此冲突的故事里。他们对自我的理解便是基于对这些动物本性(animal-in-self)的训导和管控,并借用这些经验,以不同的方法来处理规范和实践之间所存在的差异(2009:138-40)。

的确,我们甚至可以说,一些道德传统之所以可以延续便是因为其零散性和模糊性。零散与模糊给人们带来了行动上的方便,因为人们可以自行择适者而为之。这一点在我描述过的耆那教传统中也体现得淋漓尽致。在耆那教的实践中,自我的身体可以同时展现出多种道德形态:一时,身体可以是规训理念的媒

第二章 美德：具有民族志姿态的哲学？

介；又一时，身体也可以是禁锢灵魂的臭皮囊；再一时，身体还可以是灵魂的镜子（Laidlaw 1995:230-74）。每一种理解都影响着耆那教信徒的日常宗教活动（比如打坐、忏悔、斋戒、祈祷等）。对自我身体的不同理解不但会引导他们和其他参与者的关系，以及他们对过去和将来的自我的不同叙述，还会影响这些信徒对耆那圣者（耆那教中被顶礼膜拜的宗教楷模）的不同认知（1995:38-47）。一些耆那居士会像出家人一样，在克制情欲中苦行。另一些虔诚的信徒会敬拜宗师，期冀在宗师的言行中得以解脱。而那些皇室的信徒则会通过为出家人提供物质支持和保障的方式来修行。关于这些不同事例的具体叙述大都是不全面的。如果我们按麦金泰尔要求的那样，把每一部分加总起来，最终恐怕还是无法得到一个完整的故事。但是，不可否认的是，这些零碎的叙述都是人们宗教道德生活的一部分。

与此类似，人们在道德修习过程中，通常不会以一个和谐、完整、有秩序的传统来理解自己的经历。人们往往通过参照传统中特定的道德模范来修习美德。近几年来，在理论与实践上，人类学家对道德模范的作用产生了浓厚的兴趣。在研究道德模范的社会作用等问题上，卡洛琳·汉弗莱（Caroline Humphrey）的文章《楷模与规范》（*Exemplars and Rules*）（1997）实属奠基之作。汉弗莱指出，虽然蒙古社会存在一系列相当明确的关于道德责任和义务的习俗性规范，但是在日常道德生活中，当地人更多的还是依照自己所选的道德模范来学习和发展个人的美德修养。这些模范可能是自己身边的一些人，也可能是自己仰慕已久的历史性人物。他们都是当地人自己选择的能在其个人发展中起到"良师"作用的人。汉弗莱在文章中对"私人"的强调旨在说明，规范对于当地人来说并不是抽象的、永久适用的，而规范的权威性更多地来源于某一特定模范的标榜作用。由此可见，汉弗莱所描述的蒙古人的"楷模式"道德思考与道德实践方式，在逻辑结构上已经包含了道德规范。

这里需要进一步说明一下，汉弗莱笔下的"楷模"是一种综合体，其中包括"良师"，还包括门徒们认为对个人有益的老师的良行、良言。所以，同一个楷模在不同情况下、对不同的人会有不同的意义。"特殊意义往往基于道德主体当时所处之特定困境而生"；同时，楷模对个人的影响通常会显现为"个人在行为上做出的具有主体意向性的、质性的变化"（Humphrey 1997：41-2）。因此，尽管楷模对人们的道德修习和人格塑造有直接作用，但是在群体层面上，他们并不具有系统的、一致的行为作用力。

关于当地人对道德楷模的共识度问题，汉弗莱认为，蒙古的例子可能更偏向一个极端——人与人之间对道德楷模的认识很少有共同点。在当地，不但每个人都可以从几乎无限宽广的范围内，依自己的情况选择自己的道德楷模，而且同一楷模的标榜作用往往也是多种多样的（Humphrey 1997：41）。与汉弗莱的蒙古的例子相比，在斯蒂芬·格林布拉特（Stephen Greenblatt 1980）关于文艺复兴时期文人生活的著作中我们看到，当时人们所能效仿的楷模是很有限的，只能从皇室王储或圣人之中选择。大家效仿的楷模形象也仅限于人物传记中所描述的那样。麦金泰尔也曾简略地提及这个问题。他说，一个社会的道德想象力在特定阶段可以被几个很有特质的"人物"（character）所禁锢（1981：27-32，73-8）。麦金泰尔这里所说的"人物"是指因承担一定的社

第二章 美德：具有民族志姿态的哲学？

会角色或者处于一定的社会地位而产生的特殊人格品性。从这个角度来看，"人物"的道德行为方式是有限的。而且，与其他不包含道德要求的社会角色相比，"人物"的行为更具有预测性，人们对他们更熟悉。麦金泰尔议论说，文化的不同在很大程度上取决于角色对人物的影响。在一些特定的历史时代，少数的楷模型"人物"就能代表整个文化。如我们前面看到的那样，在麦金泰尔的眼中，世俗的现代性文化被美学家、经理人和治疗师一同定义着。他们以自己特殊的方式来操控别人，也都是情绪主义的支持者。在维多利亚时代的英国，道德基调也是以类似的方式，通过学校校长、探险者以及工程师等理想形象灌输。在威廉二世时期的德国，主要的"人物"则是普鲁士官员、教授和社会民主人士。

一些人类学家在书写民族志时借鉴了麦金泰尔的这套分析方式。他们认为，在特殊的文化设定下，人类学家可以根据特定"人物"来描述当地的道德生活。其中，和麦金泰尔的分析方式最接近的可能要数流心①（Xin Liu 2002）对当代中国社会中官员、老板和"小姐"三种社会角色的民族志记述。另外，美拉尼西亚的人类学研究报告也显示，"领袖"（big man）和"巫师"在当地人想象中的重要性——两者的社会角色都附着一定的道德人格品质——使得他们成为当地的楷模型人物。这并不是说，他们被理想化或者被简化成为模仿对象。而是说，只要他们能够以其争强好胜的性格、奸猾但又不失魅力的外交能力，来建构和维系一个秩序井然的乡村生活空间，那么他们就可以被视为"楷模型人物"。因此，他们所彰显的是"生活中的人格危机、矛盾、机

---

① 刘新，自称为"流心"。——译者注

遇，以及窘境"和"道德秩序的局限性"（Barker 2007:8；Burridge 1975；Robbins 2004:206，2007b；Dalton 2007）。

  罗宾斯（Robbins）在汉弗莱的观点基础上进一步发展了"楷模"范式。他主张，"楷模"概念至少为我们分析理想价值在社会生活中的实际化过程提供了一种模型。他借用了亚利山德罗·费拉拉（Alessandro Ferrara）在《范例的力量》（*The Force of the Example*）（2008）一书中提出的观点。罗宾斯指出，楷模是架在事实和价值之间的桥梁。用费拉拉的话来说就是，范例在实然与应然之间，或者"物之力"（the force of things）与"念之力"（the force of ideas）之间，起了连接作用。只要一个范例（或者楷模）能完全充分地把应然实然化，那么它就是"好的"。这一观点和麦金泰尔的关于亚里士多德"人之善"（the good for man）的目的论，以及"好"是实践之内在组成的论述很相似。也就是说，一旦我们知道了人的本质，当我们见到彰显这些本质的那个人的时候，我们自然便能够认出他（她）的好。我们也可以通过对"好人"的观察和学习，来理解什么是人的善。这就好像网球比赛，一旦我们理解了网球竞技的目的，我们就能分辨谁是好球员，怎样才是一场好的网球比赛。同时，我们也能在观赏优秀球员竞技的时候学习网球技能。

  依罗宾斯之意，道德楷模在社会中的作用在于他们对核心价值生动、完整的体现。楷模可以是人，即特定价值的化身，例如牛仔是粗犷个人主义的化身。楷模也可以以其他文化形式存在，例如仪式，以范式来表现事件、关系或行为中的价值。罗宾斯进一步议论说，以这种方式来理解价值的好处在于，我们没有必要假设在某一社会中，楷模就必须具备逻辑整体性。罗宾斯笔下的乌拉普米安人（Urapmin）便很好地说明了这一点。乌拉普米安是位于新几内亚高地的一个小部落。在罗宾斯的民族志中，塞弥斯（Semis）是在当地人皈依基督教五旬节派教会过程中产生的领袖。同时，他也是"依法性美德"（virtue of lawfulness）的宣扬者和楷模。"依法性美德"要求信众抑制自己的愤怒和欲望。它是通往救赎之路的最高道德标准。塞弥斯主要依靠别人的慈善捐助和他没出嫁的女儿来维持生计。在乌拉普米安人皈依五旬节派教会之前，这种生活方式完全是不可想象的。除了塞弥斯之外，乌拉普米安还住着一个和他截然相反的道德楷模凯米努克（Kinimnok）。他是一个"聒噪、控制欲很强、富有活力、奢华"的人。他的婚姻生活触及了很多乌拉普米安人的道德神经——他甚至曾经将自己在狩猎中的功绩完全归功于他与一个幽灵的不正当性关系。即便如此，当地人仍觉得，凯米努克富有情趣、很慷慨。他还曾经被选为地区政治代表，参与政府活动。凯米努克作为一名楷模恰恰是塞弥斯道德生活的反面。罗宾斯解释说，他们两个人代表着乌拉普米安人所看重的不同的美德形式。由此可见，他们在体现这些价值的同时，也要权衡价值和生活之间存在的矛盾。这就好像耆那教信徒试图权衡自己与自己传统中不同的道德楷模之间的关系一样。

如果以上这些关于模范作用的论述是正确的话，如果人们真的是通过楷模来学习和理解道德价值的话，那么我们可以说，正如罗宾斯上面所建议的那样，人类学并不需要通过博厄斯-格尔茨理论传统下的"单一文化共享范式"（strong model of a shared culture of a kind）来理解人们的道德生活。同理，我们也可以说，对楷模的研究能使麦金泰尔笔下的"传统"组织方式更多样,更贴近卡里瑟斯所说的那种"历史洪流"观点,即允许叙述(包括对不同楷模的叙述)、图像以及不同的审美模式和标准变成"传统"的组成部分。另外,我们也不再需要像麦金泰尔那样,去假定特定历史时期的"人物"都必须体现同一种道德价值观。我们可以发现,在不同的楷模所标榜的美德之间以及在对道德楷模的不同理解之间,可能存在冲突。

"他者化"现代性

在《德性之后》一书中,如麦金泰尔"暗示"的那样,他认为,"世俗化""自由主义"和"现代性"(这些词在他的笔下大都可以互相替代)都是彻彻底底的灾难。但是,关于这些灾难是如何发生的,麦金泰尔并没有提供过多的解释。当我们觉得快要读到一些简略的社会政经史的时候,他却笔锋一转,讲述起了那些关于后灾难时代的科学寓言。在修辞上,这种寓言的陈述方式和圣经寓言故事的作用如出一辙。在麦金泰尔的整体论证中,这些寓言既算不上事物存在之证据,也充当不了社会历史背景诠释法的引子(在其他论著中,麦金泰尔反复强调,社会历史背景诠释是道德哲学研究之必需①)。的确,按麦金泰尔的想法,如果我们通过正常的观察便可以得出结论,那么我们就可以确定,其理论假设本身就是错误的。这是因为,从现存的腐朽的语言和概念出发,我们是无法理解理论假设的(1981:4)。所以,麦金泰尔认为,他的假设是一种召唤:用全新的有透视力的方法去统筹考察事物。同时,这也应是一

---

① 很滑稽,在《德性之后》一书中仅存的几个相关论证也都是非历史性的。例如,麦金泰尔主张:"现代性产生的关键时刻之一是生产与家庭的脱离"(1981:227)。

第二章 美德：具有民族志姿态的哲学？

种"共享的眼界"。在麦金泰尔脱离了罗马天主教之后，欧内斯特·盖尔纳（Ernest Gellner）准确地预测了麦金泰尔的再度皈依。他观察到，麦金泰尔本人对马克思主义的宣扬总有一层"大主教式"的色彩。盖尔纳曾说过，如果"麦金泰尔上了教堂的宣讲台，他就是个大主教"(1974:195)。盖尔纳的这些判断也同样适用于麦金泰尔所讲的这些寓言。麦金泰尔认为，他的读者并不需要去考虑他是否为他的观点提供了足够的证据。读者需要的是道德敏感度的提升，这样才能洞察他们自己身处的自由民主社会的单调性，以及这个社会的"新黑暗时代"之本质（1981:263）。①

在麦金泰尔的论证系统中，正是因为接受和共享这种"眼界"很重要——一旦你接受了，其他一切事情便合乎情理，所以翔实的、细致的实证研究变得无关紧要或更糟。对现代生活复杂性、模糊性和矛盾性的认知相应地也变成了一种道德沦丧。因此，在麦金泰尔笔下，那些对现代社会最敏感，也最有洞察力的观察者（尤其是那些时代的反讽者）都被严重地误解了，成了被人唾弃的对象。我们在前面已经看到，韦伯关于价值冲突的讨论被麦金泰尔公然地谴责为托词。韦伯本人也不断地被误读为官僚化的支持者（即便韦伯将官僚化喻为"铁笼"的论述名满天下）。休谟和戈夫曼（Goffman）也受到了类似的诋毁（特别是在《谁

---

① 麦金泰尔的夸张修辞方法与"情绪主义"决定和掌控当代社会的道德话语方式一样。弗莱特曼（Flatman 1984）曾指出，"情绪主义文化"这个概念本身就是矛盾的。因为情绪主义的定义必须以认知内容（cognitive content）的缺失为前提，所以，当人们使用情绪主义修辞方法的时候，使用者必须要为这一方法的价值提供理性认知以外的依据。即便如此，在麦金泰尔过度的夸张论述中，我们还能发现一些"洞见"——的确，情绪主义很流行！同样有趣的是，斯拉沃热·齐泽克（Slavoj Žižek）的论述（其本身也是一种混合了马克思主义和基督教传统的先知型学说，高度哲学化，鲜有煽动性）经常会使人联想到麦金泰尔（即便两者的论调很不一样）。齐泽克直接宣扬一种情绪主义政治真理。

之正义？何种合理性？》一书中，麦金泰尔把休谟描绘成一个怯懦的当权者的辩护人，1981:32，116-17）。由此看来，在自由主义现代化问题上，麦金泰尔似乎完全丧失了对反讽的识别能力，更不要说他自己对这一修辞写作手法的掌控了。

最令人感到惊讶的是，在处理"现代性"时，麦金泰尔实质上将其视为一种例外，认为"现代性"不属于他曾论述过的规则和实践范畴。在这一点上，麦金泰尔完全放弃了自己曾大力提倡的对过去时代和其他社会的民族志式的想象。因此，麦金泰尔没办法在使用他自己的理论概念时保持逻辑一致性。例如，在麦金泰尔的理论体系中，自由主义是不是一种"传统"？他有时认为是，但自由主义本身却认为不是（1988:345-6）。他有时将自由主义（尤其是在他20世纪90年代的著作中）描述为一种"反传统"，一种对"现代性的迷信"，所以"自由主义"和"传统"在本质上有着天壤之别。麦金泰尔认为，自由主义基本上不存在复杂的实践。自由主义对实践理性的认识也存在致命的误解。自由主义系统性地削弱了叙事完整性，从根本上扰乱了道德生活。在自由主义中，人们也不可能形成正确的自我认知。在实践中，麦金泰尔把世俗的现代化视为一种例外："现代"和所有以往的历史以及所有其他社会在种类上都不同。这种处理方式给人的印象就好像他所发展出的概念，如"实践""叙述""传统"等，在分析"现代性"时都不适用一样。这是相当不幸的！麦金泰尔的这种观点再一次把现代化理论中关于"传统与现代"的对立毫无益处地引入了辩论，即便他自己发展出的理论其实完全有可能化解这种对立关系。

从人类学的角度来看，美德理论最明显的长处便在于，其议

第二章 美德：具有民族志姿态的哲学？

论是在我们现有的证据，以及我们对人类真实情况的理解之上来探求真实的道德心理。对道德的研究本来就应该遵循实证主义。美德理论的实证主义倾向为伦理学和人类学之间的对话提供了基础。关于这一基础，康德学派（对道德主体理性的理想化坚持）与功利主义学派（对不同功利和谐度的非实证性假设）都没法提供。在对话过程中，美德哲学家可以从人类学的研究成果中看到，哲学家自身对于人类行为本能的理解和观察是多么的狭隘。同时，哲学家还可以认识到，社会制度、社会关系和社会实践在塑造人类道德人格上能起到重要作用。尽管在建立跨学科对话机制上，麦金泰尔的著作在很多方面都是有益的，但是他教条地把"现代"和"传统"视为一对道德对立概念，这严重曲解了它们之间的关系，以至于影响了他自己理论的适用性。

按其理解，麦金泰尔把现代性从历史中抹去，把现代性处理成为一种特例。这种处理方法的必然结果是，他丧失了反思自我历史位置的基础。很明显，如果麦金泰尔关于现代"情绪文化"泛滥的论述是正确的，那么他就不可能产生自己的理论。即便产生了，读者也不会理解他所说的。按麦金泰尔的话来说，理性思考只能在特定传统下发生，而理性思考也只能由那些已经将规范内在化了的对权威毕恭毕敬的人来完成。那些世俗自由主义中的游离个体是没法进行理性思考的（1988：122-3）。然而，麦金泰尔却认为自己置身于这堕落的现代世界之外，摇身一变，成了唯一能够看清这种现代化的堕落性的人。他只强调了他自己的理论权威性。这种"人设"确实为他的议论提供了方便，但是也使他完全忽视了自己事实上所处的思想传统。他只承认亚里士多德和阿奎那为他的思想先驱，但是正如霍姆斯（Holmes 1993）观察到的那样，麦金泰尔的论点、主张和态度与专制的反自由主义学派一脉相承。从卢梭（Rousseau）到德·迈斯特（de Maistre）、施米特（Schmitt）、金蒂莱（Gentile）、海德格尔（Heidegger），再到斯特劳斯，在这些人中间，麦金泰尔并非第一个否认自己是"保守者"、声称自己为"激进派"的人。在麦金泰尔的笔下，似乎现代世界只支持"自由"思想。事实上，非自由主义和反自由主义运动，同自由主义一样，是"现代文化"的一贯特征。

麦金泰尔谴责"谱系法"的自我特例化倾向（1990a:210）。看看他所批判的那些"谱系法"学者，他的谴责还是比较公允的，但是这种批判同样适用于他自己。麦金泰尔一再主张，道德哲学应该是一项历史-人类学事业。可是，因为他无法将自己所处之时空置于历史之中，他便不可能令人信服地找到自己在历史中的位置。最终，他只能依靠权威来宣扬自己的理论，并在不经意间证明了一个事实：与"他者化"（othering）和"东方化"会扭曲和阻碍我们对其他社会的理解一样，对"欧美"的丑化和讥讽也会扭曲和阻碍我们对人类学的理解。

第三章

福柯的道德谱系论及其未为人知的"自由哲学"

道德人类学目前面对的最大挑战之一便是，如何能发展出一套概念和理论，使学者不仅能够借其来真正地研究"自由"，而且还能以"自由"为基础来进行思辨。也就是说，我们如何将"自由"这一概念变成人类学的研究客体和研究工具。对这一问题的探究是本书的主旨之一。在本章和下一章的论述中，基于对福柯晚年的著作的诠释和发展，我将进一步探寻解决这一问题的理论资源。① 我认为，不仅在研究"自由"问题上，福柯很值得我们借鉴，在思考一些关于人类道德行为的基本问题，例如"道德主体的构成是什么？""通过何种社会关系自由主体才可能形成？""我们是否真的能够区分道德生活的不同层面？""反省在道德生活中居于什么地位？""道德局限在哪里？"时，福柯的理论也为我们提供了一个很好的出发点。

　　我在本章中所介绍的福柯和目前在人类学以及其他人文社科学科中所引用的福柯相比，将会有很大的差异。无论是福柯的支持者，还是批判者，大家现在都会习惯性地给福柯的理论戴一些"高帽子"。大多数人会认为，在福柯的笔下，权力"是一种绝对

---

① 近些年，福柯一直是道德人类学先锋作品的奠基理论。关于这方面，在福布恩（Faubion 2011:25-70）的《道德人类学》(*An Anthropology of Ethics*) 一书中，我们可以看到很典型的、很权威的论述。尽管我和他的侧重点不同，但我还是希望我在本章所论述的内容是对福布恩的进一步补充、说明。

统治系统,其中就没有自由存在的余地"(1997:293)。同时,在他们的理解中,福柯信奉的是新马克思主义社会学和新弗洛伊德心理学。对学界的这些惯性认识(例如,我们在上一章看到的麦金泰尔对福柯的描述便属于这一类惯性认识),福柯本人几乎全部予以过明确的否认。这一版的"福柯"之所以被广泛援引,是因为他的理论很迎合人文社科研究中的一些根深蒂固的思维惯性。否则,他不会具有如此大的吸引力。无论这一版的"福柯"迎合了什么样的需求,在这里,我们都没有必要深究,因为道德人类学本身并不会有这种需求。不过,福柯在概念上对"权力"和"自由"的再思考的确可以给道德人类学带来一些启示:一方面,在福柯的笔下,这两个概念并不一定是消极敌对、相互排挤的关系;另一方面,在福柯的理论体系中,随着其理论的发展,自由也不断地变成道德主体构成方式中的核心要素。查尔斯·泰勒(Charles Taylor)曾很有影响力地断言,福柯的思想"没给自由或真理留有任何的存在余地"(1984)。我们将在以下的论证中看到,和他说的正相反,福柯的自由观实际上可以为我们提供一个在民族志中具有可操作性的概念,同时也为我们思考自由在道德生活中的地位等问题提供了便利。福柯的理论的更广泛意义在于:对道德反思行为在社会理论中的不可替代性的强调,连同他的道德谱系论一起,是对历史唯物主义和社会决定论最有力的反驳。

欲望的历史化

福柯晚年的作品———一个他自称为"道德谱系"(genealogy of

第三章 福柯的道德谱系论及其未为人知的"自由哲学"

ethics）的研究项目是从他的著作《性史（第一卷）》(*The History of Sexuality*, Volume 1（1979［1976］））开始的。当时，学界存在一种激进且广泛的共识，即资本主义对劳动力的需求导致了19世纪和20世纪前期不断加剧的性压抑倾向。《性史（第一卷）》开启了福柯对这一理论共识的挑战。他将这种马克思主义和心理分析理论的融合体命名为"压抑假设"（repressive hypothesis）。并且，他还尖锐地指出，这一融合理论实质上维系了20世纪60年代、70年代左翼知识分子群体的政治希望。他们觉得，当时广为流传的性解放将为"晚期资本主义"带来致命的一击。针对这一假设，福柯反驳说：（1）在19世纪和20世纪前期，其实并不存在这种所谓的"性压抑"。正相反，在这一时期，对性问题讨论的"鼓励"却日益加强，并且权威式的性知识也在不断地增加。（2）这一"井喷式大讨论"的后果是"性欲"（sexuality）概念的形成，即性欲望成为界定主体本质的标准。（3）因此，权力在很大程度上不再以"压抑"等负面形式存在，取而代之的是能够启发欲望的积极性的技术手段。（4）所以，那些旨在"解放"欲望的事业最终都无法对既有的权力和知识架构方式产生任何实质性的改变，反而加深了它们的影响。

尽管在批判"压抑假设"时福柯并没有指名道姓，但就其批判力度而言，我们完全可以想象，他所批判的学者包括赖克（Reich）、弗罗姆（Fromm）、马库塞（Marcuse）、德勒兹（Deleuze）和瓜塔里（Guattari）。在《性史》出版之前，福柯曾作序称赞（即便他的很多赞扬之词与书中的议论毫无关系）德勒兹和瓜塔里的合著《反俄狄浦斯》(*Anti-Oedipus*)（1983［1972］）。在福柯撰写《规训与惩罚》(*Discipline and Punish*)（1977［1975］）的时候，德勒兹和他交好甚密，但是到他撰写《性史》的时候，他们逐渐开始疏远，最终形同陌路（参见 Eribon 1991:258-62；Miller 1993:297-8；Paras 2006：90-2；Bourg 2007:239-40）。诚然，《性史》并非他们疏远的唯一原因。福柯与德勒兹不和还因为，福柯在政治上支持当时的东欧国家对苏联共产主义发起抵制运动。但不可否认的是，在他们两者之间，由《性史》引起的学术理论分歧确实变得越来越大，以至于德勒兹在日后回顾这段历史时曾断言，《性史》就是福柯思想和生活"危机"的开端，而《性史》也正是福柯自以为是地为他们之间的断交做出的解释（1995［1990］:83）。令人感到惊诧的是，在福柯过世以后，德勒兹关于福柯的研究（1988［1986］）完全忽略了福柯晚年对权力的批判，以及这种批判对德勒兹可能产生的理论冲击力。如果《反俄狄浦斯》在本质上是在历史唯物主义的框架下，借用拉康（Lacan）的"欲望"概念，在心理分析学科之内对弗洛伊德予以批判的话，那么福柯对欲望和主体的历史化处理，则从根本上打破了马克思主义和心理分析学派之间的关联。格雷斯（Grace）总结道（2009:53）："福柯笔下的'性欲'，同德勒兹和瓜塔里所理解的"欲望"是完全不同的……福柯对心理分析派的批判包含一种全新的、非马克思主义的当代社会本体论成分。"①

福柯在撰写《性史》时（以及在此之后），对马克思主义历史学和社会学中的大部分理论都持否定态度。福柯在《规训与惩罚》（还有他在 1972—1973 年的演讲"惩罚的社会"["Punitive

---

① 似乎，福柯并没能成功地"送走"压抑假设。这一理论还时不时地被人提起。例如，比尔和洛克（Biehl and Locke 2010）通过德勒兹的"欲望"分类（这种分类正是福柯所要摒弃的），重新发现了那种被臆想为反结构"权力"的跨历史、跨文化的普遍性主体。

Society"] [1997:32-5] 和《精神病学的权力》[*Psychiatric Power*] [2006:70-3]) 一书中已经提出,全景敞视主义 (panopticism) 满足了塑造劳工群体主体性之所需,但是他在1974—1975年的系列讲座中就表示过 (1997:53-4;2003:231-65),即福柯在发表《性史》的当口,已经在反对用类似的解释方式来理解18世纪发生的"反手淫运动"了。他坚称,这一运动针对的不是劳工群体,而是青年和儿童,尤其是那些家庭出身较好的人。在《性史》一书中,福柯指出,"性欲"首先是在资产阶级中发展起来的,他们在意识到其益处之后才把这一理念推广给处于资产阶级之下的人 (1979 [1976]:127;1980 [1977]:203-4)。到了1980年,福柯宣布,"所谓的资本主义社会"的运转需要贯彻性压抑这一论断是站不住脚的,因为关于性的一些禁制已经轻易地被解除了 (1996:460-1)。另外,他还反对阶级利益是现代社会系统构成之基石这种宏观议论 (1980 [1977:205-8])。难道这些都是福柯在否定他自己在《规训与惩罚》一书中所使用的分析方法吗?随后的一些评论表明,福柯当时确实已经开始承认,对《规训与惩罚》的改写是必要的:"当我在研究精神病院、监狱等场所的时候,我似乎对统治手段过于专注了",以至于忽略了"自我塑造的技术"(techniques of the self)(1997:177,201-3,225)。在1983年的时候,福柯的自我修正变得更加广泛——"我认为我们必须要摒弃道德与社会、经济或政治之间存在必然联系的观念"(1997:261)。

福柯对历史唯物决定论的拒绝意味着他对这一流派的其他理论衍生品的回绝。其中主要包括对绝对自由主义(或是解放观)的摒弃。这种观点认为,自由是一种完美的、无附加条件的状态，只能在去除一切阻碍后才能实现。这一绝对自由主义——弗拉特曼（Flathman 2003）为其冠名为"翱翔"（soaring）自由观——无疑有其自身的宗教根基（参见 Keane 2007）。近来，这种学说在法国的知识界也正在以多种形式开枝散叶，其中包括克里斯特瓦（Kristeva 1984［1974］）宣布的"无法阻挡的突破"（unstoppable breakthrough）、德勒兹和瓜塔里预想的因"欲望机器"而起的抗争（1983［1972］）以及 1968 年被提出来的自相矛盾的臆想性口号"严禁禁止"（it is forbidden to forbid）（Boug 2007）。之后，福柯曾经评论，尽管当时很多学者起先想要运用马克思主义去解决新的社会问题，但是他认为，1968 年的意义恰巧在于，这一运动中产生的众多新问题最后都无法再用马克思主义理论来解释（1997:115）。所以，长远看，这一运动的效果是马克思主义的衰败；但与此同时，这也使得他自己的作品变得更有影响力（1997:125；2000:168-70）。尽管福柯直到晚年才开始用学派差异来明示自己的观点，但是他认为，自己晚年的理论主要还是来自在 20 世纪 50 年代前期对尼采作品的阅读，以及随后他与"现象学和马克思主义双重传统"的诀别（1997:202）。

雅典之谜

《性史（第一卷）》的完成给福柯留下了两个尚待解决的问题。正是对这两个问题的进一步研究使得福柯开始对自由主义发展史和古代社会产生兴趣（2008）。同时，这些研究也为福柯后来的道德谱系学指明了发展方向。

第一个问题涉及的是，如果自由不是一种"解放"的话，那

第三章　福柯的道德谱系论及其未为人知的"自由哲学"

么我们应该如何理解自由？福柯认为，为了解答这一问题，我们需要把权力的分类扩大化。我们需要超越基于法律模型而产生的狭隘的权力观念——福柯有时将这种观念称为"司法式权力"（juridical mode of power），即权力是一种外在禁锢。我们还需要认识到，作为社会关系的组成部分，权力本身就是一种生产力。在此，福柯把他所谓的"能力"（capacity）和人与人之间的权力关系区分开来（2000：337）。能力要么直接源于身体，要么从外在的仪器、工具、技术或武器而来。能力通常指的是一种"施加于事物之上，提供一种改造、使用、消受或毁灭事物的可能"。在一定条件下，尤其是在体能或武力能带来统治压迫上的绝对优势的时候，这些"能力"才会在架构人与人之间的关系过程中起作用。但是，在大多数情况下，"能力"作为权力的表现方式之一，与福柯所说的"行为引导"（conduct of conducts）（2000：341）相比，对事态的作用力可以说是微乎其微。在讲述"行为引导"时，福柯用的是一语双关：一方面，"conduct"是动词，意在指挥、领导或者驾驭；另一方面，"conduct"可为名词，指行动，尤其是指持续性的行动（例如"有尊严地行事"）。依福柯所言，在社会关系中，权力的应用一般都是为了规划他人的行为，"指挥"（orchestrate）他们的行动。权力并不是直接施加在客体之上或者人与客体之间，而是施加在其他主体的行动（action）之上——在这里，"行动"特指有意识的、反思性的、享有一定自由度的行为。

以上这种区分法不仅可以消除对"权力"的既有错误认识（权力是特定的、专属的、以武力为基础的），还可以把"自由"囊括进"权力"概念。按福柯的理解，权力对他人行为的作用力取决于其所作用对象享有的自由度。也就是说，权力所作用的对象不是没有生命的物质客体，而是主体，一个有行为自制力的主体。这个新的概念以主体行动的可能性和多样性为前提。如果主体不再具备行动的可能性——福柯将这种状态喻为"上了枷锁的奴隶"，那么我们所处理的也就不再是一种权力关系，因为我们的研究客体已经不属于一种"行动"，而是一种蛮横的"能力"了（2000:342）。因此，我们所研究的也就不在道德范围之内了（1997:286）。按福柯的这种理解方式，权力是社会生活所固有的、不可剔除的一部分："没有权力关系的社会只可能是一种抽象。"（2000:343）

可是，如果世上真的不存在无须权力维持的社会秩序的话，那么我们又如何来理解自由？如果自由不是指权力的消亡，还会是指什么？福柯建议，我们不应该认为自由处于权力之外。权力和自由之间不是一种零和关系。相反，我们应该把自由视为权力关系的一部分。注意，福柯这里的论述有些反常理。当我们基于福柯摒弃的观点来审视他的论断时，福柯似乎浸淫在一个很明显的矛盾之中："权力关系只有在主体自由的情况下才有可能……如果权力关系弥漫于社会的各个角落，那是因为到处都是自由。"（1997:292）"权力只作用于自由主体，只要主体是'自由的'，权力便可存在。"（2000:342）在这里，"自由"不是指那种在战胜了权力之后，受社会制度或法律保护的生存状态（2000:354-5）。对"自由"的实践总要以权力关系为媒介："这正是为什么我一再强调，自由的实践要比解放的过程更重要。"（1997:283）由此可见，福柯晚年对自由的研究兴趣并不像其他人认为的那样是出于兴趣的转变。诚然，他的研究焦点从"权力"转向了"自由",但这是因为他后来意识到,这两个主题不是各自独立存在的。

《性史(第一卷)》所引导出来的第二组问题包括:什么使得"压抑假设"下的"欲望主体"(desiring subject)这么有说服力?我们从什么时候开始认为欲望是我们主体存在的本质?我们从什么时候开始通过欲望来想象主体的解放?"在西方的历史中,什么使得性与真相(truth)挂钩?"(1980 [1977]:209)。《性史》后几卷的撰写主旨便是去描述,"人们如何被告知'性'才是了解其自我主体真理之所在"(1980 [1977]:214)。

福柯的这一研究项目是谱系化的,因为他从尼采那里得到了启发(1998:369-92);这一研究项目也是批判性的,因为他借鉴了康德的哲学思想。福柯认为,批判的关键在于:

> 从促生我们现存状态的历史偶然中去[确认]那些超越我们现有的存在方式、行为方式或思考方式的可能性。这不是要去寻找一种可能的形而上学,并最终将其变成科学,而是在最大范围内,为尚未成形的自由理论去寻找一种新的动力。(1997:315-16)

因此,谱系式的批判本身作为一种道德自我建构的实践方式,必然会包括对历史的回溯——回溯到人们以另一种不同的方式来理解自我与真相之间的关系,从而来凸显现有事物存在道理的偶然性。

现在看来,为了能够使我们"以一种不同的方式思考"(1986 [1984]:9),福柯当年确实低估了他所需要回溯的历史的跨度。在《性史(第一卷)》之后,他本计划再写四卷来分述 17 世纪及其后各时期的材料,但是这一计划很快就被放弃了(1996:

472）。福柯认为，他需要回溯比后启蒙时代的历史更"久远的过程"（2000：329-32）。在 1977 年的一次采访中，他提到，《性史》第二卷计划追溯基督教在 10 世纪到 18 世纪之间的关于"肉体"的观念（1980［1977］：217）。直到 1983 年，他仍没有确定《性史》各卷的排列顺序（1997：255）。最终，为了"能够了解那些与以性经历为特征的自我理解方式不同的自我观"（1997：204），福柯认为有必要回溯到古雅典时代。

《性史》虽然没有完成，但是在第一卷发表之后，另有两卷得以问世（1986［1984］；1988［1984］），其中包括福柯在法国法兰西学院（College de France）的讲座手稿（2005；2010；2011）以及他的一些单篇论文和采访记录（1997）。通过这些作品，福柯展现了从古雅典时代开始一直到基督教早期的人们道德生活方式的变化过程；同时，也记述了人们自我主体塑造方式的演变过程。如果《性史》各卷本得以完全发表的话，那么它所讲的将是，古雅典精英男性公民的道德观如何从福柯所说的"存在的美感"（an aesthetics of existence）逐渐地转变成为"欲望的诠释"（a hermeneutics of desire）。在这一转变过程接近尾声的时候，构成现代欲望式主体的基本要素也已然就位。这是一个关于"把性和主体捆绑到一起"（1997：89）的漫长历史故事。但是，很明显，在实际研究中，福柯用的是"倒叙法"。他在 1979—1980 年关于早期基督教的演讲手稿（《生活的管理》，"The Government of the Living"）完全可以成为未曾问世的《性史（第四卷）》。1980—1981 年的演讲（《主体性与真相》，"Subjectivity and Truth"）被纳入了第三卷。虽然他在 1981—1982 年的演讲内容现被整理发表为《主体解释学》（*The Herme-*

neutics of the Subject)(2005),但是它完全可以被列为《性史》第二卷。所以，福柯采用的是"倒叙"。他对我们习以为常的一些概念和实践进行解剖，直到那个特殊的历史临界点——当人们不再认为，自我主体塑造和道德形成需要通过揭示潜藏的欲望来实现，而把自我的磨炼视为一种自由实践方式的时候——为止。

在这一谱系研究过程中，福柯发展出了很多新的概念。与本书最相关的是他的"主体化"(subjectivation)概念，以及他对伦理与道德的区分。

主体化

福柯对"主体化"的使用多少有些特别。他通常用"主体化"来指代主体在权力关系中的形成方式，其中包括主体的自我作用和自我塑造。因此，不像很多翻译福柯作品的学者以为的那样，即"主体化"仅仅包括"屈从"(subjection)。"主体化"也不是阿尔都塞(Althusser 1971)笔下的那种机械化"询唤"(interpellation)过程后的产品。"主体化"更不是阿谀阿尔都塞之辈讲的那种"没有主体的主体性"(subjectivity without a subject)所占据的"主体地位"(subject position, Badiou 2005:66)。福柯的"主体化"概念本身指代的是一种主体主动反思式的自我形成过程。维娜·达斯(Veena Das 2007:59)曾很有洞见地指出，许多诠释福柯思想的作品(例如 Butler 1997；Agamben 1998)都给人们提供了一种错误的认识："屈服或抑制可以穷尽主体形成的整个经历。"福柯曾经很明确地表示，他既不相信"世上存在一种普遍性的主体模式"(1996:452)，也不相信主权的或原生的主体概念。因此，福柯的思想与拉康的精神分析学（psychodynamics）中所蕴含的消除性普遍主义（eliminationist universalism）（阿尔都塞将拉康的理论融入了马克思主义理论）在根本上便是冲突的。这一点在福柯晚年的著作中变得越来越明显。

福柯承认（例如 1997：176-84；281-301），他早期的关于精神病院和监狱的研究可能过多地强调了统治手段和统治技术。他在晚年对此做出否认并不是因为它们不重要，而是因为这些论述可能会被误读为他自己对主体自我塑造技术重要性的否定。福柯所说的这些主体自我塑造实践，可以

> 帮助个人以自己的方式有效地掌控自己的身体、灵魂、思想和行为，并以此来修正和改变自我，从而维持一种完美、幸福、纯洁和有超自然力量的状态。（1997：177，255）

当然，这些主体化方式并不是个人凭空想象的，而是基于"个人所在文化已有的特定模型。这些模型是社会、文化和个人所在的群体提供、建议、施加给个人的"（1997：291）。即便如此，这种施加并不会使那种主动的、反思式的自由在主体化的实现过程中消失。只有在把自由比成一种幻想（例如上面提到的弗拉特曼的"翱翔"自由观）时，这种消亡才会出现。①

---

① 西格尔（Seigel 2005）曾将福柯列为 20 世纪欧洲"反自我"文化思潮运动中的骨干。其中不仅包括海德格尔、巴特、福柯、德里达，还包括杜尚和先锋派艺术家。西格尔总结说，这一运动的核心是以主体的物质性和其所在的特定社会、历史背景为依据，系统地诋毁"自我"。西格尔观察到，这些知识分子大都"以超越性自由（transcendent freedom）为依托，通过批判以个人整合和被规范化的自主为主要方式的自由观，来提倡自己所憧憬的自由观"（2005：4-5），即乌托邦式的和"人类必须成为整体的存在，以摆脱一无所有的存在状态"的政治观念（2005：5）。西格尔还评价道，"同样一批思想家，他们一边想象着那种深深地被物质条件和周遭环境（转下页）

第三章 福柯的道德谱系论及其未为人知的"自由哲学"

在福柯的笔下,自由存在的可能性的基础在于人们的反思式思考(reflective thought)。这正是他与阿尔都塞式的马克思主义者,以及德勒兹主义者不同的地方。福柯所谓的"思考"不只是"源行为而生的表征(representation)"。也就是说,"思考"并不是人们观念的实质内容,而是反思式意识结构本身:

> 这使得人们可以从自己的行为和反应模式中抽身而出,把它们当成思考对象,再度询问其行为意义、行为条件和行为目的。思考是一种与个人行为相关的自由,一种自我抽离的过程,把思考变成思考之对象,把思考视为一种问题来反思。(1997:117)

这种反思能力是"建立自我与自我的关系、自我与他人的关系的基础,也是人类可以成为道德主体的原因所在"(1997:200)。这里需要重申的是,这种抽身而出式的反思不意味着个体在反思之前需要处于某一特定位置。这种反思方式随时随地可能发生。

福柯建议,我们可以从四个问题着手来探究主体化形式和自我塑造过程(1986[1984]:26-8;1997:263-6)。第一个问题是关于本体论(ontology)的:在自我中,哪些部分可以成为思考以及塑造的对象?福柯将这个问题的答案归为"道德物质"(ethical substance)范畴。道德评判的对象并不一定总是关注自我的同一个部分。思考和塑造的焦点是个体的特定行为,还是欲望、意志力抑或"肉体"、灵魂、个人的"身份"?第二个问题是关于道

(接上页)所禁锢的自我,一边却又憧憬着那种通过自我解放和自主导向来塑造自我的可能性"(2005:9)。如果说福柯一生的所有论著缺乏统一性的话,至少在其晚期的论述中,他已经认识到了西格尔所批判之事的肤浅性,并且极力反对上面说到的这种自由二分法。

义论（deontology）的：人们是以何种方式与其道德理想以及道德规则产生联系的？是以成员身份方式（家庭、种族或者宗教意义上的），还是以社会角色的承担方式来遵守道德规则？道德源自个人对上帝旨意的顺从，还是对理性的遵循，抑或对自然状态、对社群、对自我精神追求的虔诚表现？一个人对道德的追求是因为自己想要变得更杰出，或是因为自己想要成为领袖，还是因为自己想要成为榜样？[①] 第三组问题是关于禁欲主义（ascetics）的：与个人塑造相关的行为可能采取什么形式？人们以何种方式来塑造"道德物质"？什么手段和技术可以帮助个人实现自我塑造？有些时候，这些手段和技术是约定俗成的，例如打坐、自省、忏悔、节食、锻炼、日志或者解梦；有些时候，这些手段和技术与个人的生活工作方式融为一体，例如日常中关于衣服、食品、睡眠、锻炼和性方式的选择，都可以包含自我塑造的手段和技术。这些手段和技术中有些是个体的，有些是双方的，有些还可能是交往性的、竞争性的或是集体性的。这里需要强调的一点是，鉴于"禁欲"一词的历史根源（起源于古希腊词语"askesis"），上面提到的这些自我塑造方式不需要以自我否定为基础。第四组问题是关于目的论（teleology）的：什么是主体所欲达到的存在状态？道德主体想要达到的是纯洁、安全、自由、自主、理性、不朽，还是自我毁灭？这四组问题一起构成了对道德思维和道德实践的分析系统。很多人类学家继承了这一分析系统，并在各自的民族志中就这些问题给予了不同的答案（参见

---

① 福布恩指出（2011:51-3），福柯还用"道德责任"（moral obligation）说明了道德自我的"主体化模式"，这么做很容易让人产生误解，尤其是当我们将"道德责任"理解成"道德义务"（moral duty）以外的与价值和理想相关的内涵（包括我们在第二章讲过的楷模）时。

第三章 福柯的道德谱系论及其未为人知的"自由哲学"

Laidlaw 1995；Rabinow 1996；Faubion 2001a；Robbins 2004；Mahmood 2005；Cook 2010；Faubion 2011）。

即便福柯有时会提及"集体性主体"（collective subjects）之概念（例如 2002:342），但是他似乎从没认真地考虑过：在人类个体之外，是否可能存在其他的有反思式自我塑造能力的"主体"？关于这一问题，因为福柯经常用很抽象的词汇来定义道德——"道德是自由在反思基础上所采取的深思熟虑的方式"（1997:284），所以目前尚无定论。

一些人类学家建议，亲属、种姓和不同形式的宗教群体本身可以构成并充当道德中介（moral agent）(Laidlaw 1995:391；Pandian 2009:9；Cook 2010)。其中一个很生动的例子是芭芭拉·梅特卡夫（Barbara Metcalf 1994）笔下的由伊斯兰教复兴运动所组织的跨国穆斯林传教会塔布里·扎马特（Tabligh Jamaat）。组织这一团体的主要目的本是朝圣，但是由于团体组成方式的缘故，其自我塑造（self-fashioning）却变成了一种团体行为。团体里的每个人自行开支。成员之间不存在权力和利益依附关系。成员轮流承担社团家政；故而，组织内的性别分工也异于往常。决策是集体成员共同做出的。对于每个成员来说，团体的魅力和权威"有着持久的吸引力"（1994:713）。无论他们先前有着怎样的背景和身份，整个朝圣过程都不断地改变着团体中的每个成员。如梅特卡夫所言："塔布里（tabligh）过程本身便是最终的目的。"（1994:711）它所造就的是"一种独特的个人风格——谦逊的品质"（1994:717）；故而，集体的塑造过程也就相应地变成了个人的塑造过程。

对非个人亦可成为道德主体之说最具系统性的论述来自福布

恩（Faubion 2001b；2011）。他主张，任何有自我转变意识或自主性（autopoesis）的系统都应该被视为道德主体。其中还可能包括人类学家和其田野调查对象因长时间的交往而形成的关系系统（2011：203-67）。

我们需要注意的一点是，在某些领域，道德主体的形象并不会和我们想象中的"个体人类动物"完全吻合。例如，如果我们认真地去思考"再生""轮回"等观念的话，那些具有道德意义的生命过程可能会跨越好几世因缘（Keyes and Daniel 1983；Nuttall 1994；Obeyesekere 2002）。我今生需要负责的、需要不断反省的这个"自我"，很可能是前世生活之结果。一个人的人生计划、一个人所欲达到的人生目标，可能只有在其身后，借他人之力方能完成。诚然，道德责任分配横跨整个人生，这是普遍存在的现象（例如，人们在年少时所养成的惯习可能会在年老时为人所不齿）；有些道德责任会随着年龄的增长而减轻，而有些道德责任（例如遵守宗教教规）则会随着年龄的增长而加重。再者，道德责任的分配还可能超越此生，涉及前生后世（Eberhardt 2006）。

此外，道德主体的形成也可以在个人内部精神层面发生。按博尔斯托夫（Boellstorff 2008）的描述，参加"虚拟世界"游戏（例如，游戏《第二生》[*Second Life*]）的人经常会为他自己创造一个虚拟人格（avatar）。一方面，参与者可以通过虚拟人格来改造个人的实际形象，比如在虚拟世界里，把自己修改成自己理想中的样子。另一方面，他们也会在虚拟世界里通过与其他虚拟人格的交往来塑造自我的人格形象。他们既可以采用"血通"（bleed-through）的方式来塑造自我（将虚拟人格视为真实自我的延展，通过塑造虚拟人格来塑造真实世界中的自我）（2008：

121），也可以选择将虚拟人格和真实自我区别对待，分开塑造。对那些有身体或智能缺陷的人来说，塑造虚拟人格为他们提供了"第二次机会"。通过虚拟世界，他们可以去建构他们无法在现实生活中建构的生活，去塑造他们由于身体和社会局限而无法塑造的自我（Antze 2010）。

博尔斯托夫在民族志中描述的那些特定技术的重要性使我们意识到，正如其他的人类工程一样，道德自我的塑造过程同时依赖物质性技术和非物质性技术。其中也包括桑托斯（Santos 2013）所说的关于道德想象的技术。技术与道德的关系似乎一向很紧密。每年都有一些社会评论家会不厌其烦地预测，当年的一些新技术发明将会史无前例地让人类生活彻底地依赖科技。因此，技术要么将导致我们现有道德生活的彻底消亡，要么会把我们推向"后人类"（post-human）道德时代。这里，科技与道德的关系再一次引出了我们上面提到的问题：除了人类以外的实体，无论是以多样的整体还是以整体的局部形式出现，它们是否也都可以成为道德主体？行文至此，我们应该意识到，这里所指的道德主体的问题应是实证性的：世上是否真的存在有反思式自我形成能力的机器或者动物？我没有理由否定它们的存在。同时，我也相信，很多人会兴致盎然地为两者的存在寻找例证。不过，无论怎样，在找到这些问题的答案之前，人类学（关于人类的学科）尚有很多的问题需要解决。当然，机器和动物是否可能成为道德主体，与机器、动物对人类道德行为的重要性是两个完全不一样的问题。除了道德主体以外，很多事物都对我们的道德行为起着举足轻重的作用。人们与动物的关系、人们对待动物的方式，在任何地方都具有道德重要性。在一些社会中，尤其是在那些以游牧和狩猎为主要生存方式的社群里，人与动物息息相关。尽管最近一些民族志作品为"人与动物的关系"提供了很翔实的描述，但是我觉得在这里有必要进一步澄清一下：正如这些民族志作品所述，对人与动物关系的关注和反思即道德行为，都是由人类来完成的。

谢里尔·马丁利（Cheryl Mattingly 2012）曾在一篇很有学术洞察力的文章中评价说，道德人类学其实是以美德伦理学为表（例如 MacIntyre），行福柯谱系论之实。她讲道，美德伦理学是"人本主义的"（humanist），但福柯是"反人本主义的"（关于这一观点，马丁利主要援引了她自己对一部以福柯理论为基础的论著的批判）。我对她的这两种认定都不敢苟同，部分原因在于，"人本主义"现在已经变成了一个无可救药的权宜之词。无论是褒还是贬，使用"人本主义"都已经说明不了任何问题了。针对"有神论"而提出的人本主义已不再和"人的尊严"有什么关联。人本主义也不再和与科学学术相对立的人本主义学术相关。另外，把像麦金泰尔这样有着很深的宗教信仰的学者誉为"人本主义者"本身就有很强的误导性；而大家对福柯"反人本主义"倾向的认识基本上都是因为他对萨特的存在主义的反对。其实，福柯本人已经很充分地意识到，人本主义在长期被滥用之后已然变得有些自相矛盾、指代不明了（1997：313-14）。不管怎样，按福柯界定的方式去理解道德主体化过程，如道德主体化是人类生活的重要组成部分（故而，应是人类学研究不可或缺的一部分）等这样的认知的获得应该不需要援引任何与"人本主义"有关的概念，也没有必要坚持道德主体化只可能发生在人类身上的观点。

第三章 福柯的道德谱系论及其未为人知的"自由哲学"

多种多样的自由

福柯认为,每一个主体的历史构成过程都是不同的,所以我们在研究"主体"时的重点应放在"主体"的历史上,而不是为了创造出一种关于"主体"的普遍性理论(1979[1976]:82;2000:326)。当然,我们可以说,福柯的这种论述本身也是一种普遍性理论。不过,这是最低限度的那种。福柯还主张说,关于道德中介的自我塑造能力的限度问题应该是实证性的。这是因为,实现主体反思的历史条件具有多样性,而道德中介所处的社会关系和社会制度也各有不同;所以,身处不均衡权力结构关系中的每一个"主体"在主体化的过程中所能汲取的资源是不一样的。在福柯的观念中,单向性权力关系是不存在的,就像抽象的、无历史性的绝对自由是不存在的一样。确实,正如我们在上面看到的,在福柯的眼中,一面倒式的统治(例如奴隶主对上了枷锁的奴隶的管控)算不上是一种权力关系。

> 权力关系的核心是意志的"桀骜不驯"与自由的不可妥协。我们与其强调自由的本质,不如去谈论"抗争"(agonism)——一种煽动和挣扎共存的关系形式,少一些面对面的使双方瘫痪的正面对抗,多一些持久永恒的挑战。(2000:342)

基于反思式意识力而生的自由并不是自由的最终形态,而是在不断努力和实践过程中所产生的临时性结果而已。因此,"自由"和"自律"不应该是相对的概念,反而"自由"需要通过"自律"来实现(Flathman 2003)。福柯曾以类似的理解方式评价过埃比克泰德（Epictetus）对人性的认知：人"作为一种存在，注定需要关心自己"。埃比克泰德认为，这种自我关心并非源自人性的缺陷，而是因为众神认定，人应该是自由的。故而，我们享有的是福柯所谓的那种"特权式义务（privilege-duty）和天赐式责任（gift-obligation）：这种义务和责任在不断地敦促我们要尽心竭力地塑造自己的同时，也确保了我们的自由"（1988：46）。

显然，这种自由不仅会以不同的文化历史形态出现——以不同的权力关系和不同方式的道德实践来维系，同时在这一概念下，随着权力结构关系的不断变化，享有自由的程度也存在变化的可能性。

塔拉勒·阿萨德（Talal Asad 2003）曾经警告说，知识界把"自由"按程度划分等级，这种认识存在很特殊的风险。我们很容易想象，现代的自由民主政体要比以往和现代其他形式的政治制度提供"更多的选择性自由"。在《殖民时期埃及法律和伦理的重塑》（"Reconfigurations of Law and Ethics in Colonial Egypt"）（2003）一文中，阿萨德指出，自由主义下的"私人生活"概念本身从一开始就不只是（或者不是）在增加"选择的空间"，因为这一概念的实施与贯彻是以颁布新的法令、法规限制为前提的（例如，国家对结婚年龄的法规界定、对一夫多妻制的限制、对婚姻注册制的实施等）。另外，"私人生活"的提出同时也为一些社会关系（例如，那些与儿童有关的社会关系）添加了新的顾虑和行政性规范。与其简单地将这些变化说成是选择空间的扩大，还不如说成是一种新的道德空间的产生。在这个新的空间里，应允主体追求自由已不再是核心问题。主体甚至有义务去实现特定形式的自由和自我管理。①

虽然我们完全可以理解阿萨德做出以上警告的原因，但是在阿萨德的笔下，这些观点（自由可以以不同方式存在；不同形式的自由可以在历史上相互继承）更多的是为了达到某种修辞效果罢了——它们大都不过被用来否认自由度变化的可能性而已。另外，自由在性质上的多样性并不意味着自由的量变是无稽之谈。从量变上来看，假定一个刚被从监狱里放出来的囚徒拿到了自己的护照，获得了免税权，不再需要别人的批准就可以结婚，那么这个人就比他以前在监狱的时候享有"更多的自由"。在实践中，人类学需要同时考虑自由在质上和量上的变化。②

伦理与道德的区别

福柯针对其主体化理论，以及他的道德谱系学，进一步发展出来一套辅助性概念，即道德与伦理的区别。

按他一贯的写作手法，福柯在《快乐的使用》（The Use of Pleasure）（1986［1984］）一开篇，便对既有的学术惯性认知进行了重新审查，而这一次被提审的对象是异教徒（pagan）向基督教教徒转化过程中发生过的性道德观念转变问题。学界普遍认

---

① 现在已经有大量的学术作品从权力关系的角度来分析"新自由主义治理术"（neo-liberal governmentality），尤其在涉及自由民主体制下的公民自治责任（self-government）等问题时。其中，罗斯（Rose 1999）的作品可谓典范。这些学者的学术论述大部分的确很精彩，除了其暗含的一些共识——这些"不言而喻"的想法就包括，他从权力关系的角度分析了新自由主义本身就是对自由社会的批判。他们这种论述方式就好像是说，在自由社会之前的社会，或者在其他类型的社会里，权力并不会无孔不入一样。另外，还包括这些学者的浪漫主义遐想。对于这些学者来说，与自由主义权力关系相比，命令式的威权关系要更诚恳、更可靠，而自治责任要比身为奴隶更容易使人产生疏远感（alienating）。

② 关于自由的多样性问题，我们将在第四章继续讨论。

为，在这一转化过程中，人们原本"比较松散"的性道德观逐渐转变成一种更加严谨的状态。这一变化产生的原因是基督教引入了原罪的观念。但福柯却觉得，对性行为的关注和不安其实早在基督教产生之前便已经存在了。福柯通过对前基督教时期的四位学者的研究，展现了当时人们在性问题上的焦虑。其中包括：（1）人们害怕性行为会削弱体质；（2）人们将对婚姻的忠诚提升成为一种道德理想；（3）人们认为同性恋会带来道德危机；以及（4）禁欲是通往智慧之途径（1986［1984］:15-20）。福柯进一步指出，我们应该反对把性忧虑"完全归因于基督教（在不考虑资本主义和'资产阶级道德'的时候）"的主张（1997:90；179-80，254）。诚然，在这段历史时期，道德发生了天翻地覆的变化，但是这种变化不是因为基督教的产生和传播。并且，这一变化表面上是性行为管制上的"严厉化"（strictness），但实质上是人们的道德关注产生了新的形式。

福柯把伦理规范和道德①做了进一步区分。伦理规范（moral codes）指的是由制度和组织（例如学校、寺庙、家庭等）强加的、个人可遵守亦可反抗的规则；而道德（ethics）指的是个人自省的方式，是主体在塑造和改变自我时自愿采用的不同方法（1986［1984］:25-32；1997:253-80）。在这一层面，道德连同自我塑造的目标和方法一起，是对伦理的诊断。在繁多的惩罚性法律、规则和价值之中，只有那些和自我塑造方式有关的才能被称作"道德"（1986［1984］:28）。任何一种生活方式都要涉及伦理和道德这两个方面。尽管在实践中它们是不可分割的，但是福柯认为，在理论分析中，我们必须对伦理和道德区别对待，因为它

---

① 或者美德。——译者注

第三章　福柯的道德谱系论及其未为人知的"自由哲学"

们各自的转变过程都是独立的。一般来说，和道德实践相比，伦理规范本身具有跨社会、跨历史的相似性。就道德文化而言，一些社会会比另外一些社会更丰富（1986［1984］:30）。多神教传统向基督教道德的转变只是"存在美学"向"欲望诠释学"的转变这一漫长过程中的一小部分而已。在这一漫长的转变过程中，伦理规范几乎没有变化，但道德实践却发生了天翻地覆的改变（1986［1984］:30-2，250；1997:180，195-6，254，270-1）。

在学界，福柯并不是唯一的把"道德"和"伦理"区别分析的学者。至少自黑格尔起，学者们就已经在区别使用这两个分别由古希腊文和拉丁文而来的类似概念，并以此来瓜分理论领地。但是，他们对如何区分"道德"和"伦理"却莫衷一是。

比如哲学家伯纳德·威廉姆斯（Bernard Williams, 1985:174-96）就曾使用过这两个概念，来阐明尼采（1994；1998）对宏观道德思考（例如，对苏格拉底的著名问题"人应该怎么活？"而做出的任何回答）与特定道德思考（历史上产生过的对宏观道德问题做出的"特定性"回答；尼采认为，特定道德思考是现代世界的主流思考方式）的区分。威廉姆斯继续解释说，特定道德思考流派总是建构在某种特定的前提假设之上，即在道德决策中存在一套特殊的、有统管力的行为原因（"道德责任"）。这和人们在面对"应该怎么活？"这样的宏观问题时所顾虑的错综复杂的抉择因素似乎脱钩了。① 威廉姆斯认为，在学术理论上，康德是最具有影响力的"伦理系统论"（the morality system）的倡导人。

---

① 麦金泰尔（1967:81）曾表明过类似的观点。他说，古希腊时期，人们关心的道德问题是"我需要怎么做才能过得好？"，而在现代，人们更关心的是"我需要怎么做才算做得对？"。每当现代人提出这样的道德问题时，其询问方式本身似乎就暗含一种反差："做得对"和"过得好"是两码事。

另外，功利主义也是此阵营中很重要的一员。威廉姆斯在此所指的"伦理系统论"其实和安斯科姆（Anscombe 1958，第二章）所讲的"现代伦理学"很相近。与尼采一样，威廉姆斯将"伦理"视为一种暗含"上帝法"观念的世俗概念。这一概念将基督教中的无私、谦逊和顺从等价值观自然化（到人们理所当然地认为这些价值观就是道德生活的程度）了。威廉姆斯认为，尽管用"伦理"描述人们的日常道德思考过程是充满瑕疵的，但是大众对"伦理"观念的广泛接受使得它在道德生活中变成了一种"特定的机制"；同时，也正是"伦理"的受欢迎度使得人们系统性地贬低了自己本来就具有的那些更真实、更诚恳的道德本能。另外，"伦理"的受欢迎度也使得人们几乎忘却了，在此之外，还可能存在其他的道德思考方式。①

在这种定义下，道德更像是义务——一种将个人的其他兴趣、价值和愿望置之度外的义务。按这种理解，道德行为就只是一种"集中注意力"的活动而已；即一个人是否把一切顾虑抛掷脑后，全身心、自愿地去完成道德义务要求他去做的那些事。对道德的这种认知会产生两种后果：一是，"自愿行为"这一概念将需要承担很重的哲学重量。只有那些"从头到脚"都出于自愿的行为才可以被毋庸置疑地认定为道德嘉奖或道德批评的对象。二

---

① 我们在勃兰特（Brandt）关于霍皮人（Hopi）道德实践的研究中可以很清楚地看到威廉姆斯提出的这些设想。在分析霍皮人的道德实践时，勃兰特区分了两种不同的道德形式：一种被他称为"大众渴望的"（desirable in general）道德实践，而另一种被他称为"适当的伦理"（ethics proper）。按勃兰特的意思，后者指的是"关于义务、责任和嘉奖"的道德观（1954：55）。即便在理论分析上这种区分是有益的，但是就像勃兰特自己强调的那样，霍皮人在生活中并不会这样区别对待道德实践，而他的研究主要是想考察人们在应对"适当的伦理"时产生的情感反应（例如褒奖和责骂等）。

第三章 福柯的道德谱系论及其未为人知的"自由哲学"

是,这种认知会使人觉得只要是自愿、纯粹地遵守道德法规而做出的行为,无论结果怎样,都值得嘉奖。这样的话,是否值得嘉奖就变得不再和运气相关:"纯粹",在这里指的是,把道德行为选择所需要依赖和面对的一切繁杂与不确定都排除掉(参见《道德运气》[*Moral Luck*],Williams 1981)。威廉姆斯坚定地认为,我们必须阐明这种特定的道德义务观可能带来的后果。因为,对他来说,特定的道德义务观带来的都是一些幻想,并且这些道德幻想已经到了一叶障目的地步。

威廉姆斯对道德和伦理的区分法与我们在上面介绍的福柯的区分法,有交叉,亦有区别。对于威廉姆斯来说,伦理是一种特殊形式的道德。"伦理"是"道德"的下位概念。对于福柯来说,伦理规范和道德计划是一个人生活方式的一体两面,因此也是任何广义道德生活的两个侧面。即便如此,两位学者的理论还是存在很大的相似性。同威廉姆斯一样,福柯也认为,在一些传统中,道德更受重视,而在另外一些传统中,受强调的则是伦理规范(1986[1984]:30)。另外,福柯还认为,道德思考模式主要是律法式的。这恰恰也是威廉姆斯道德理论的特征之一。此外,他们对现代伦理学的批判也很相似。这些批判都是通过比较现代的与古代的道德思想总结出来的。威廉姆斯认为,如果我们仅关注特定道德行为的条件,无论这些行为是否出于自愿,都将促使我们忽视那些它们周围的"鼓励或劝阻、接收或拒绝的行为实践,这些行为对欲望和性格起作用,也使其成为过良善生活的必然要求和可能条件"(1985:194)。而福柯则是将古代那些由自爱和自知的融合而产生的道德观念,与笛卡儿的激进思想,以及笛卡儿之后的理论流派加以比较(这些人认定,客观性"方法"

[刨除自怜自爱]是获得知识的唯一途径)(2005:12-19，25-8，294，460-1)。尽管威廉姆斯和福柯所采用的修辞方式不同，但是他们的主旨思想却有异曲同工之妙。再者，福柯区分"道德"和"伦理"概念的理论动机与威廉姆斯的动机也是一致的。他们都是想让人们看到，在现代这种独断的道德思考方式之外，还存在其他的道德思考方式。同时，两者的理论动机也都来自他们对尼采的理论的继承。①

以上这些对伦理和道德的区分不会（也不应该）统辖人类学家使用"道德"和"伦理"的方式。可想而知，如果学者都开始不按日常语义来使用语言的话，那后果将变得糟糕透顶。但是，话说回来，这种概念区分在一定的场合下却有益处（参见 Laidlaw 1995，2002；Rogers 2009:12；Stafford 2010，2013:4-5）。我觉得，在应用时，只要我们将它们的特定含义说清楚，使这两者概念上的重叠不影响人们的阅读与理解即可。

威廉姆斯和福柯在理论上的这些相似之处可以帮助我们厘清一些我们以往对福柯的误读。我在上面提到过，很多学者认为，福柯在晚年时的研究兴趣从权力转移到了自由。另外，他们还认为，福柯的"道德"概念所关注的对象实则是去"社会化"后的个人和排除了"他者"的自我（参见 Oksala 2005:193-207；

---

① 以"去自然化的"（de-naturalizing）精神来审度，威廉姆斯的分类法确实有一定效力。但是，这种分类法对西方现代化独特性的假设也许过于简单了。与福柯的做法不同，威廉姆斯的分类法在面对"不同的道德方式在不同的时空下，何以被重视、被整合?"这类问题时，选择了回避，而非质疑。有一个事实似乎已然很清楚：律法式的责任以及个人意向和顺从等问题，在所有的宗教传统（不只是基督教）中都占一席之地。威廉姆斯所谓的"道德"（morality），也许其实践与人们的现实心理情况无关，也许其在西方公共话语中的地位确实要比在其他地区的地位高；但是，这也不能证明这一分类的历史、文化独特性。

第三章 福柯的道德谱系论及其未为人知的"自由哲学"

Heyes 2007:133）。但是，这些批判福柯的人经常忽视一点：几个世纪以来，基督教内的学究也一直以同样的观点来批判古代社会的道德思想（参见 Annas 1993:127-8，223-324）。他们的这些批判都源于一种理所当然的假定，即伦理一定是基于一系列特殊的、与众不同的原因和诉求而生，故而个人和他者的关系也一定与个人的理性诉求不同。威廉姆斯曾很清楚地指出，这些理论假设是为了建构"伦理系统"而被创造出来的。对于古希腊人来说，这些完全是陌生的概念（2006:44-5）。当古希腊人询问"什么样的生活才有意义"的时候，这个问题本身便已经包含了我们现在所说的"个人"和"社会"。① 这也正是为什么亚里士多德的《尼各马可伦理学》(*Nicomachean Ethics*) 是其《政治学》(*Politics*) 的一部分。亚里士多德在《伦理学》的开篇便说，他的道德研究是"一种政治科学"，因为道德的最终目的——幸福——不是个人的，而是需要"对城邦和人民有益的"。同亚里士多德一样，福柯和威廉姆斯也认为，在广义上，道德就是询问"人应该过什么样的生活"的过程。他们三个人都认为，不论我们过什么样的道德生活，我们都需要和别人在一起；因此，个人与他者的关系是道德生活的固有组成部分。福柯曾很清楚地论述道，尽管反思为自我关系的形成，或自我与他人关系的产生提供了可能性的前提——因此，按这一关系推演，个人的自我关系本应具有逻辑上的"本体优先性"（ontological prior）（1997:

---

① 威廉姆斯写道："在这些方面，古希腊的道德思想不仅和现代人的思想（尤其是受了基督教影响的现代思想）不一样，而且要比现代人的思想更好……就其基本框架而言，正因为他们没能将'一个人与别人、与社会应该是什么关系？'这样的问题同'人应该怎样活？''人的基本欲望是什么？'这类问题分开，所以古希腊的道德思想是迄今为止鲜有的一套与现实联系很紧的道德观念系统。"（2006:44-5）

287），但是，"在自我塑造实践中，'他者'是决定实践形式不可或缺的条件"（2005：127，157，192）。故而，福柯将此描述为"道德的本质"——"主体的自由和自我与他人的关系"是同一问题的两方面，它们一起构成了道德问题的核心（1997：300）。基于同样的原因，无论是福柯，还是威廉姆斯，都没把道德和伦理的区分与"个人"和"社会"的区分（或者"自我"和"他者"的区分）等同为一体。

在学界，关于道德和伦理还存在其他的区分方法，它们和我们在上面介绍过的方法有些不同。人类学家阿瑟·克兰曼（Arthur Kleinman 1999）、社会学家齐格蒙特·鲍曼（Zygmunt Bauman 1993）和政治哲学家罗纳德·德沃金（Ronald Dworkin 2000）都曾经做过"道德"与"伦理"的概念辨析。他们几乎完全反转了福柯的区分方法（例如，克兰曼认为，深嵌在特定生活世界中的"伦理"同职业化的、知识性的、具有普遍性的"道德"是有区别的）。他们的研究兴趣和方向实在与福柯的理论相去甚远。故而，我不觉得这些学者关于道德和伦理的论述——虽与福柯的有区别——会带给我们过多的理论疑惑。但是，就人类学家贾勒科·齐贡（Jarrett Zigon）的论著而言，我不敢同样打包票，所以我们在这里需要就齐贡的理论多说几句。

在建构道德人类学的理论框架时，齐贡依据的便是福柯对"道德"和"伦理"的概念区分（2007；2008；2009a；2010）。同福柯一样，齐贡也建议将道德列为社会生活中的一个特殊领域来认真地加以研究。但是，我认为，齐贡在他的理论框架中误用了福柯的分类，以至于最后严重地削减了他自己的理论宏愿。齐贡的理论至少已经使一位人类学家甚是担忧（Mattingly 2012）。

第三章 福柯的道德谱系论及其未为人知的"自由哲学"

马丁利曾指出,在齐贡所谓的"福柯的方法"下,自由和道德只能发生在突变的时刻,发生在与日常生活和权力关系断裂的时候。与此同时,另一位人类学家(Yan 2011)也很正确地批判道:齐贡将"道德生活"和"社会"分开处理必定是徒劳无功的。他这么做只会使道德生活完全浸没在个人主体性之内。人们的一举一动都只会被视为"为了自我的舒适生活而营造的个人道德行为方式"。齐贡在概念上的混淆已经迫使福布恩(Faubion 2011)开始在写作中尽量避免使用"伦理"(moral)这个词(而改用"themitical"一词);借此,他可以将自己对福柯分类的使用方式与齐贡区分开。就我个人的偏好而言,我不喜欢为了学术而扭曲英语词汇的日常意义。但是,理清齐贡和福柯在概念分类中存在的区别确实有助于我们理解福柯理论的原创性;同时,也会为民族志分析方式指明方向。

按齐贡的说法,道德的产生有三种源泉(2007;2008:162-4)。第一种源泉是组织,例如教会、国家、公司等。它们都会就其特性"声明一定道德的正确度"。做出这些声明的前提是组织内部对某些道德标准的一致性认可,尽管在实践中大多数组织内并不见得会产生这样的统一性。另一种源泉是齐贡所说的"关于道德的公共话语"(the public discourse of morality),其中包括"所有的还没有直接被组织阐明的关于道德信仰、概念和期盼的大众叙述"。所以,那些媒体、政治运动、艺术、哲学和家庭教育中使用的非正式叙述皆属其列。最后一种源泉是性情气质,即道德作为一种下意识、反射性行为习惯而存在。也就是说,即便人们在不留心、不刻意的状态下行动,习惯也会使他们自觉地以道德的方式来进行(关于这方面的相关理论,我们在前几章谈论布迪厄和麦金泰尔时已经介绍过了)。齐贡认为,道德的多元性正是人们可以生活在价值冲突之中却依然对此境况全然不知的原因之一。按其所言,道德是"一种习惯、一种无须反思的日常生活方式"(2008:17)。

当上面列举的这些道德源泉受阻时,齐贡所谓的"道德时刻"(ethical moments)才会发生。按他的设想,一些突如其来的状况会打断人们的日常生活方式,致使反思变成必然。齐贡借用海德格尔的概念,将这种情形称为"道德停顿"(moral breakdown 2007:136)。道德停顿迫使人们从生活的正常状态中抽身而出,从而进行反思和抉择。"因此,在日常生活中,只有在偶然状况下,人们才需要停下来,想一想下一步要怎么做才是合乎伦理的。我认为,这些时刻才是道德。"(2009a:260)齐贡继续解释说,由于意识形态和道德话语权的强势,人们的选择往往是有限的;但是,在有限的可能之中存在实践自由和富有创造力的选择空间。这些道德时刻结束后,行为主体将回归无意识的道德习惯。他的道德观也许已经发生了些许改变,但是大多数情况下这些变化应该是极小的。

齐贡认为,"道德停顿"就是"福柯所说的'问题化'(problematization)"(2008:18,164-5)。实际上,这两个概念存在很大差异。对于福柯来说,"问题化"并不是特定偶然事件的代名词。它是福柯谱系方法的一方面(1986[1984]:11;1997:117),即无论在什么历史时期、研究什么样的文献,我们都应该询问"什么被问题化了""什么是关注、反思和不确定的对象""关注和反思以什么方式出现"。在福柯的认知中,总有一些事会被问题化。理解一种生活方式的关键便在于对它精准细致的勾勒

第三章　福柯的道德谱系论及其未为人知的"自由哲学"

和描绘。所以，在其著作《快乐的使用》（*The Use of Pleasure*）和《自我关照》（*The Care of Self*）中，福柯讲道，在古代，婚姻的本质、一个男人对家庭的管理方式，以及成年男人和青年男子之间的情感关系自始至终都在被问题化；但是，人们所关注的问题内容及其阐述形式在不断发生改变（1986 [1984]：14-24）。因此，对于福柯而言，道德和伦理是同一状态的两面：在道德发生变化的时候，伦理规范经常会与其保持一致性（原则上相反的情况也成立）。所以，像齐贡那样，视道德和伦理为两种不同状态的做法并不合理。而让人们去询问"当下的伦理是否处于道德时刻？"也是无稽之谈。齐贡的理论架构——将"停顿"或"危机"时刻的道德反思置于日常生活韵律之外——在结构上和福柯的理论存在很大的差异。对于福柯而言，"抽身而出"、反思以及自我塑造都是道德的不同侧面而已，是人类行为的固有组成部分；因此，它们都属于达斯（Das 2007；2010a；2010b；2012）和兰柏克（Lambek，2010a）所说的"平凡"（ordinary）。①

将雅典城邦中的自由和欢愉问题化

福柯为何对古希腊的存在美学如此感兴趣？他的分析从古希

---

① 同样，福柯所说的那种道德规范和守则在道德生活中不可能完全不存在。英格伦（Englund 2008；2012）曾很精准地批判说，"道德"和"伦理"在概念上的分离会导致"责任"在我们对道德生活的理解中被边缘化，甚至消亡。他发现（我个人很赞同他的这个发现），这正是齐贡为什么坚持，道德（ethics）严格上讲，是不包括责任的，而仅仅是对存在舒适度的向往。所以，我觉得我们在这里有必要澄清一下，福柯原本的"道德-伦理"的区分方式中并没有想要消亡"责任"的意思。再者，威廉姆斯对"道德系统"的批判指的是，人们不应该仅仅用（一种特殊的、绝对的）"责任"来描绘道德生活。他其实并不否认"责任"是道德生活的一部分。

腊人对快感的问题化的特殊处理方式开始谈起。

和前面提到的一样，不像有些人想象的那样，与基督教晚期的观念（把快感视为一种罪）相比，古希腊人对快感持更开放的态度。其实，对于古希腊人来说，快感也是有问题的；只不过他们的表达方式不同而已。如果享用适度，肉体上的快感，例如食物、酒精、健身和性，都是幸福生活必不可少的一部分。问题的关键在于对快感的放纵。福柯进一步将古希腊人在享受快感上的适可而止，与基督教文化中对快感时时刻刻的警惕、提防进行了对比（1986［1984］:41）。他指出了很重要的一点：雅典人因问题化而关注的行为并不依赖严格的规范或者一些行为的条条框框来管控。他们依赖的是"谨慎、反思以及盘算"（1986［1984］: 54）。

在所有的快感之中，性不同于其他快感之处恰恰在于它的强度，而这一强度也增加了人们在享受性快感时慎行的难度。这仅仅是程度问题。性快感本身并不会产生任何特殊的道德问题。正相反，福柯将古希腊人对性快感的问题化处理方式归类为四个更广泛的问题领域。这四大领域分别是：（1）营养。这一领域包括一个人吃什么、喝什么以及一切与维持身体健康有关的事项，例如健身、保暖，等等。（2）经济或者男人的家庭管理方式。这一领域包括男人和妻子，以及任何其他受男人庇护和管辖的人（例如孩子和奴隶）的关系。（3）色情。这一领域主要是指成年男人与青年男子之间的激情。（4）关于节制是通往真理之路的观念。这里需要注意的是，这四大领域之中的自我管控方式截然不同。与其后的基督教文化相比，在古希腊，关于"肉体"的问题化尚不存在一个统一的领域（这个领域日后被称作"性特征"［sexu-

第三章 福柯的道德谱系论及其未为人知的"自由哲学"

ality]）(1986 [1984]:251；1996:460)。

与个人欲望建立适当的关系，由理性和反思力来管控个人的肉体需求，这些是道德实践的基础（1986 [1984]:63-77）。古希腊人把这种自我管控能力视为自由（1986 [1984]:78）：就好像自由的公民不能是任何人的奴隶一样，人应该掌控自己的欲望，而不是成为欲望的奴隶。为了掌控个人欲望，人们需要知识，但不是那种对欲望、对个人内心、对自我私密的诠释式知识。人们需要的是对其生活世界的了解：多吃哪种应季食物才不会带来危害？什么是正确的对待妻子、尊重妻子的方式？如何有效地惩戒奴隶？如何以不侵犯他人的方式与漂亮的青年男子调情？同时，人们还需要经验和判断力来更好地运用这些知识。

所以，福柯所讲的这种从"存在美学"到"欲望诠释"的缓慢转变，是一种道德问题化方式的转变过程——从一个主动将自己塑造成在追求快感时具有自控力和反思力的人，到一个想通过不断的自我批判来战胜富有罪恶感欲望的人。福柯认为，现代谈论的"性欲"问题在后一种问题化方式明朗之前便已经开始了（1986 [1984]:32；2005:485-7）。

福柯所叙述的故事当中的一个重要环节是他对古雅典时期成年男人与青年男子之间情感关系的分析。福柯观察到，事实不像一些学者（例如 Boswell 1980）所讲的那样：古雅典人对这种男子之间的关系很"包容"。恰恰相反，这种情感关系往往是"极度复杂的问题化"的主题：有时被赋予很高的道德价值，而有时却又遭受严厉的谴责（1986 [1984]:187-93；1997:257）。为什么这个问题在古代雅典会吸引如此强烈的道德关注？

被关注的原因并不是关系双方都为男性，也不是他们之间的地位和权力相差悬殊。不管是一个男人和他的妻子的关系，还是一个男人和他的奴隶发生的性行为（无论男女），都不会引起人们如此大的惶恐。这也不是简单的年龄差别问题（1986［1984］：193-4）。关注的重点在于，成年男人与尚未完成正式教育的青年男子所发生的关系跨越了俗成的界限。男女之间或主仆之间的性关系涉及的道德问题是如何有节制地使用权力（1986［1984］：82-3，150-1），而成年男人与青年男子之间的性关系涉及的是一个更敏感的问题，即如何在权力关系中去认可和接纳他人的自由（1986［1984］：199，203）。如何有节制地使用权力这一问题同以往的那种"明君如何控制个人欲望"的问题类似。被其欲望奴役的、随性而为的统治者势必是肆意妄为的、残忍的、独裁的暴君（1986［1984］：75）。成年男人和青年男子之间的关系与统治者和被统治者之间的关系不具类比性。他们的关系更像如何在参与式民主制度中培养有责任感的公民之类的问题。

用权力来解释"性"的这些说法都存在一个预先假设的前提：性关系一般情况下都是对给予快感和索取快感的寻求或默许；因此，与其他的一些事情一样，性关系也是一种控制与顺服的游戏，属于社会地位的表征。和丈夫与妻子之间的关系不同，成年男人与青年男子之间的性关系的特殊性在于，双方在这一关系中，对于彼此来说都是自由的，所以其性关系"是独立互惠的关系，在他们之间不存在制度约束，是一种开放性的游戏（在偏好、选择、行动自由以及行为结果的不确定性上都没有事先的约定）"（1986［1984］：202）。在这种关系中，最重要的一点是，青年男子的稚嫩性是暂时的。他们的稚嫩不是也不应该变成男子本性的固有部分。因此，成年男人和青年男子之间的关系

第三章　福柯的道德谱系论及其未为人知的"自由哲学"

不应该只是简单的对他们已扮演的主动和被动角色的固定和延展。他们的关系要容纳青年男子不断发展的成熟度，以及青年男子的自由。① 的确，在一定程度上，成年男人的角色就是促使这一变化发生。故而，他们之间的关系是青年男子成长教育的一部分，而年长男性所起到的是道德楷模的作用（参见 Faubion 2011：53-5）。教育总是以受教育者起先的无知无能为前提。如果其中隐含主动（控制）和被动（顺服）的角色分担问题，那么教育的正确发展轨迹就应该是对这些角色差异的克服。所以，他们之间这种形式的爱总是短暂的，仅持续到青年男子成熟为止。在此之后，在理想状态下，他们的关系将会转变成为一种一生的亲密友谊（Foucault 1986［1984］:201，224-5）。

鉴于此，在成年男人和青年男子的关系中，对节制的实践视友谊为最终目标。双方都会顾及青年男子的将来：他日后将会成为城邦的公民，并且将会享有公民的名誉。青年男子需要以自身的谦逊和节制来维护这一名誉，年长男性也不能滥用自己的地位优势从而损害青年男子的名誉。虽然他们的关系属于私人亲密行为，但也要受到公众的关注，因为他们对这种关系的处理会涉及公共政治秩序的传承问题（1986［1984］:204-14）。②

这么看来，这类关系的问题焦点之所在不是对同性身体的欲望（在古希腊，对男性或女性的喜爱是一种品味的偏好，没有任何特殊的道德重要性），而是关于一个自由的男性屈尊成为另一

---

① 在这个关键点上，不像福柯的追随者（Keuls 1985；Halperin 1990）和批评者（Nussbaum 1985；Davidson 2007）解读的那样，福柯其实并没有把这些关系仅仅描绘成一种简单的控制（性主动方）和顺服（性被动方）的动态关系。
② 当然，这个问题在日后以另外一种"问题化"的方式，被公众对女子贞节的关注所取代。

个男性的愉悦品———一种与城邦公民权益相冲突的被动性。在这种形势下，公民所承受的不自由（受他人欲望而非自我欲望的控制）会严重威胁城邦的根基（1986［1984］：219）。

正是基于以上原因，在古希腊，这类关系在道德上会同时受到赞誉和诟病。受人赞誉是因为，这能培养青年男子的勇敢、忠诚、独立和自由等道德情操，而受人诟病的原因在于，这类关系会腐蚀青年人。他们遭受的谴责并不是我们现代意义上的"性变态"———一种"不正常的"性主体性的体现，而是关于不良教育和政治腐败的。诚然，"娘娘腔"是被广泛诟病的，但是这和同性恋关系没有直接的关联。一个纵欲淫乱的异性恋男人同样也很可能被谴责为"娘娘腔"；相反，对青年男子所产生的有节制的欲望经常会被誉为"有男子汉气概"（1986［1984］：84-6）。这种价值判断一直延续到古罗马时期（Edwards 1993）。只有在青年男子彻底地变成了他人的欲望之物、丧失了自我主动性的时候，这种男性之间的亲密关系中才会产生"娘娘腔"的问题。

于此，《性史》（*The History of Sexuality*）遗留下来的两个问题也相继得到解答。同时，上面的论述也说明了福柯为什么会对古希腊精英的道德如此感兴趣。对于福柯来说，那些主体塑造不受欲望和忏悔所主导的历史时期也正是自由的问题在公共领域内得以兴起与被广泛研讨的时期。这不是出于对自我解放的突然重视，而是出于在权力关系中应该如何将自我塑造成为自由主体的问题——"一种被视为权力游戏的有意而为之的自由艺术"（1986［1984］：253）。福柯这里的叙述的确是在强调自由实践的冲突本质，但是他所描述的同样也是一种相互认可的关系（"游戏"的双方承认彼此的参与者身份）和这种关系的（不一定意味着平等关系)"赋予力"(enabling/empowering)。

作为一种存在艺术,古希腊道德是"为民众中最小的一部分群体"量身定制的(1986[1984]:253),所以对我们不适用;但是,它却为我们的思考提供了很好的资源(例如,在怎样的社会关系下自由实践才有可能)。对不同形式的道德反思和道德实践进行描述,把它们的特殊性(连同那些我们认知中习以为常的偶然性)变成我们研究的核心,是谱系学家的任务,同时也是我们人类学家的任务。通过这种方式,我们不但可以理解它们,同时也可以学习它们。

走出活力主义(vitalist)的舒适区

上面讲到福柯对自由概念的重新定义,即"自由"是对不同权力方式的反思,而非对权力的消除。在这里,我想回到我们上面提过的齐贡的论述,将其和福柯的自由理论进行对比,从而进一步分析齐贡为道德人类学列出的学术大纲。

尽管齐贡援引了很多福柯的理论名词以及福柯的"伦理-道德"分类方式,但是齐贡对道德生活的分析与认知大多源于他对海德格尔现象学的另类解读(真正的"在世"[being-in-the-world]是非反思性的),以及他对布迪厄的理论的理解(社会系统通过无意识的主体惯习得以再生和延续)。这种理论综合的结果是,在理论上,齐贡又回到了福柯曾极力试图克服的消极性自由观。在齐贡的框架下,"选择"的空间仅在习惯和系统规范暂时失效的时候方能存在。齐贡曾写过,"道德停顿"将人置于不真实的状态之中(2010:9),这些"道德危机时刻"问题需要被解决,"这样一个人才能回归道德习惯和道德话语传统所营造的毋庸置疑的非反思性的舒适生活"(2008:18)。道德的意义便在于,"营造一种存在意义上的舒适"(2010:5)。由此可见,齐贡忠诚于他所理解的海德格尔现象学,这使他认为,道德目的是唯一的、规范的。与其相比,在福柯的理论中,道德的目的是极其不同的。虽然福柯的一些主要论述也包含一种积极的价值判断——例如,福柯对古希腊性关系的诠释(成年男人将青年男子从监护期引领到独立期的过程),以及他把康德在启蒙思想方面的论著誉为"未完的自由之作"(1997:316),但福柯的谱系法没允许他做出过激的道德宣讲或政治宣传。当福柯在概念上把"道德"与"反思式自由"绑定在一起的时候,他曾明确地表示,在文化选择和历史发展上,通往道德理想生活之路可以是多种多样的。

"在世界上舒坦地生存,换言之,稳健地生活"(2010:5)是齐贡为日常道德生活列出的道德标准。福布恩指出(2011:85),齐贡的这一标准不仅会在逻辑上和实践上损毁福柯对道德和伦理的分类,并且还会把研究中的实证性问题应然化。也就是说,"在某地,人们的日常道德生活是否'舒坦'""人们的道德思考和实践能否实现舒适"等问题,会成为分析和判断当地道德实践的核心。

就齐贡提出的标准,我在耆那群体中的田野经验可以为我们提供一个很好的反例。在田野的早期,我便注意到一个现象:耆那教徒经常很明确地告诉我说,"耆那教义不可能"。他们的意思不是说耆那教的教义不清楚,或者追随耆那教是不可能的。他们每个人都知道耆那教苦行的典范是什么:自己需要放弃家庭、朋友和物质财产,需要在师父的教诲下出家,需要过一种在行为举

第三章 福柯的道德谱系论及其未为人知的"自由哲学"

止上规范严谨的游历生活,需要不断地训练自控、禁食和打坐的功夫,直到自己准备好可以进行禁食涅槃的那一刻(Laidlaw 1995;2005)。其中不存在任何的秘密——一切都可以从我们熟知的世界中推演出来,教众需要做的事情都被详细地记载在两个半世纪的耆那教史中。人们所说的"耆那教义不可能"指的是,对于很多信徒来说,因为他们大多数都还是入世的,所以没有哪一条教义告诉他们,应该如何处理这种关系,做一个好的耆那教信徒。在这种情况下,他们所奉行的教义不适用,他们也没有什么别的更合适的教义可以遵从。然而,有一点是明确的:一个好的耆那教信徒要保护、援助那些已经出家的耆那教僧人。可是,因为供养僧人需要很好的政治资源和物质资源,所以这又直接与苦行生活本身相冲突。这么一来,对于他们中大多数人来说,你越想成为一名好的耆那教信徒,你就会变得越来越不像一名纯正的耆那教徒。

这并不是故事的结尾。在耆那教群体中,人们可以以多种方法来处理上面提到的价值冲突问题。一些处理方法已经被制度化,甚至变成了惯例。其中就包括一种高度仪式化的方法:耆那教信徒可以向放弃信仰的人行善。施善举便要求信徒在个人的饮食习惯和操守上有一定程度的节制,在生活中有物质结余(Laidlaw 1995:289-323)。除此之外,制度化惯例中还包括一些重要的宗教节日。届时,耆那教信徒可以以不同的方式来彰显和支持苦行(1995:275-86,324-45,364-87);另外,在信徒的日常生活中,他们也会时不时地安排一些苦行活动,来化解教义上的冲突(1995:173-230)。其实,许多很完善的苦行方式已然将冲突的价值观囊括在实践之中了。在特定情况下,或从一定角度来看,这些冲突的价值观似乎是可以融合的。对于每一个耆那教徒来说，在他的生活中，这些实践和制度是一种资源。他们可以使用这些资源来处理生活中不断发生的价值冲突问题。他们所采取的处理方法不仅会因人而异，也会随着每个人所处的生命时期而改变。当然，在处理冲突时，他们还要考虑到身边的人，权衡各方所需。例如，照看需要进行禁食礼的家人或邻居的孩子，对因生意而没法长时间参与寺庙仪式的人给予理解等。如达斯强调的那样（Das 2010a；2010b），很多冲突都是在日常生活中需要顾及他人需求的时候产生的。没有一种方法能完全消除这些冲突，或提供一种维系平衡的方式。在这种意义上，生活的迷局没有解决方案。我们活在两难之中。

尽管如此，每个人和每个家庭都有不同的方式来过他们自己的耆那生活。即便他们从一开始便知道最终的结果不会圆满（"耆那教义不可能"），他们也不曾想过其他的生活方式。总之，耆那教信徒的日常生活，以及成为一个合格的耆那教徒的关键就在于，对这些冲突时刻——那种在齐贡看来完全不"正常"的生活——的反思、怀疑和纠结。一种不夸张的但又很紧迫的不完满感是一个耆那信徒道德成熟的标志。他们所奉行的很多宗教实践都在指向完美道德生活的不可能性，而修行的目的就是获得那种耆那教徒所讲的"正知"（samyak darshana）和对此生的"不执着"（vairagya）。

就与其他宗教比较而言，耆那教的价值冲突感也许显得格外强烈，但是在很多文化传统下，人们也都认为，日常道德生活中不可避免地会有需要反思和反复斟酌的时候。齐贡的理论框架将这种日常的反思和斟酌完全排除在外。我同意，我们应该询问怎

第三章 福柯的道德谱系论及其未为人知的"自由哲学"

样的情况会激发人们特别强烈的道德质疑,这的确很重要。但是,如果我们将"停顿"纳入道德的定义,将不具反思性的"舒适"定为道德的目的的话,那么我们所提出的询问注定将不符合逻辑。

乔纳森·梅尔(Jonathan Mair)的民族志很生动地证明了这一点。梅尔的民族志描述了内蒙古地区的佛教徒如何认识自己的无知。这些佛教徒认为,他们永远不可能完全理解佛教真谛,而这些认知正是他们虔诚拜师礼佛的原因。师徒关系的发展不是为了消除弟子的无知,恰恰相反,是为了更进一步地加深弟子的这种意识。梅尔强调说,这些佛教徒所说的"无明"(ignorance)并不是指缺少知识,而是指一种与"空"(not-knowing)的特定关系,即通过无明来保持对佛教教诲的尊重感、恭敬感、距离感和神秘感。这是一种积极的道德态度。一个虔诚的佛教徒需要不断地提醒自己"我是无明的",同时还要刻苦地抵御那种认为自己可以理解佛教真谛的思想。

在中国的解放战争时期和"文化大革命"时期,内蒙古地区的佛教寺院被大面积地摧毁,僧人、喇嘛也都几近罹难,但近几年来,内蒙古地区的佛教已然得以重建。梅尔观察到,当代内蒙古地区的佛教道德之所以列无明为修行核心,一部分是因为内蒙古的佛教徒对近现代内蒙古地区佛教历史上所经历过的衰败的叙述,而一部分是因为古印度的世界史观。佛教徒认为,我们生活在一个佛法与自我相分离的时代。佛教经典庞杂且不可知,亦不可言传,只有大智者方能了其真谛。因此,大智者成为顶礼膜拜的对象。大智者是一种智慧的人格化。通过膜拜大智者,信徒领会到自我的无知,进一步修习个人的信仰,从而发展出了一种

"虔诚"的敏感度。梅尔将这种敏感描述成一种在面对宗教权威时,信徒产生的强烈的自卑心理,以及他们为了表达这种自卑而不断养成的行为举止习惯。信徒通过坚持不懈地修习"反省力"来维系他们的这种虔诚。如果我们把他们的行为放在齐贡的"舒适"观中去理解,那么这些佛教徒就算不上是有道德感的了。

除此之外,另一个值得我们思考的例子是我在第二章中提过的生活在新几内亚高地的乌拉普米安人(Urapmin)。在皈依基督教的过程中,乌拉普米安人彻底地改变了他们原有的价值观,完全接受了一套全新的道德系统。当乌拉普米安人没有直接接触过传教士就突然决定摧毁祖先遗物、全身心地拥抱五旬节派基督教的时候,他们期待着自己会符合劳动力市场的要求(因为他们洗去了自我内心中的焦躁和执念),从此摆脱被人瞧不起的农猎身份,大踏步地进入市场经济。但是,他们美好的期望最终还是被现实无情地挫败了。乌拉普米安人发现,他们的物质生活并没有自己预想得那样好。他们也没办法将自己变成上帝所要求的那种人。因为他们仍需要务农和狩猎来维持生计,所以他们不得不卷入当地的依附和互惠关系网。这些关系必须通过领导才能和权术来维系;但是,对权力的追求现在却变成了一种宗教意义上的罪过。乔尔·罗宾斯(Joel Robbins 2004;2007a)动人地描述道:对乌拉普米安人来说,最终的结果是在道德上不断地受折磨。他们夹在两套彼此冲突的价值系统之中,夹在两种相互排斥的美德理想之间。在传统价值观下(很多乌拉普米安人,尤其是当地领袖,都还遵奉传统道德),基督徒所倡导的道德是自私的,他们的道德模范维系社会关系的能力很"垃圾";而在基督徒的眼中,当地领袖奸诈狡猾、盛气凌人,很喜欢挑衅,使别人产生暴

第三章 福柯的道德谱系论及其未为人知的"自由哲学"

力的情绪,最终将所有人都拽入地狱。

依罗宾斯之意(2007a;2012),这种剧烈但又不彻底的社会变化是"自由道德"(the morality of freedom)的极端体现,每个人都要不断地在两种不相容的价值系统之间抉择。在分析结构上,他将这种状态和"延续道德"(morality of reproduction)进行了对比。后者指的是,在一个整合性很强的价值等级系统中,指导个人行为的社会标准很明确。尽管罗宾斯有时视这两种道德方式为"不同种类"的道德(2012:124),但是在大多数情况下,他更具说服力地将这两种道德方式描述成同一道德文化传统的"两面"(2012:118)。并且,这"两面"属于同一文化系统,尽管它们在系统中占据不同的比例,尽管它们也可能存在于不同的"领域"和"价值领域"之内("价值领域"这一概念是罗宾斯对韦伯理论的继承和发展。韦伯曾把"生活领域"[life spheres]具体分为经济的、政治的、宗教的、学术的、审美的、情色的)。比如,如果你是一名超市的收银员,你所要遵守的规范是很明确的,所以发生不同价值的冲突和做出必要的道德抉择的可能性很小。可是,这并不意味着,在工作以外的生活中,"自由道德"场景不会出现——例如,工作上的严格规范不会排除你和同事之间的感情关系问题。罗宾斯很坦诚地承认,和谐的"价值领域说"尚不完善。我们还需要在理论上进一步发展这一学说(例如,是否在同一价值领域内活动的所有人都会与价值系统产生同样的关系?),在实证研究中进一步将问题特定化(例如,对价值领域的划分可能因社会而异)(2012:122)。我觉得罗宾斯理论框架的问题出在用词上。如果不小心的话,人们很有可能会误解他所说的"延续道德",把"延续道德"错以为一种不需要反思式的自由就能够自动实现的道德系统。无论怎样,我们如果把罗宾斯的分类看成是道德生活的两面,而不是两种不同的道德方式的话,那么他的这一理论区分更接近福柯的"道德-伦理"分类方式,而和齐贡的完全不一样。罗宾斯的"关于自由的道德"是同时基于乌拉普米安人皈依基督教之前的道德生活和他们皈依基督教之后所经历的道德折磨而总结出的理论。当人们意识到这一点的时候,我们在前面的对罗宾斯理论的诠释就能站得住脚了。

罗宾斯把乌拉普米安人在皈依基督教之前的道德观描述为一种价值和理念的"光谱"。以这种道德光谱为行为规范,人们在实践中享有一定的选择权(2004:183)。乌拉普米安人的道德系统由法规和两种禁忌观组成。一种禁忌涉及的是有惩罚力的自然神灵。自然神灵是当地土地和物资的最初拥有者(2004:209-11)。另一种叫阿夫克(Afek)禁忌,源自他们的祖先,主要用来规范男女之间的关系。僭越者将引来灾祸。对于这些规矩与禁忌,当地人了如指掌,所以他们不需要复杂的道德思考就能衡量出不同行为可能带来的后果。按韦伯的定义来说(1991[1919]),这类道德规范叫作"信念伦理"(ethic of conviction),而非"责任伦理"(ethic of responsibility)(Robbins 2004:211-14)。

在某一层面上,法规是一套很平常的对有害行为做出禁止的条文目录——罗宾斯(2004:185)认为,这一点是对福柯的观点最好的印证,即道德规范在各种文化下几乎都相同。但是,在另一层面上,法规本身又存在一种很复杂的矛盾性。这是因为,意愿(will)既是断定违法的标准,同时还是法规得以维系的手段。

第三章 福柯的道德谱系论及其未为人知的"自由哲学"

社会关系和群体也大多基于意愿性的欲望而生。恰是因为，这些意愿性欲望（尤其是在当地领袖的"关系网建立"过程中）使得生产、亲属关系、交换和村落生活变成可能（2004：186-94）。但是，这些预想和主张在道德中却总存在不确定性。因为，每一种新建的社会关系在某种程度上都包含对已有社会关系的忽视。如果当地的领袖一直都严格守法、喜怒不形于色、不强加私人意愿于他人的话，那么便不会形成新的社会关系，乌拉普米安社群也就无以为继。不能有效地主张和贯彻意愿的领袖在当地会被认为是无能的人（2004：195）。因此，为了维系社会系统的运转和再生，法规（作为对个人意愿的限制）经常需要被人们的个人利益和个人欲望（尤其是当地领袖的意愿）打破。在损害法律和维系法律之间保持平衡、在不同的价值冲突之间做出权衡，成了乌拉普米安人日常生活的一部分。同时，罗宾斯所说的"哀伤意识（道德沦丧是不可避免的）"表现为，乌拉普米安人将所有的死亡都归咎于被死者所冒犯或忽视的人所施的巫术。

因此，我们不应该认为：接受了基督教的乌拉普米安人之所以会受罗宾斯所谓的"道德折磨"，是因为他们经受了齐贡所讲的"道德停顿"。或者，如果我们可以误用罗宾斯的措辞的话，乌拉普米安人受"道德折磨"的原因在于，他们以前奉行的是"延续道德"系统，而现在的却是"自由道德"系统。很明显，在罗宾斯的理论中，法规处于自由道德范围之内。虽然单一价值在特定领域内可能会很和谐地把人们的合法夙愿整合起来这种观点有它的可取之处，但是我认为，整个社会可以在一种延续道德系统下和谐发展，是一种浪漫的遐想（同时也是现代理论对传统理论的误识），就好像纯粹的自由道德（那种没有动因的选择）是存在主义者的幻想一样。无论在哪种情况下，我们都可以很清楚地看到，存在于基督教之前的乌拉普米安道德是一个充满了矛盾与对抗、充满了主体反思空间的系统。

皈依基督教要求乌拉普米安人放弃他们原有的禁忌。这使得他们的道德生活丧失了很多简单直接的规范和义务。在某种程度上，我们可以说，他们的道德生活变得更趋向"美德"。另外，在经验层面上，那些烦琐的、麻烦的社会规范的丧失使当地人感觉到，似乎自己的行为自由度变得更大了（2004:220）。但是，基督教给他们带来了新的道德目标。相较于不断地控制自己的意愿，基督教要求当地人彻底地舍弃它们（2004:219，225-31）。这一新的道德目标为当地人在道德自我塑造方式上的转变带来了最深的影响，即便表面上，这些变化在某种程度上会被一些道德俗语的沿用所遮掩。基督教要求乌拉普米安人在塑造道德主体时更指向个人的内心（2004:224），要求他们不断地检视自己的内在欲望（2004:249）。就这样，一种新的自我塑造技术以自省和忏悔的方式，被建立了起来（2004:232-46，253-88）。

鉴于此，乌拉普米安人所需要面对的"不可避免的道德沦丧"变得更加严峻了。他们在道德塑造上的"失败"阻碍了他们接受新的生活方式——从政治上的竞争性交换和当地领袖所营造的联盟建构中抽身而出，使自己更适应雇佣劳动经济。同时，他们信仰的基督教所倡导的"意愿诠释"（作为一种新的个人道德塑造模式）也是造成这种阻碍的原因。像福柯指出的那样，在这种塑造模式下，对个人欲望的解析是无止境的（Robbins 2004:249）。一个人越压抑自己的意愿，便越会发现更多的意愿，而意愿也会随之变得更细微、藏得更隐秘。因此，乌拉普米安人发现

第三章 福柯的道德谱系论及其未为人知的"自由哲学"

自己重复不断地在忏悔、止怒、通灵仪式之间徘徊。

由此可见,乌拉普米安的基督教徒所遭受的道德折磨和齐贡所说的"道德停顿"是两码事,即便表面上它们都指代某种"不舒适"的生活状态。乌拉普米安人所处的困境出自不可协调的价值冲突。在抽象理论上,罗宾斯称之为"关系主义"和"个人主义"之争(2004:289-300)。这种价值观上的不协调和乌拉普米安人在以往实践中所面对的问题不同。在接受基督教之后,乌拉普米安人的生活方式不可能变得再如以往那般易于被管理。另外,他们还要不断地实践带有自我摧毁性质的苦行主义。如果我们将他们的道德生活描述成为向某种"舒适"(无须反思的生活)的回归,我认为这么做是无益的。在其著作中,罗宾斯把这种价值冲突描述为两种"千福年主义"(millennialism)之间的冲突:一种是关于日常的对个人救赎的期望,而另一种是关于耶稣即归的期待和教会集体救赎的可能(2004:300-11)。尽管如此,就追寻道德目标而言,乌拉普米安人最生动的经历都是发生在教会仪式之中,发生在他们为仪式群舞之时,发生在群舞时大部分仪式参与者被圣灵所感染之际——即便这些道德经历往往都是短暂的。依罗宾斯的观察,这些仪式中的群舞实际上要靠意愿力才能发生。舞蹈中包含对性的表现,以及信徒们被圣灵感染后所展现出来的暴力性失控行为。随着他们的罪被祛除于体外,这些膜拜者的身体会变轻,但他们同时也渐渐地丧失了意志力。当舞蹈停止时,他们都瘫倒在地,"一幅心满意足的画面,一种对合法性存在的回归"(2004:286)。

乔纳森·利尔(Jonathan Lear)在他的著作《决定性的希望》(*Radical Hope*)(2006)中描述了另一种和乌拉普米安人的道德

折磨不一样的道德不可能——甚至超越了福柯界定的道德边界。克劳印第安人（Crow Indians）的部落首领普伦蒂·库普思（Plenty Coups）在其回忆录中写道：在平原上的最后一只水牛被屠宰之后，在他的子民被困在保留地之后，"所有的一切都终止了"。利尔认为，库普思这么说不仅仅是一种修辞方式。他认为这句话所指的是，按照克劳部落以往的生活方式来看，所有具有道德价值的行为和事件都不再可能发生了。这是因为，克劳人的生活，他们所向往的美好生活，在很大程度上需要建构在狩猎和战争之上。随着这些活动被政府禁止，年轻的克劳男子也不再可能变成勇敢的武士。甚至任何成功或失败的机会都不复存在。现在，克劳人不仅丧失了按部落的传统神圣美德来塑造自我的可能性，就连机会也都消失了。由于克劳部落通常按狩猎和战争的节奏来安排社会生活和家庭生活，因而现在他们每一个人，不论男女，都没了生活的目标。利尔将这种情况描述为道德可识性（ethical intelligibility）的丧失。他们丧失的不仅是生活方式，更是建构生活意义所需的道德概念和理想。所以，当地人最终丧失的是一种角度——一种理解生活的角度。利尔认为，这是极其悲惨的。虽然克劳人和犹太人所遭受的种族灭绝性质不同，但在激进程度和实际结果上并无差异。对那些生活在悲剧之后的当地人来说，沉重的耻辱感变得不可避免。那些原本在其社会中最受崇拜的人，正是那些对他们无法继续实践的价值观饱含深刻认同的人。

在书中，利尔记述了普伦蒂·库普思带领他的人民走出这种文化毁灭的故事。与苏族印第安人（Sioux）的顽强抵抗不同，普伦蒂·库普思认为，克劳人需要"学习山雀精神"。他带领克劳族与美国政府达成了合作协议，并采用了随机应变的政策。里

第三章 福柯的道德谱系论及其未为人知的"自由哲学"

尔将他的这种反应誉为一种"激进的希望"。利尔的意思不是说一种平淡无奇、天真幼稚的积极心理,而是说一种对新生活方式存在的可能性的憧憬,即便没人知道这种新生活会是什么样子。利尔认为,这种憧憬的产生需要"道德目标的暂停":为了接受新的道德,把现有的概念、价值和判断先放在一边。这要求人们有很丰富的道德想象力,同时也需要人们认识到用新方法来面对新生活的必要性。① 关于如何理解"勇敢"这一美德,克劳人在认知上所发生的转变可以很好地说明这一点。当克劳人可以在平原上猎狩水牛、攻打苏族敌人的时候,"勇敢"有着很丰富、很具体的含义。它会体现在"下战棍"(planting coup-sticks)这种战斗实践(其主要包括对敌人发起的自己永远不会主动退缩的挑战)中。而现在,虽然"勇敢"在结构上仍位于懦弱和鲁莽之间,但克劳人所认为的"勇敢"已经变得很浅薄,其含义被大打折扣了。

利尔认为,鉴于克劳人遭受过的巨大创伤,普伦蒂·库普思所采用的"希望之举"(act of hope)如果从长计议的话,也许会很成功。不像苏族人,克劳人仍然拥有并生活在他们祖先留下来的土地之上。克劳人仍保留着很强的民族认同感。虽然他们的道德生活已经失去了已有的目标,但将来,当回首这段往事时,人们可以肯定,普伦蒂·库普思为克劳人建构起来的生活方式还是很令人欣慰的。在这里,福柯所谓的"自由之作"的确在克劳人身上变得极其"不可限定"(undefined)。

---

① 肯尼思·里德(1965)为我们描绘了另一个领袖,即马基斯(Makis)。他能够超越他所继承的价值观和概念系统,为当地人勾勒一幅全新的道德生活画面,并带领人民为实现这一全新生活而不断奋斗。

第四章

人类学中的"自由问题"

我们需要以什么样的概念为基础方能把"自由"纳入人类学的分析领域？人类学家就此问题近来都发展出了什么理论？为了回答这些问题，我想先回到我在第二章中曾简略提到过的查尔斯·赫什金德（Charles Hirschkind）和萨芭·马哈茂德（Saba Mahmood）的那些颇有学术影响力的关于埃及伊斯兰教改革运动的研究。回溯的原因在于，他们的研究，在某种程度上来说和我们这里所采取的研究方法大体一致，都是受到了福柯晚期的著作，以及麦金泰尔的美德理论的影响。但在些许方面，他们对这些理论的解读与我在下面两章中所要论述的内容会有差异，尤其，我和马哈茂德对道德自由问题的理解会有出入。为了能够把他们的研究成果更好地发展下去，我的总体建议是用更成熟的分析法来替代他们对"西方自由主义"自由观的批判。因为西方自由主义传统中的自由观在人类学著作中起着建构性作用（constitutive role）——这不仅体现在赫什金德和马哈茂德的著作中，在其他很多类似的人类学作品中亦如此。所以，我的讨论将从对"自由"概念的解剖开始。基于一些现有的民族志，我将会区分不同社会文化群体对"自由"（freedom）和"自主性"（autonomy）的不同定义和理解。通过对自由概念应用的反思，我希望我们可以找到一些被人们忽视了的、暗藏于日常使用习惯中的可以为吾所用的理论源泉。毋庸置疑，对存在于其他传统中的自由概念的系统性研究能丰富我们对自由的理解（Taylor 2002）；即便在系统性上本章的论述会有局限，但是与赫什金德和马哈茂德在不区分自由概念的情况下所做的描述相比，我认为，我在本章所要论述的关于自由的差异，至少能更充分、更明晰地描述伊斯兰教改革运动中蕴含的那些权力与自由之间的动态关系。另外，我希望我在下面的论述也能够使我们看到，关于"自由"，其实民族志中已然存在丰富的资源供我们使用。我们可以用这些资料来比较"自由"的多种社会存在模式，从而为进一步的理论分析提供更有效的框架。

在开罗，学习规范

赫什金德（2001a；2001b；2006；2008）在民族志中所描述的主要是开罗伊斯兰改革派（reformist）传教士所录制的教义磁带在民间很受追捧、广泛流传和被大范围使用等社会宗教现象。按他所说，在开罗的公共场所（例如出租车里、公交车上、商店和市场中）和个人家中，人们都会反复地播放这些磁带，主动用一颗"开放的心"（2006：34）来不断地聆听这些录音。赫什金德认为，这些行为本身就是一种自我塑造技术（2006：39），而磁带也成了"一种关于道德健康和伊斯兰美德的可移动的、具有自我约束力的技术手段"，以及"现代道德主体本身的一部分"（2006：73-4）。马哈茂德的田野地点同样也是在开罗（2001a；2001b；2003；2005；2012）。她所描述的也是一种前所未有的社会现象，即埃及女性会很积极主动地去参与一种马哈茂德所谓的"虔敬运动"(piety movement)的伊斯兰集体宗教生活。其中包括讲授宗教课程，以及组织祈祷集会等活动，还囊括了当地女性所接受的一些彰显虔诚的日常行为，例如蒙纱。这两位学者都将伊斯兰教改革运动视为一种为了创造新的道德和政治主体而做出的尝试，具体体现在为尚未实现的伊斯兰政治共同体修养其所需的个人品性（dispositions），为仍未改革的世俗政体制造其所需的公共和私人空间，以实现伊斯兰式的、善的生活方式。

马哈茂德认为，社会理论，尤其是女权主义理论，整体上来说都尚未真正理解"非自由主义"（non-liberal）（她借用了阿萨德的定义，2003）场景下的道德生活方式。故而，她试图"纠正现在女权主义政治思想所带来的无能，即无法在自由主义进步观之外设想更多的有价值的人类成长模式"（2005：155）。马哈茂德的观点无声无息地（也可能是无意识地）回应着杜蒙的抱怨（Dumont 1980）。后者指出，社会科学家往往不研究平等主义（egalitarianism），恰恰是这种理论盲点促使他们系统性地误解了印度的种姓制度。同样，马哈茂德也挑战了现有社会政治理论的一个普遍性假设——人类渴望从权力中被解放出来（2001a：206；2005：10）。朱迪思·巴特勒（Judith Butler 1993；1997）曾讲过，个体能动性（agency）的实现（例如，对主流的主体化方式的戏仿）往往需要通过怀疑常态（normality）来完成。不同于巴特勒的见解，马哈茂德主张，参与埃及虔敬运动的女性其实是通过全身心地学习既有常态，来实现她们的能动性。成功与否取决于她们在多大程度上可以将对宗教权力的顺从变为一种本能。马哈茂德认为，这种娴熟的表演（performance）实际上强化了权威，而非抵抗它（2001a：210-12；2005：164）。同样，对于赫什金德所描述的那些聆听宗教磁带的信众，其聆听亦旨在养成符合伊斯兰式教诲的个人品性。不同于主流的理论假设（认为"能动性"必须由抵抗而生），马哈茂德号召学者多去研究"关于规范的使用、习得、向往和完成的多种方式"（2005:23）。

沿袭导师阿萨德（1986；2006）的主张，两位学者也都援引了麦金泰尔关于传统的定义（参见第二章）。他们认为，尽管在许多无知的"自由主义"观察者的眼中，当地人把恐惧和顺从的具身化（embodiment）作为一种追求，是不自由和不理性的，但是事实上，他们的这些做法本身就是在使用伊斯兰教叙述传统（discursive tradition）长久以来传承下来的理性讨论方式。因此，他们描述的虔诚方式是一套具有内在逻辑一致性的道德自我塑造方案的一部分。

总体来说，赫什金德和马哈茂德的论述依照的是福柯式的自由理论，即自由并不是一种关于权力的零和游戏。马哈茂德曾以如下方式总结她所欲解决的核心问题：

> 当主体欲望和社会规范之间的区分变得不再那么鲜明，当对外在权威的顺从变成个人实现自我潜能的一个条件时，我们应该如何重新思考个人自由？（2005:31）

在她本人的著作中，马哈茂德一开篇便提出了这一问题。并且，她还在书的末尾以类似的文字将其重申了一遍（2005:149；2001b:845；2003:857）。针对这个问题，马哈茂德曾很明确地指出，学者不应该仅止步于"社群主义"（communitarianism）对自由主义观照下的权利观和自由观的修正。她觉得，在自我和社会禁锢的关系问题上，社群主义仍保留着自由主义式的认知（两者是对立存在的）（2003:857-60；2005:150-2）。即便如此，我还是觉得，马哈茂德对"个人自由问题"的处理和回答并不是很清晰，也不是很一致。的确，马哈茂德曾说过，我们不能期望去发现进步自由主义者所期待的自由模式，即在民族主义世俗化的和虔敬运动中的伊斯兰教存在"对个人自由和集体自由之间的差异性理解"（2005:122）。另外，马哈茂德还说过，即使我们将自由理解为"一种情境式的而非普遍性的实践"（2001b:845），我们也不能期待会发现"对集体自由和个人自由这二者极为不同的想象"（2003:838）。但是，在其他一些地方，马哈茂德似乎又在说，并不是伊斯兰教改革派持有不一样的自由观，而是自由本身对于他们来说并不存在价值。因此，她主张，"对自由和解放的欲望是历史性的，其本身并不具备先验性"（2001a:223；2001b:845；2005:152）；并且，"以女性自由或者不自由为棱镜"（2005:195）来看待蒙纱实践本身就是一种错误的理解路径。至此，对于马哈茂德来说，问题的症结似乎已经不再是关于自由的某种定义方式，而是我们是否有必要关注自由，"自由派"对自由问题的专注是不是一种特例。马哈茂德论述的含糊其词使得我们无法弄明白，她究竟是在说虔敬运动中的伊斯兰女性所实践的是一种特殊的、非自由主义类型的自由，还是在说她们认为自由以外的价值观更重要。

自由派的自由？

为了更好地澄清以上问题，我们需要（比马哈茂德本人）更清晰地阐释何为"自由派的自由"（Liberal freedom）。马哈茂德通过反复比较一组特定的、被描述得相对模糊的对立概念，为我们阐述了穆斯林虔敬运动中的道德观。这组概念是关于两种不同形式的伊斯兰教的："民族认同派"（nationalist-identitarian）和"虔敬运动派"（2001a:214-15；2001b:829；2003:838；2005:40-78），以及与其对应的两种不同的道德形式———种是康德式的、世俗的西方自由派的道德观，另一种是亚里士多德式的关于性格培养的道德观（2003:838-44；2005:79-117）。依马哈茂德所言，世俗派和虔诚派的区分产生了两种不同的蒙纱方式以及相关的仪式性实践行为：一种作为俗成的象征，是自我身份认同方式，和伊斯兰教的价值观没有什么必然联系；另一种是作为养成习惯的技术手段，其中仪式方式和个人品性的形成有着内在性关联（2001a:215-16；2001b:834-7；2003:847-55；2005：118-52）。尽管马哈茂德认为这两种"想象"（2005:24）处于一种"邻近和缠结"（proximity and coimbrication）的关系中（2005：25），但是关于两者的结合方式，她却从没有研究过。另外，马哈茂德使用的分类标准很泛泛："针对西方霸权，伊斯兰教运动所反对的是什么，是后殖民性，还是世俗自由主义观？"（2005:24）这些问题都暗含马哈茂德的一种认知："自由主义"下的自由观是单一的，与"世俗化"同质。其概念之广足可以囊括所有的左派和女权主义理论，甚至可以包括埃及穆巴拉克（Mubarak）政权的统治理念（很多学者认为，穆巴拉克政府是非自由的典型）。

可是，在自由派内部，自由概念并不是统一的。正像我们可以预料到的那样，以自由为核心问题的哲学流派彼此之间不断论战，衍生出了关于自由的诸多定义。在20世纪自由主义的奠基之作《两种自由概念》（"Two Concepts of Liberty"，[1958]）一文中，以赛亚·伯林（Isaiah Berlin）论述说，自由主义思想孕育了两种在根本上对立的"自由"概念（2002a：166-217）。伯林描述说，自古典时期产生关于释放奴隶的基本观念以来，很多人在其著作中都会问到这样的问题："在什么范围内我可以主宰自我行为？"这之后，衍生出了伯林所谓的"消极自由"概念。这一概念指的是强迫和局限的缺失，或不受他人的干预。而同时，另一些人更关心的是自由主体的本质这一问题（"谁是主宰者？"），进而衍生出了关于"积极自由"的概念——自由是实现最佳的、真实的或者理性自我的方式。伯林认为，在现代欧洲政治思想和实践过程中，这两种原本仅是程度不同的自由概念被逐渐发展成了两套截然对立的价值观和世界观。

伯林的"消极自由－积极自由"概念之区分框架本身仍存在问题，不足以为人类学分析所用（伯林本人也强调这一区别是即兴的）。伯林著作的核心使命是向大家展示道德、政治、哲学思想如何随着历史的变化而变化。他认为，随着被不断地使用和讨论，任何概念分类的含义都会发生很大的改变。尽管麦金泰尔也许说服了我们，说具备历史自我觉悟（historically self-conscious）的自由主义是不可能存在的，但事实上，伯林思想的这一维度对后来的学术研究影响深远（尽管他的追随者并不认可他的一些史学分析）。

昆廷·斯金纳（Quentin Skinner 1998，2002；另见 Pettit 1997）曾批判伯林，说他没有将古典自由观与前自由主义时期共和派的自由观、新浪漫主义的自由观区分开。后两者强调的是独立与自主（社群的政治自由被理解为不受外来群体的压迫，并且，这也成为理解个人自由的范式），而并非个人生活空间或者个人选择空间。同时，塞缪尔·弗莱萨克（Samuel Fleischacker

1999:255）发现，康德和亚当·斯密的著作中存在"第三种"自由概念。与伯林所总结的自由概念相比，在文化和传统对自由的影响方面，第三种概念更具包容性。弗莱萨克将它称作判断式自由（freedom of judgement），其有别于选择式的（伯林所谓的消极自由）和理性式的（伯林所谓的积极自由）自由观。如果我们再翻一翻近来的欧洲政治思想史，我们能找到更多对伯林的批判。但是，无论伯林的自由分类方式是多么的初浅，他关于积极自由和消极自由发展方向的基本判定都是很有理论价值的。斯金纳在谴责伯林的同时（说他忽视了消极自由观与共和派自由观之间的区别），也赞同伯林的说法，认为积极自由"必须是一个不同的概念"，因为不像消极自由观和共和派自由观那样，它在意的不是主体的行为禁锢或独立，而是"对特定形式行为的实践"（1998:114）。也就是说，积极自由所关注的是主体对客观性美好生活方式的一致遵循。

斯金纳技巧性地回避了这种自由观是否"可以被证实"的问题。伯林却坚持说，积极自由观的发展方向，即自由是以"真实的自我"来行事，在很多方面已经"背弃"了起初认定的自由理想状态。特别是，当自我观（对客观美好生活的实现）被"形而上学式地分裂"(metaphysical fission）成上层和下层时，在上层自我进一步与更"宏大"的实体——如国家、社会、种族、共同利益（2002a:37,180）等——同化后，积极自由观转而为暴政提供可靠、灵活的理论源泉。政治理论家和政客都发现，用积极自由做伪装，以其名义来合法地强加一些其他价值观，变得很容易。另外，他们还可以将对这些价值观的强制性服从说成是一种解放方式。在这些人中，卢梭仅仅是第一个。他赞同有必要强迫民众达到其认定的自由，或者拒绝承认卢梭不认可的自由选择权。

伯林的观点是否具有说服力，在一定程度上取决于他对启蒙运动和浪漫主义思想家的"自我实现"（self-realization）这一理想的认识。伯林认为，这些思想家所发展出来的积极自由观不是空洞的，也不是骗人的，其自身也并不一定是独裁主义的。确实，他们的这种"自我实现"理想当时传播得很广，远远超出了伯林所考虑的欧洲范畴。这种思想也并没有暗含或支持独裁主义的社会秩序。伯林着重论述的是，当这些理想与理性主义者（他们坚持所有人类之美好价值皆是客观知识且必然彼此相符）相结合的时候，会将一些思想家和政治运动导向独裁主义。这种导向在历史发展中并不是不可避免的，在逻辑上也不具备必然性。这也正是为什么伯林认为这些思想家"背弃"了他们起初建构的理想（2002b）。集权主义下的积极自由观认为，强迫人民（有时甚至以暴力和思想灌输的方式）去实现自由是合理的，这看上去似乎与"自由主义"相违背，但它的确与自由主义价值观同属一脉。当某些人以自由之名行非自由之实时，这层关联确实也起到了推波助澜的作用。

诚然，伯林的这一判定本身也源自"自由主义"评价体系。他所批判的是"自由主义"传统内部深受这一传统影响的思想家的思想。即便如此，我们不能以此认定所有以特定理想的实现为目标的自由道德观都与自由主义同脉相连，因此便皆为背叛者。保罗·里斯曼（Paul Riesman）关于西非的富拉尼（Fulani）游牧民族中男性道德观的描述就是一个很好的例证。在被法国侵占之前，富拉尼是一个奴隶制的伊斯兰社会。当地成年男子的社会地位被区分为相对立的两类：奴隶主和奴隶。两者之间不存在中间层（1977:46）。在书中，里斯曼主要描述了当地的一种强大的符合道德理想的行为举止。它是自由的成年男子所应具备的，也是民众认可的"好富拉尼人"的标准（1977:80）。当地人从来就不认为"典型富拉尼人"的行为是天生的。他们认为，这是一套人为的"骑士型"的行为法则，以及对耻辱情感的躲避。这套行为法则只允许出生时便是自由之身的人操练。其要求高强度的自我控制以及对个人情感的克制：

> 在极端的假设中，我们可以认为，富拉尼人的理想是变成没有需求的人，那种不需要吃、喝和排泄也一样可以生存的人。换句话说，也就是一种完全文化意义上的、脱离自然的存在方式，一种个人行为永远不会出于非自愿的存在方式。（1977:129）

除了对已有行为规定的遵从外，富拉尼人的行为方式虽具有高度自制力，但其实是很难预测的。这是因为，不论他自身出现什么状况，或是情绪波动，都不会影响或限制他的意志。这样的意志不可能被他人所左右（1977:150-1，174-5）。一个富拉尼人不仅在公共场合要表现出他好像没有任何物质需求，他与真主（the God）的关系也经常被说成是一个自由主体的自愿性服从——这都是为了彰显他高傲、庄严的自由（1977:192-3）。

我要举的下一个例子，尽管在本质上和伯林的积极自由观不同，但是在形式上，它们却很类似。例子源自卡洛琳·汉弗莱（Caroline Humphrey 2007）的民族志。在作品中，她记录了俄罗斯人的"米尔"（mir）的概念。在俄语中，"自由"经常被译为"svoboda"。这个词起先被用来描述非农奴政治身份，在起源上和古罗马的"自由"定义类似,但是逐渐地演变成指代俄罗斯政治自由的泛名词,尽管其本身除了"并非不自由"这种消极意义之外,很少包含一些积极自由的含义。相比之下,"米尔"却是一种具有普遍性特征的概念,其指向全世界、全人类以及一个无所不包的共同体。这个词更多地指代一种自由的感觉。这种感觉源于该词中所蕴含的自我实现的无限性和宇宙的无边界性。苏维埃意识形态极为强调这种认知。汉弗莱评论道:

> 也许只有有组织地将权力渗透到所有主体中这一做法,几乎所有成年人都因是国家雇员而产生的依赖性,以及从幼儿园开始就因从未置身于这样或那样的集体之外而产生的心理倾向,才能催生这种情感——一种新型社会中普遍存在的"我们"的欣快感,我们是自由的,因为"我们"包含所有人。(2007:5)

如果我们认为这两点非常重要的话——不将这种自由观与它的更为人熟知的消极的政治形态相混淆(因为伯林认为,这是出于智识和审慎的政治性考虑),不将后者的内涵附着到前者身上,那么同样重要的是,用民族志的方式观察这种自由观如何发生,以及用人类学的方式记录这种自由观的产生源泉和权力形式。

行文至此,很明显,前面提到的赫什金德和马哈茂德所描述的自由观(对真主的遵从被内化为一种本能)也可以算是"积极自由"的另一种表现形式——对完美自我理想的实现。

在本质上,伯林的"消极自由"是一种政治概念,主要是自由派政治哲学家所关注的对象。自由派政治哲学家发展"消极自由"概念的目的在于,建构与之相应的制度、社会权力关系和实践来确保个人的行为自由。同时，他们也在不断地思考：什么才算得上是对自由的合理限制？但是，在以自由主义为理论导向的学者中间，一些人已经开始考虑不同类型的自由观，而这些自由观可能很难被纳入伯林的"积极自由-消极自由"的对立关系。① 例如，威廉姆斯（Williams 1981；1985；1995a）、汉普希尔（Hampshire 1983）、弗拉特曼（Flathman 1987；2003）和法兰克福（Frankfurt 1998；2006）都以各自不同的方式建议，人类反思式意识的存在意味着我们可以在自己的思想和欲望中"退一步"来审视自我，从而反思性地决定究竟什么是我们想要的，然后通过行动来实现。这正是法兰克福所说的（1988：16）"二阶意志"（second-order volitions）。这些学者都认为，反思式意识构成了人的特殊性和一种独特的自由。汉普希尔将这种自由称为"比较性自主"（comparative autonomy）（1983：51），而法兰克福则称其为"意志的自由"（freedom of the will）。

尽管我们自身所带的反思能力和反思式自由是我们重视消极自由的原因之一（也是实践消极自由的前提条件），但是反思能力既不确保，也不要求行动的自由（或伯林所说的那种消极自由方式），因为这些在很大程度上都要取决于外部力量。难怪自由

---

① 这些对我称为"反思式"自由的理论分析很多时候会以"积极自由"的形式出现。这经常体现在对道德中介（moral agent）的分析之中。但是，这些学者的分析往往是谦逊的、有节制的；因此，没有发展成为伯林所说的那种以"积极自由"为幌子的威权主义。例如，不像克里斯曼（Christman 1991）主张的那样，这些学者没有把"自治"（self-governance）作为衡量自由的重要标准。弗拉特曼（1987）也称，他的自由观是"情境下的消极自由"（situated negative freedom）。另外，这些学者的主张也不像关于"积极自由"的论述那样包含一种特定的假设，即所有的"自由"主体都会朝着同一种价值观、同一种欲望或同一种意志努力，而自由定义本身不会包含其他的"善"（参见 Frankfurt 2006：18）。据此，查尔斯·泰勒（1985：211-29）将这些学者笔下的"自由"视为"消极自由"的特定形式，并认为这些学者的定义都不是很令人满意。

派哲学家会对这一问题最为上心。① 正是因为我们能依照自我价值判断来修正自己的欲望，所以在某种程度上我们具有自构性。像亚里士多德观察到的那样（《尼各马科伦理学》第三章第五节），在一段很长的时间内，我们可以塑造自己的人品和性情。如果这个论点成立的话，那么我们就需要对我们最终将成为什么样的人负责。这不是因为我们塑造了它们，而是因为我们按自身的喜好选择了它们。在这一过程中，正如法兰克福所言，我们或多或少是"全身心"投入的，也是在这个意义上，我们将这些品性归化为自身。按这种解读方式，一个有自构力的、自我负责的主体即是自由的。

就像这些哲学家理解的那样，这种反思式自由（reflective freedom）本身即道德内在的一部分。对这一事实的否认、轻视甚至无视构成了我们在第一章曾提到的那种"不自由的科学"。弗拉特曼与福柯对反思式自由的重视也可以解释他们两人在理论上的不谋而合：前者敌视积极自由观的"嚣张气焰"，而后者唾弃不切实际的解放理想。同其他自由派哲学家相比，福柯更明确地指出，反思的方式是基于不同社会制度和不同权力关系而生的（尽管一些自由派哲学家确实发展了这个概念，见［Vellman］2009），因此其本身就具备历史性和文化多样性。随之而生的恰

---

① 按威廉姆斯（1995a:3-21）和其他一些学者所言，虽然反思式自由和人们的日常理解很相符，也与科学性的行为"归因"解释法不存在冲突（尽管这一观点很有争议），但是反思式自由仍是法兰克福所说的那种"有限性生物能够合理期冀的所有的自由方式的"前提，的确也是能够连贯地构想出来的自由方式（2006:15-16)。

是道德主体的不同构成方式。① 在这里,福柯的话敦促我们更进一步去思考:法兰克福所说的"人类所具有的最基本的意志性特征"(2006:47)可能要比哲学家的纯理论假设复杂,也可能存在更多不同的历史和文化变化。这也正是反思式自由观和狭义的消极自由政治观最根本的区别之一。正如伯林曾小心谨慎地指出的,它们两者的区别就在于"备受争议"的个人主义人性观(conception of man)(2002a:175)。

被培育出来的"无能"

从上面的论述中我们可以看到,如果我们错误地把自由主义自由观加以同质性处理,这可并非小事。这些大概其的分类方式——积极自由、消极自由抑或反思式自由——甚至足以支持我们继续询问:马哈茂德拿来和伊斯兰教虔敬运动做对比的究竟是哪种"西方的"或"自由派的"自由观?另外,如果在这场伊斯兰宗教改革运动中真的存在一种不同于自由主义的"自由"价值观,那么它究竟是指什么?

马哈茂德坚持说,自由主义的"过程式"(procedural)自由观(这是马哈茂德对"自由主义自由"概念的称谓)并不适用于

---

① 关于对福柯的解读,马哈茂德仅仅说对了一半,因此她说,"在这里,自我反省(self-reflexivity)并不是一种普遍的人类共性,而是像福柯建议的那样,是一种与自我的特殊关系,而且自我的形塑是通过个人的主体化(subjectivation)实践实现的"(2005:32)。诚然,自我反省的方式确实取决于这些实践。的确,这种关系意味着自我反省并非"普遍的"(universal),即意味着它并非到处都一样。可是,很明显,福柯所相信的是,一些反省方式或"想法"就像权力一样,普遍存在于人类社会生活中。正像福柯讲的:"如果在各个社会领域中,权力关系比比皆是,那便是因为自由无处不在。"(1997:292)

第四章 人类学中的"自由问题"

虔敬运动。这里,"过程式"似乎指代一种消极观念:如果行为基于不受外在限制的选择,那么便是自由的。马哈茂德认为,不适用的原因在于,这一概念的提出所依赖的是"自我意志"与"强加性社会传统"的对立二分,但在虔诚道德(piety ethics)中这种对立关系并不存在(2003:855-7;2005:11-12,148-9)。这一点是很重要的,因为按"过程式"的标准,至少一些情况将允许一个人自由地选择成为奴隶。只要你是以真诚之心做出选择,那么随后你所经历的种种不自由都无法否定当时你曾因选择而享有的自由。[①] 诚然,马哈茂德的论述是为了避免将虔敬运动中女性信徒的处境描述成一种自我选择式奴隶身份,但是就她的这一理论立场而言,马哈茂德并没有给出明晰的辩解。相反,她在民族志中所描述的恰是一种受教过程。

如我们在第三章中看到的,古雅典的情爱关系中存在教育的元素。根据福柯的意思,这是生存美学道德观中关于自由实践的典范。确实,遵循福柯的说法,福布恩(Faubion 2001b;2001c;2011)也将教学视为道德存在的"首要场景"(primal scene),将教学视为人们在学习模范的过程中逐步成为道德主体的核心所在。福布恩曾建议,我们在审视模范教育的作用时应该进一步剖析,它是将行为主体起初的"无能"(incapacity)道德状态固定化甚至恶化了,还是通过老师与学徒之间的差异成功地改善了主体的这种初始状态。这些不同的效果也正是古雅典人所在意的:一

---

① 杰拉德·德沃金(Gerald Dworkin 1988)曾用行为或决策自主(autonomy)与自由(freedom)之间的差异作为论述前提,提出过类似的主张。在他的笔下,不自由(例如奴隶)可以是个人自主选择的结果。他说道:"一个希望被禁锢的人,无论是以什么方式被禁锢,寺院的戒律也好,军队的纪律也罢,甚至是威逼强迫,就其本身而言,没有丧失一点儿自主性。"(1988:18)

方面担心，情爱关系会阻碍青年男子成为合格的男性公民，腐化年轻人和妨碍公民成长；另一方面又赞许，情爱关系能很好地适应青年男子的自由，使其成年后能够更好地对他人行使自己的权力。

如果我们暂且放下马哈茂德所反对的那种特殊的、不适用的自由主义式假设，以上的剖析其实就为我们提供了一种很好的方法去捕捉自由在虔敬运动中所承担的角色。那么，在教学过程中，权力和自由之间究竟存在怎样的动态关系？

关于这一问题，相关民族志所提供的答案模棱两可，且无定论。毋庸置疑，作为其他女性信徒的老师，一些女性在伊斯兰宗教运动中获得了前所未有的权力和公共知名度。但是，这看起来似乎又很特殊。这种效果不像雅典的例子那样是计划目标的一部分。在民族志中，马哈茂德描述了一名虔敬运动参与者阿比尔（Abir）的经历。阿比尔之所以能在与其丈夫贾迈勒（Jamal）的争吵纠纷中占据道德制高点，是因为她能援引权威性的宗教用语来阐述自己的观点。这使得贾迈勒无力辩解。马哈茂德很清楚地指出，尽管这并不代表阿比尔本身总体权力的提升，或者她对权力的反抗（因为她的做法使她丈夫以及她自己变得更加虔诚），尽管其行为也不会在其他方面产生什么有效的影响，但是这确实显示了，阿比尔在道德自我建构（ethical self-constitution）过程中获得了一定程度的自由。另外，马哈茂德还描述道，在这场宗教运动中，信徒们（不论男女）似乎都在追寻一种惊恐的经历，一种蕴含行为禁止性预期的惊恐。女性信徒会积极主动地去找那些让她们害怕的传教士（Mahmood 2001b: 839-44; 2005: 144)，而男性信徒则喜欢那些能够制造恐怖紧张情绪的磁带

（Hirschkind 2006:74, 193）。与此同时，传教士也发展出一系列的布道修辞技巧，专门用来吓唬信众（Hirschkind 2006:150-1）。这些技巧使得死亡以及神的惩戒的确定性和即刻性变为一种日常的肉体经验感受（2006:176-204）。两位学者都认为，恐惧制造了"个人对宗教社会传统的自愿顺从"（Mahmood 2003:855; 2005:148）。这种顺从甚至可以转变成一种主体内在的、不自觉的、"置身于意识之外的"状态，进而使得道德变为"一种主体性情中自发的部分"（2005:137; 2003:850）。马哈茂德将其总结为以"意识消减"（making consciousness redundant）为目的的行为（2005:119）。

以上讲到的恐惧是不是对伯纳德·威廉姆斯的"道德无能"（moral incapacity）概念（1995a:46-55）的发展？威廉姆斯的"道德无能"不是指主体没有能力参与道德生活；恰恰相反，这个概念是指在表述上或者道德生活中的无能力。这和我们平时说的"他不会"或者"她不能"撒谎、欺瞒、背叛朋友、摧残蝴蝶等表述是同一个意思。我们是否可以认定，马哈茂德和赫什金德的调查对象希望发展的便是这种道德无能：其目的是使他们自己变得无法不去取悦上帝？

关于"无能"这一概念本身，威廉姆斯更详细地将其分为三种。第一种是那些我由于生理局限而永远无法办到的事情。例如，举起非常重的东西。第二种是那些在知情的条件下，我无法做出的事情；但是，如果我对情况不了解，我可能可以做到。例如，在埃文峡谷（Avon gorge）上走窄板（我也许可以蒙着眼睛成功地走过去），与我伴侣的情人来一次轻松的交谈，或者是吃烤老鼠这样的事。我也许能做得到这些事情，但只能是在不经意的情况下。如果我在知情时去尝试这些事情，那么我很可能会失败。这并不是因为我不想做，而是因为在尝试的过程中，我没办法沉着面对，克制自己的紧张。我将会觉得很害怕、很尴尬或很恶心。在这些情境中，并不是说如果我试着去做的话我就会失败，而是说我压根儿不会去尝试，因为我知道，我的恐高、尴尬或在饮食上的拘谨不会使我成功，我没有"能力"去尝试。

威廉姆斯列出的第三种便是"道德无能"，是指我无法去尝试——例如，折蝴蝶的翅膀，或者背叛我的朋友等，但是这种能力的丧失并不像第二种"无能"那样，因为我知道自己的尝试会失败，所以我无法去做。第二种"无能"考虑的是外在因素，是我在抉择过程中的局限。知道自己有恐高症便意味着我不会也不能去尝试走高空窄板。而"道德无能"并不是关于这种考虑的过程，而是关于这种考虑的结果。因为我觉得一种行为过于糟劣、残忍或不忠不义，所以我才会下结论说："我不能这么做。"

马哈茂德和赫什金德所描述的过程（例如，在上帝面前由于惶恐而瑟瑟发抖、在适当的仪式上哭泣，或者在聆听传教磁带的时候不由自主地产生惊恐感或愉悦感）之所以有趣，是因为这种对情操的修习使得主体的关注点从威廉姆斯的第三种"无能"（道德无能）转到了第二种"无能"上：从其特性使得你"不能那么做"的那些事情（如果你试着去做，你可能会成功），到你知道你没能力做到，所以也不会去尝试的那些事情。就此而言，正因为这种方法使主体意识变得多余，所以才可以把人们特殊的道德无能转化为普通的能力缺失方式（几乎与体质能力欠缺同质化了），进而将人们的道德反应描述成一种类似于恐高症的东西。

第四章　人类学中的"自由问题"

无法背叛朋友与因恐高而造成的能力缺失之间所存在的差异正在于反思式自由。忠诚的朋友"不可能"背叛，但就可能性而言，如果他决定这么做，他当然是能做到的。恐高症患者在一些特定情况下（例如被催眠或被蒙面，不知道自己在做什么）也许能在高空中走窄板，但他唯一无法走过去的情形也恰发生在他有意识地选择了这么做的时候。在这种情况下，他的恐高症变成了他自身自由的局限。相比之下，道德无能往往是个人行使自由之后的结果。所以，如果说威廉姆斯对道德无能的分析有任何可取之处的话（我个人认为是有的），那么马哈茂德和赫什金德所描述的那些使人变得更虔诚、更有德行（人们无法再去作孽）的过程便是出于他们的自由本身。

尽管伊斯兰教的虔敬运动需要反思式自由，并且需要将个人欲望（例如，取悦真主的欲望等）变为行为的动力，但是以上的陈述都说明了一点：自由的实践必将是一个不断自我消减的过程。这是因为，通过不断实践形成的那些主体的性情将会反过来限制一个人的选择余地，而这些性情往往是基于那些不同于积极自由的价值观而产生；同时，信众的真正自我的实现也需要在对上帝绝对的、诚惶诚恐的顺从中完成。当然，人们不由得产生疑问：在这样的自我自由实现的道路上，一个人究竟能走多远？

在这里，我们需要注意的是，这种通过消减自我道德意志力来实现自由的矛盾方式并不是伊斯兰教改革派的专有属性。这在道德系统化的"世界宗教"中很常见，尤其是那些用来世（或解脱）来否定此生的存在价值的宗教传统。在天主教的修道派（Lester 2005）、乌拉普米安人和巴布亚新几内亚其他地区的五旬节派之中（Robbins 2004），在小乘佛教（Collins 1982；Cook

2010）和耆那教之中（Laidlaw 1995；2005），个人都是通过不断地演练道德抉择，逐步完成自我建构的，而其最终的结果恰是彻底地销毁那些起初促使自己踏上自修之路的个人意识性选择能力。灭欲之后而达到的通明境界时常被信众誉为一种自由状态。在这些传统中，借用伯林的话来说，这才是积极自由：要实现真正自我，便要以一种有制约力的权威理想为目标，不断地实践。①

自主性与自我独立

马哈茂德和赫什金德通过比较得出，伊斯兰教改革派与"自由主义"的另一处差异在于"自主性"（autonomy）这一概念。马哈茂德将虔敬运动的价值观与她所述的西方思想中对自由价值的强调做对比（2001a:207-8；2005:11-14，148-52）后指出，这种价值观导致了"渐进式"（progressive）西方观对伊斯兰的蒙纱传统的本能性反感。马哈茂德认为，在自由派思想中，自我的实现被完全理解成为一个获得自我自主意志的过程。在她的著作中，马哈茂德曾讲述过两个令人印象深刻的积极进取的女人的故事：一个投身于虔敬运动，而另一个是"世俗派穆斯林"（2001a:217-23；2005:168-74），马哈茂德只把后者（"世俗派穆斯林"女主人公的故事）描绘成一种为了独立而奋斗的事迹——女主人公是那种有能力做出自我选择、不被旁人意见所左右的人物。但

---

① 在天主教、佛教和耆那教传统中，对这种积极自由的追求和实践都需要一些条件，即成为修道院或者寺院群体中的一员、严格遵守修道院或者寺院的行为准则、对修道院或者寺院的教派权威（长者）毕恭毕敬。但是，近来，这些宗教传统也开始沿袭新教和伊斯兰教的做法，在内部进行"新教式的"（protestant）改革，允许修道院或者寺院以外的社会群体一同修行，以达积极自由之状态。

是，马哈茂德的这种处理方式（把虔敬运动和自由派的世俗自由观直接对立起来）与现实情况存在些许出入。很多理论工作者，不论其是否出自自由派，也都曾强调自由其实有很多不同的定义；另外，很多不同的条件也都可以限制自由。为了更好地说明问题，我们不妨先从自由的外在局限和内在局限两个方面将相关理论梳理一下。这里，外在局限指的是实现自由所依靠的那些外部环境，或其他行为、意志与观点，而内在局限指的是内部逻辑性或自我统一整合性的缺乏，以及自我无法充分控制自我的情况。

那种只有绝对自主才能实现自由的观点——如果你受他人的左右，或者受任何不可抗力的影响，那么你便不是自由的——至少可以追溯到早期斯多葛学派的思想（Hadot 1998；Brennan 2005）。对此观点的回讽也同样古老：如果脆弱是人类的一部分，而拥有自由就会变得不脆弱的话，按理人们便要学着不去依赖，甚至不去关心在控制自我以外的事，而这种态度又恰好是一种道德窘困（ethical impoverishment）（Nussbaum 1986；Lloyd 2005）。①

在西方诸多传统中，对于自由需要什么方式和程度的自我独立等问题，自由派也许算得上是最含糊的。共和派传统一直都坚持，因为依赖他人便要受他人意志管控，所以"在依赖他人的条件下生活本身就是一种局限，甚至是限制的源泉"（Skinner 1998:84）。古典自由派思想家更关注的是自由与国家的关系。故而，他们一般把外部压制和强权命令的关系与由依赖他

---

① 另见伯林（2002a:186；2002b:56），他把这种对自主的渴望描绘成"一种吃不到葡萄说葡萄酸心理的升华版"。

人而产生的禁锢视为两种不同的限制自由的方式。同时，他们也会严格区分我们因自身能力欠缺而产生的行为局限与由于他人意志强加而无法依愿行事的情况。对于自由派而言（Hayek 1960），只有他人意志强加才算得上是对自由的禁锢。自由派的倡导者会说，只要没有人能阻止我申请我想要的工作，那么对工作的需要就不能算是对我自由的限制。这就好像我不会飞不能算是一种自由限制一样。当然，自亚当·斯密开始，那些试图用法治和财产权来保护个人自由的自由派就强调，因商业而产生的错综复杂的依赖网在维系和平与繁荣上起到了积极作用。虽然这不能和自由相混淆，但确实为自由提供了保障。因此，自由派并不像共和派、社会主义派或浪漫主义保守派那样对自给自足的经济民族主义理想那么感兴趣。

很多关于非"自主式"社会的民族志都记载着这种自给自足式的、不依靠他人的自由理想。在以狩猎为主要生存方式的社会中，尤其在伍德伯恩（Woodburn 1982）所说的那些"即时回报型"（immediate-return）社会系统中，人们经常会有意地寻求机会，从相互依存的财产关系中"解脱"出来。这几乎是一种定式。尽管人类学家经常会把这种现象视为社会平等价值观的表现，而没有强调其自由价值，但很显然，在田野实践中这两者是相辅相成的。另外，在不同的经济模式中（包括"延迟回报型"[delayed-return]狩猎采集经济［Furer-Haimendorf 1967:151-63; Mayers 1986; Guemple 1991; Willerslev 2007:160］、游牧经济［Riesman 1977; Abu-Lughod 1986］等），在多种多样以不合作来维系自身在复杂商业经济中边缘地位的群体中（如戴伊等［Day et al. 1992:2］所说的那种"对时间本身的超越性逃脱"［transcendent escape from time itself]），对个人独立观以及与之相关的人们对自主和社会脱离的道德理解中也存在很多微妙的差异。戴伊等所说的这种群体可以包括斯拉金（Slezkine 2004）谈及的"服务业游牧者"（service nomads），例如：19 世纪和 20 世纪初期欧洲的犹太人；亚马孙地区的华欧拉尼族（Huaorani），他们将自己视为从主流社会中逃出来的猎物（Rival 1999）；匈牙利的罗姆族（Rom），他们为个人的独立意志赋予了很高的价值（Stewart 1999）；伦敦的女性性工作者，她们将自己的生活视为一种实现自主的过程（Day 1999；2007）；以及日本的男性短工，他们甚至与自己最亲近的家人断绝往来，形成了一个新的社群（Gill 1999）。

人类学家已再三强调，以上几种实践意义上的独立性需要特定的物质关系来实现。与其相关的心理上的脱离本身便是一种社会关系。其产生不是因为社会交往的缺失，而恰恰是通过一种特殊的交往方式来实现。出家为僧可以很好地说明这一点。例如，库克（Cook 2010）对泰国北部的佛寺和禅修中心的研究表明，持戒女（mae chee）能否达到"无我"境界取决于彼此之间的关系，即便她们最终的目标都是自足与解脱（另见 Collins 1994）。同样，梅尔兰（Merlan 2010）在关于澳大利亚北部土著人的文章中也描述了族外人如何把这一族群的某些交往方式——不追问、不溯往——误解为一种漠然和无动于衷，而实际上，这是当地一种俗成的交往模式，一种相互容纳彼此自主性的方法。

为了更好地理解这一点，在这里，我们也许应该进一步参看一些其他地域的关于人们揣摩彼此心思的民族志。例如，美拉尼西亚，尤其是巴布亚新几内亚，以及尼泊尔（Ortner 1989；Paul

1995)，格陵兰岛（Flora 2012），希腊的农村（du Boulay 1974：84；Herzfeld 1980：346）：在这些地方，人们经常说自己无法知晓别人特定行为的动因，也无法猜测别人下一步会怎么做，因为没人能看透另一个人的心思。人类学家将这种现象称为"不透明性原理"（opacity doctrines），并借此质疑"意图分配"和"心智理论"（theory of mind）在意义和交流等学术领域中所处的核心地位（Rosaldo 1982；Duranti 1988，1993；Rosen 1995；Robbins and Rumsey 2008）。① 有些学者，例如斯特拉森（Strathern 1995），甚至怀疑这些社群是否知道自己和他人行为的原动力在于内在心智。但是，就此问题，近来的一些民族志和学术分析提供了一种不同的解释。有学者建议，这些关于"不透明性原理"的田野反馈不应该被理解成一种民间的关于人类心理的准理论，而应该被当作一种对社会交往的道德和实践条件的观察来加以处理（Keane 2008：474-5）。

当乔尔·罗宾斯（Joel Robbins）问他的乌拉普米安朋友他们的另一个朋友在想什么的时候，罗宾斯发现，他的乌拉普米安朋友马上变得惶恐或不耻，"就好像我让他们去窥探别人私下里做的见不得人的勾当一样"（2008：426）。罗宾斯说，当地似乎存在一种关于"心理私密"的道德规范。试图去发现别人在想什么是一种很严重的侵犯行为。正是基于这个原因，尽管当地人近来信奉的基督教要求乌拉普米安人忏悔，用很虔诚的方式说出他们内心的真实所想，但是他们发现自己很难找到想聆听这些忏悔的本土牧师。这么做会让人觉得很不舒服。像基恩（Keane 2008：477）指出的那样，这并不是因为人们的心思不可知或者不重

---

① 关于这个议题的综述，请参看阿斯图蒂的著作（Astuti 2012）。

要——如果真的不重要,这也就不会成为一种道德问题,而是因为掩藏和揭秘在当地已经成为惯常的权力行使方式,所以人们的心思是不应该被说破的。

当鲁珀特·施塔施(Rupert Stasch)向科罗威人(Korowai,是位于印度尼西亚西巴布亚的一个族群)询问同样的问题时,当地人会直接拒绝回答这个问题,但有时会说"他(她)有他(她)自己的想法"。施塔施进一步分析说,这些对"揣摩心思的拒绝"实际上是和所讨论的具体问题相关的(2008:444;另见Rumsey 2008:464-6)。在实践中,科罗威人知道别人对自己可能产生坏念头,也知道别人可能会怀疑自己对他们施行巫术或诽谤。故而,能否知晓他人心思这一问题的症结所在,不是人们在实践中是否可能知道别人的心思,而是这种行为本身很容易具有反社群性和无责任性。席费林(Schieffelin 2008:432)就曾观察到,博萨维(Bosavi)族群中类似的忌讳经常会被小孩子、青年人和日常的八卦所打破。杜兰迪(Duranti 2008;另见Besnier 1993)也记载过,在萨摩亚(Samoa)族群中,即便"不透明性原理"在当地很盛行,揣摩他人心思的事情也时有发生。

施塔施尤为清楚地指明,科罗威人对揣摩他人心思的敏感度本身就是一种对他人的自主性的尊重(2008:445)。道明别人内心所想,就好像偷窃别人的钱财一样,是一种侵犯(2008:435)。只有对自己的敌人,人们才能这么做,抑或在怀疑别人会对自己不利的时候。[①]因此,同样的回答方式,即"他有他自己的想法"会被用来解释他们争吵的原因;而这一回答的另一种方式,即

[①] 这一理念并没有乍看上去那么新奇(exotic)。甘贝塔(Gambetta 2009:8)曾说过,职业罪犯经常声称自己有认定其他罪犯、知晓他们之所想的特异功能。

"我有我自己的想法"就是在宣告,自己按计划行事的决心不会被别人左右。再者,"他有他自己的想法"还被用来表达自己在收到意外的礼物时对送礼者的好感。这是用来否定送礼者"另有所图"的一种方式。这种对自主性的敏感度,以及个人动机和个人计划的多样性,源于社会同时看重社会和谐与个人自治这两种本身便存在矛盾性的价值观(2008:448)。正如施塔施所说的"以自由的名义",对这些紧张关系的处理在科罗威人的生活中随处可见,例如他们会尽可能地分开,但又会相当频繁地穿越他们各自房屋的边界,互相访问和参与共同的活动(2009:38-54)。

人们与自我内心想法的关系,虽与知晓他人心思不同,但是其中也并非没有问题。在一定程度上,它们之间的不同之处在于认知方式,但在道德层面上也存在差异。我们确实可以直窥自己的想法,但是这并不代表,我们对自己的想法有很清楚的认知。在个人想法的多样性问题上,科罗威人就有很多说法:他们时常会感到迷茫("心有两个"),也会被无名的欲望所惑,还会被因他人而起的情感(例如,恋爱的魔咒或是悲伤)(Stasch 2008:450-2;另见 Keane 2008:475,480)所左右。但无论他们对自己的了解有多片面,人们都还是要对自己的所思所想、所作所为负责。

这些田野中关于"不透明性原理"的叙述所揭示的不是人们无法了解自己或他人的想法,而是这么做会不尊重他人的自由。像施塔施观察到的那样(2008:46),"人们这么说的缘故是在强调,一个人的行为是由其思想决定的,而非思想以外的事物"。并且,"想法"也经常"指代自由、个人的主动以及不完全被社会环境所困的主体行为"(2008:446)①。

所以，将自主性描绘成一种不受外在限制的独立状态，将自由的得失说成"自由主义"的特征，这不仅仅是欧洲思想中的一种误导。更重要的是，与民族志记录相比，这种观点是很狭隘的。它会影响我们在研究实践中对更确切问题的追问，例如：什么依附关系在哪种程度上是互惠的，会使人屈从他人的意志？怎样的关系能够帮助或者妨碍不同的自由的实现方式？

只有从这个方向来理解，我们才能明白哈里·英格伦（Harri Englund 2006）所描述的那些马拉维的贫民家庭所采用的生存策略。在当地，那些被非政府机构资助的维"权"人士经常与贫民阶层的真正利益所求相悖行事。对这些贫民来说，物质上的独立几乎是不可能的。于是，他们往往通过隐藏或者破坏自己对行动自由的仰仗来维系一种互惠关系。英格伦称之为"故意的依赖"（deliberate dependencies）(2006:189)。他认为，问题的关键在于，当地人将债务和互惠型的依附关系发展成了一种更广泛的责任，并盟誓"将忠守这种依附关系"。如果这种依附关系所能确保的自由只能是片面的（英格伦的原话是"情境式的和不连贯的"），那么这也算不上是伯林所说的"积极自由"。它最终不会变成集体性的。英格伦所论述的也不是伯林一再反对的那种临时自由模式，即牺牲自由来获得实现自由的保障（例如，物质保障等）。其论述的特殊之处在于指出了，与其他强权关系（例

---

① 我们可以将这一复杂的价值和实践系统与韦坎（Wikan 1990）描述的巴厘的情形加以比较。在巴厘的价值系统中，个人自主性并没有如此高的地位。相反，当地人经常会窥探彼此的心思。因此，为了保护自己，大部分人在人前都会尽可能地展现出一副很坦然的样子。当地男性长者的权威和特权在某种程度上就体现在，他们可以比其他人更从容、更自信地来表达自己内心的想法。

如，剥削性劳工关系）相比，由依附关系而来的保障和责任可以确保一定程度的自由。更重要的一点是，英格伦的描述表明，自由的重心可以存在于社会关系之中，而没必要一定要求自主性的存在（2012:296）。

有些依附关系能够维系自由，而有些则限制了自由。苏马亚·文卡特桑（Soumhya Venkatesan）关于印度南部的民族志很好地阐明了这一观点（2009a）。在一个被她称为巴耶尔（Paiyur）的泰米尔纳德的小镇上，穆斯林纺织工将两种不同的依附关系进行区别对待。一种是邻里之间或与他人建立起来的相互给予、相互获取的依附关系。无疑，这种关系包括责任，但是当地人将这种关系的维系视为对自我行为自由度的提升。与此相比，另一种乍看上去更自由，因为其中包含很少的相互责任，但是在当地人的眼中，这却是一种很不自由的体验，因为在这种关系中他们被还不完的债束缚着。在每一年的斋月，镇里一小群贫穷的穆斯林纺织工都会去新加坡或马来西亚，希望以宗教责任为由获得一些富裕的穆斯林信徒的捐赠。他们通常会去这些有钱的信徒的家里或公司，说自己是很穷的穆斯林信徒，穷到无法履行自己的宗教责任的地步（例如，没有足够的嫁妆嫁女儿，或是负担不起儿子的割礼）。他们这么做的缘故是，希望有钱的穆斯林信徒会当面给予他们一些资助，而不是通过慈善机构。尽管这么做有时会面临风险（因为来回的路上会产生一些开销），但是这种"乞讨之旅"往往是很成功的。有些人，尤其是那些经常实践这种"大撒甘"（dasagam）之旅的人还会准备一些祈福仪式，作为他们所获赠礼的回报。可是，总体来说，这种"乞讨之旅"并不经常发生。考虑到他们在邻里（那些和他们一样穷，却不愿这么做的邻居）那儿受到的白眼，他们所获得的也就变得不那么值了。那些"逆势而行"的人会被镇里的其他人说成是恬不知耻，被认为是因为懒惰，不愿意老老实实地用劳动来偿还债务，所以才会受这种耻辱。当大多数人卸下重任的时候（例如，把女儿嫁出去后，很多人会说"我的任务完成了，我现在可以休息了"），那些依赖"乞讨之旅"维系生活之人知道，他们将永远背负着一种债，并且永远无法摆脱耻辱再站起来。在当地人的理解之中，他们的这种失败正是因为，他们没能建立和维系一种相互依附的关系网，像一个自由人那样来完成自己的责任。

自主性与自我的一致

自主的第二种模式不是摆脱外在压迫而来的自由，而是基于主体的内在情操和一致性（integrity）而产生的那种被古人称为"宁谧"（ataraxy）的自由方式。如伯林注意到的那样，这是积极自由形式的一个要素。这种自主模式在康德哲学传统中得到了最多的论述与肯定。对于康德和他的追随者来说，自由需要自我限制；因此，这便要求，一个人的所有价值、欲望和选择都必须经过严格的自省，和理性相符。也正是在这一节点上，现代的康德派与反省（或比较）自由派分道扬镳（详见 Yang 1986；Dworkin 1988）。在康德派看来（例如 Hill 1991；O' Neil 1992；Korsgaard 2006，2009），即便一个人的行为是由反省后的欲望而生，也依然受到了外在因素的影响，因为人们的欲望和喜好与自我处于一种偶然的、外在性的关系中。一个人想要达到真正的自主，他的意志就一定要基于自我限制式原则而形成。这是理性主体必需的。理性的自我限制需要（同时也能保证）主体的内在情操和主体的内在一致性，因为只有具有内在一致性的主体意志才能施加自我限制、遵从理性法则。自主，在这种方式的理解下，是与外部独立完全不同的事情。自主也是康德传统中的连接自由和道德法则的支点。

马哈茂德一直坚持把康德列入"自由主义"。而对19世纪，甚至20世纪的自由派来说，康德的理论恰恰是反自由主义的。他们的依据就在于，康德把自由和规范理性牢牢地捆绑在了一起。人们（包括马哈茂德在内）认为康德属于自由派的原因源于约翰·罗尔斯（John Rawls 1971）对康德理论的继承和发展。在美国，"罗尔斯"被视为自由派的代名词；但是在欧洲，罗尔斯最多就是一个温和的以再分配公平为宗旨的社会民主派人士。就像戈伊斯（Geuss 2005:11-28）曾说过的那样，罗尔斯的哲学思想在众多方面代表着他与古典消极自由主义的脱离。总体来说，康德的"自主性"概念被视为挑战古典自由主义的源泉（Christman and Anderson 2009）。①尽管罗尔斯的理论属于一种道德多元主义，但是与传统自由派哲学家所提倡的多元主义（例如 Williams 1973:166-86, 1981:71-82; Hampshire 1983, 1989; Raz 1986, 2003; Berlin 2002a; Flathman 2005）相比，他的理论存在很大不同。对罗尔斯来说，"多元主义的事实"(the fact of pluralism) 是现代化的特性之一，并且原则上可以通过理性的思考来解决。而对于伯林、汉普希尔、威廉姆斯等其他的传统自由派哲学家来说，价值的本质就是多元性，价值之间的冲突是不可消减

---

① 我们在第二章中已经看到了，关于自我塑造和自我一致性即为"自主"的观念，一些美德理论也有所涉及。其中包括麦金泰尔（1981）和其他一些坚持亚里士多德的美德一体论（the unity of the virtues）的学者，比如赫兹豪斯（Hursthouse 1999）。

的。所以，道德主体在对具有矛盾性的多种价值观的信奉，以及在道德生活里对具有冲突性的主张的权衡中，有时还要面对两难困境——这些对于传统自由派哲学家来说都是理所应当，或多或少不可避免的，这些不是社会（或者政治）病态的表征（Williams 1981：72）。

在第二章中，我提到过，马哈茂德和赫什金德通过他们的导师阿萨德继承了麦金泰尔的理论。故而，他们也会以一种特别忧愁、暗淡的眼光来审视价值多元主义。在他们看来，总体上，价值多元主义就是世俗自由现代性的病态表征，尤其是麦金泰尔所说的那种有害的、"情绪主义文化"（culture of emotivism）式的多元主义。麦金泰尔（1990b）认为，相比之下，日本人由于没有将自我与社会角色分开，所以可以抵抗消费主义带来的后果，不用经受自我的不一致性（incoherence）。而这种不一致性恰是现代美国人所具有的"标识"。这意味着：一方面，日本思想不需要亚里士多德或者维特根斯坦，因为这些哲人所传授的"自我的社会属性"观念在日本已经是一种日常的普遍共识；另一方面，"他心"（other mind）的认知问题（麦金泰尔狭隘地认为，这一问题是"西方的"困境）永远不会产生。

现代康德派和麦金泰尔各自以不同的方式认为，现代化催生了一种分裂的、冲突式的道德自我。他们都觉得这个产生过程本身便很特殊、很吊诡。另外，他们也都认定，只有理性（对于康德派来说是纯粹实践理性，而对于麦金泰尔来说是嵌在传统权力中的理性）才能重建和谐。这么看来，马哈茂德和赫什金德对参与伊斯兰教改革运动的道德主体的塑造过程的描述和康德的理念（内在自我和谐一致为自主的主要实现形式）更接近。而与自由多元派笔下的基于反思式自由而生的分裂性主体不同,二者的理论倾向现在就显得不如乍看时那般使人惊讶了。毕竟他们都是受了麦金泰尔的传统理性观的影响。马哈茂德问道:

> 为了变成宗教权威所认可的那种道德主体,参与运动的这些女性在实践中是如何锻炼自己的?她们用什么样的理性来说服自己和他人?当这一宗教权威的真理性得以确立之时,又会产生什么后果?(2005:112-13)

这些问题均关注那些和谐的、一致的、自我强化项目中的成就。马哈茂德和赫什金德都描述了宗教实践如何一步步转化成一系列的情感反应与身体行动——惊恐、懊恼、悔恨和宁谧,朝向赫什金德所说的"虔诚的感官"(pious sensorium)(2006:79)。例如,男性信徒对《古兰经》的背诵是从情绪上(通常是下意识的)而非情感上来塑造主体(2006:82)。虔敬运动中的女性信徒也在日常活动中彼此帮助、陶冶性情(Mahmood 2005:123)。那种习得的对真主的"主动性恐惧"不是动物应对危险时的本能反应,而是一种训练出来的道德情感(Hirschkind 2006:96-7)。这一习得的恐惧感,既是主体道德行为的动力,也是主体道德发展进程的标识(Mahmood 2001b:840;2005:141)。人们把这一过程中遇到的困难说成是进一步发展和获得真主启示的机会(参见 Mahmood 2001b;2005:124-6,164-5)。马哈茂德讲述的田野案例——一个女性穆斯林需要在遵从真主的旨意和听从丈夫(不信奉神)的号令之间抉择——就是在证明这一点(2005:184)。就这一观念来看,这些宗教运动给予了参与者权力,因为运动给了他们一种统一的、一致的、全面的世界观。通过运动,这种世界观也不断地在参与者的下意识中滋长。

因此，马哈茂德的这种将独立和自我统一混为一谈，并基于此来批判"自由派"对自主的过度强调的论调，遮盖了一个事实：在自我统一性上，马哈茂德和她的田野对象都要比那些倡导多元价值观的自由派思想家，更接近她所说的那种"自由"（当然，她所谓的"自由"也正是康德派的自由观）。正如我们在上面的伯林、法兰克福、威廉姆斯的思想中看到的，在主体的价值观系统没有达到内在逻辑一致性的情况下，我们仍可评价道德主体的自我塑造程度。同样，道德主体也可以通过独立和自主性以外的方式来达到价值观上的整齐划一与意志上的和谐一致。就像麦金泰尔强调的，像马哈茂德和赫什金德的民族志所展示的那样：一个人完全可以通过对一种外在权威的顺服而实现价值统一。

价值的冲突？

马哈茂德和赫什金德著作中对价值多元性和价值冲突的漠视体现的不仅仅是他们对伊斯兰教改革的历史意义以及伊斯兰与自由主义关系判定的片面性。同时，他们的这种定位也使得他们忽视了一些很重要的田野问题：在这场宗教运动中，对于参与者来说，是否存在价值冲突？这意味着，即便他们俩在概念上一再地强调伊斯兰叙述传统中特定思考方式的重要性，但是他们的田野描述大多时候反映的还是他们所谓的"不假思索的"（unthinking）惯习。如果道德修习真的像他们说的那样，是在单一的、整合度很强的性情下，在"撤开意识"的情况下被完成的，那么在日常生活中便不需要——也不需要民族志工作者去描述——实践理性，兰柏克（Lambek 2010a）和达斯（Das 2012）所说的那种"日常道德"（ordinary ethics）也就丧失了意义，似乎变得没必要了。

　　这里所批判的不是伊斯兰叙述传统系统的内在一致性问题，而是更宏观的关于道德价值，以及人们应如何在道德价值系统中生活的问题。如果拿耆那教的例子来做类比，我们可以说，耆那教传统是一个具有内在一致性的道德自我建构项目。关于道德自我建构的具体实施方法，耆那教圣者已经在各个层面上给予了很详细的论述（毋庸置疑，伊斯兰教改革领袖对其宗教项目也一定有同样翔实的记述），而且信众也有他们自己的看法。耆那教徒所描述的内容通常都很优雅，在许多方面也很吸引人。他们往往会说，道德自我建构是一个关于达到精神完美境界的项目，是一个用苦行来消除一切欲望和杂念，从而到达大彻大悟境地的项目。但是，他们也会承认，在进行道德自我建构的过程中，生活基本无以为继。我在其他的论著中提到过（Laidlaw 1995），这一项目之所以能够成为耆那教社群的道德生活目标，就是因为这一道德项目用很多方式吸收了与其冲突的价值观。耆那教信徒可以斋戒、忏悔、打坐以及放弃日常生活中的种种，但是他们也只能在生活的间歇中、在与其他的善的对比中实现这些。确实，正因为耆那教信徒保持着以反思来处理价值冲突的习惯，所以他们实现苦行式美德的能力不但没有减弱，其意志反而变得愈来愈坚韧。同样，因为他们永远无法彻底地消除道德自我建构过程中存在的价值冲突，所以这种反思也变成了一种必要。每一个道德主体都需要有自己的处理办法。如果他们试图一生都只遵循苦行价值而行事，那么即便这是一套明晰的、内在逻辑一致性很强的体系，他们还是有可能在生活中的很多方面经受失败。事实上，生活本就应该充满矛盾。处理不可化解的矛盾本身就是生活。那种坚决的、绝对的苦行主义正在不断地消亡，而现在也只有一个非常小的群体仍在追求这一价值。究其本身，绝对的苦行主义便是一个自我毁灭的项目，因为节食而亡是这一价值唯一的实现方式（Laidlaw 1995:230-42；2005）。如果严格地遵守这一价值观，那么没有任何社群可能存活下来。但同样，如果彻底地放弃这种苦行价值，那么它就不再是任何严肃意义上的耆那社区了。像耆那教的这种生存方式回应了生活中不同的、互相之间充满矛盾性的价值观。这要求人们必须以特定的方式生活，而这种方式比执行前后一致的项目或实现自我一致的道德意志具备更多内在的复杂性和讽刺意味。即便对于那些仅仅是同意和谈论如上自我陈述的人来说，也是如此。就马哈茂德和赫什金德的田野记录来看，在伊斯兰改革派当中也存在相同的现象。

格雷戈里·西蒙（Gregory Simon 2009）记载了，在印度尼西亚米南卡保（Minangkabau），就像在开罗一样，祈祷（由于其直接表现信徒对真主的服从）是如何成为伊斯兰教改革派的道德自我塑造实践之核心的。正确的祷告方式具有洗涤灵魂、重塑自我、实现道德、去除苦难和维持内心平静（tanang）的功效。与马哈茂德和赫什金德所描述的类似，西蒙认为，正确的心理状态既是正确的宗教行为表现的前提，也是其事后效果。宗教领袖会时常教导说，恰当的祷告应该可以消除由个人的自主性与个人的社群性之间的冲突带来的压力。祈祷是由意志而起的个人行为，最终是个人对真主的虔诚服从。但是，因为很多祈祷者会同时以相同的方式来祈祷，所以个体的自主性与非强迫性的群体和谐得以同时实现。然而，与马哈茂德和赫什金德不同，西蒙更强调在祈祷过程中每个人的不同经历。尽管信徒们都知道虔诚、频繁祈祷的必要性，但是人们还是时常发现，他们很难集中精神，很难实施他们所预设的方案。基于他的田野发现，西蒙认为，马哈茂德有意忽视了社会规范和个人意志之间存在的冲突。归根结底，她的这种做法不是对伊斯兰宗教实践经历的一五一十的描述，而是她本人对伊斯兰教义的重申。① 西蒙指出，如果马哈茂德是正确的话，即在经验层面上社会规范和个人意志之间确实不可能存在间隙，那么假意服从和强制服从在塑造相应的宗教性情时将会有一样的效果。但是西蒙发现，事实上，这经常会引起很多怀疑和异议。恰恰相反，对确定性和一致性的刻意设定和追求，往往会加剧神允与祈祷者经验之间的紧张感。西蒙觉得，在事实经验层面，马哈茂德并没有充分证明"行为自发性"（spontaneity）与传统之间不存在冲突，她仅仅阐述了宗教教义中的应然（虔敬运动教义中不存在这种冲突）。教义对这一冲突的处理方式本就是把"行为自发性"并入传统。马哈茂德的分析方式恰好模仿了教义对这一冲突的处理方式（Simon 2009:270）。

同样，马格努斯·马斯登（Magnus Marsden）记述了在巴基斯坦北部的奇特拉尔（Chitral）地区，虔诚派穆斯林所经历的"在试图实现完满道德生活的过程中，面对、解释、应付生活的矛盾性和复杂性"的需要（2005:260-1）。在这一地区，虽然伊斯兰群体近来掌握了权力，变得很强势，但同时也引发了宗教去魅化的蔓延。马斯登描述说，当地的年轻人在积极参与虔敬运动

---

① 这里，我们有必要多说一句。西蒙的田野对象主要是商人（trader）。出于历史原因，西蒙的田野对象可能要比马哈茂德的田野对象更明显地重视独立（作为一种生活方式）。可能正是这一点区别，使得他们对宗教权威的主动性臣服程度上有所不同。

的同时，也希望能够实现一些与虔敬运动相冲突的人生价值（其中包括通过旅行来更好地认识世界、增强个人的音乐和审美素养等）。这些年轻人向往当地形式的都市主义和文化成熟度，这些虽然与西方的世俗传统和自由主义不同，但也可以使他们讥讽和嘲笑当地的"胡子群体"（2009）。

马斯登（2007）研究了当地的一些唯男性音乐集会。借此，他描述了当地多种彼此动态相关的有关男性气概的表达方式。他指出，没有一种"奇特拉尔的男子气概"是纯粹出于"奇特拉尔文化"的，也没有一种是与"西方"理想化的男性气概相对立的。不同的社交类型会养成不同的性情，进而促进多样的、有意义的跨性别和单一性别的友谊关系。为了迎合当地伊斯兰教改革派中新晋精英的口味，一些社交活动在一定程度上也被整顿过。另外一些社交活动则主动地与伊斯兰教中的虔诚理念保持距离。这些大都是与生命、活力和享乐相关的"热闹"庆祝。所以，"在信仰和观念表达之外"（Hirschkind 2006：88），虔敬运动不要求信奉者在生活方式上彰显相关的宗教性情。不同类别的社交活动已经成为不同价值标准的反思评价对象。在他的民族志中，马斯登还描述了一位当地很有影响力的宗教法官（qazi），他因支持个人奉行严格的宗教道德情操而闻名，但在裁量伪善和不人道时，却经常用关于性、爱和欲望的低俗笑话来干扰最终裁判。很让人惊奇的是，他这么做，不但没有损害自己的名誉，反而变得更加有权威。他通过故意展示一些裁量标准中的不一致，而使自己更可信。由此可见，价值多元主义，以及一个人在日常判断和处理矛盾过程中所体现出来的关于"相对自主性"（relative autonomy）的反思，是维系一个被人信服的虔诚性自我的必要条件。同时，这也排除了自主性一定要通过自我的内在一致性和统一意志才能得以实现的要求。

萨穆利·席尔克（Samuli Schielke）的民族志，虽与赫什金德和马哈茂德的一样，是关于当代埃及城市生活的（2009a；2009b），但是他得出的结论却与西蒙和马斯登的相似。他说，伊斯兰教改革派确实号召信众去实现道德统一性，但是个人努力过程中可能存在这样那样的自我局限。同西蒙和马斯登描述的一样，席尔克也注意到，不只是虔诚派，真诚的伊斯兰教改革派追随者也会感受和思考道德。他们在乎社会公平、家庭和社区责任（尊重）、好的品行、爱和浪漫以及自我实现。这些价值观在很多方面可能会发生冲突。比如，为了获得社会成就、受人尊敬，人们有时不得不减弱对优良个人品行的追求。有时，他们也达不到自己设定的道德目标（例如破斋、吸烟、喝酒、沉迷于电视媒体等）。他们也会像西蒙笔下的印尼人一样，无法严格遵循祈祷的专注力要求。即便他们可以，他们也不能避免由道德模糊带来的两难抉择。

席尔克讲道，由于对其他价值观系统性的排斥，以及不断地强调虔诚是实现道德生活的唯一途径，埃及伊斯兰教改革派近来取得了相当喜人的成功。一个很明显的社会效果是，人们对价值冲突的认识在不断地萎缩。当人们无法按改革派的标准来重塑自我，并且感到沮丧时，他们发现，自己对这种失败经历的叙述却变得越来越困难。

在赫什金德和马哈茂德的论述中，他们的确描述过这种失败。但是，他们没有从价值冲突的角度去理解，而是把这种失败归因于个人对宗教不断增长的怀疑或一些堕落事例。他们认为，这些

第四章 人类学中的"自由问题"

失败不过是人们在一条已知道路上的磕磕绊绊罢了，而不是不得不选择另外一条道路。所以，无论是那些赫什金德笔下的发现聆听宗教宣讲磁带没什么效果的人（2006:88-95），还是那位在聆听磁带时点燃香烟，随后略有歉意地嘲笑自己人品低劣的友人（2006:69），都不过是这些磕磕绊绊的例证而已。赫什金德还描述了一些传教士遇到的困难：如何蔑视其他竞争者，说竞争者只在乎布道是否煽情、能否使信众不知缘由地痛哭流涕，而传教士自己却努力地将经典教义和现实生活结合起来，想借此帮助人们克服在这个不虔诚的世界里过虔诚生活的困难。但是，在赫什金德看来，这些经历不过是虔敬运动在"不断尝试贯彻现代道德体系中的话语及实践整合度"过程中遇到的困难而已（2006:95, 97-8）。马哈茂德也以类似的论调提到过："在清真寺朝拜者的眼中，一个人在修习德行上的失败会被视为一种自我缺陷，即一个人内在情操与外在德行的不对等。"（2005:164）也就是说，如席尔克指出的那样，在萨拉菲派的观念中，一个人失望与沮丧的唯一解释是出于他自己的懦弱。宗教道德重塑项目本身的内在逻辑尽管是充分的，但是在处理疑惑和个人失败问题上却没能为沮丧的信奉者提供帮助。除了让他们更努力地重新来过以外，也没有什么别的建议。后果是，很多人并没有像马哈茂德和赫什金德描述的那样一点一点地完善自我。他们遭受着席尔克所说的"碎片人生"（fragmented biographies）：不断地在失败后重新尝试这本就易于失败的道德修习。个人对价值冲突的感受在实现这一过于理想化的自我一致性过程中不断加深。席尔克总结说，马哈茂德确实描述了个人追寻宗教虔诚的过程，但是并没有论述在现实中个人努力的缺憾带来的后果。席尔克建议，马哈茂德论述中的这一忽略之处可以很好地解释，为什么那些真诚信奉伊斯兰教虔敬运动的年轻男子最有可能在斋月结束的时候举动出格（比如在公共场合调戏女性）。

自由与行为自发性

在一些伊斯兰教改革派传教士或者康德派（例如，科尔斯戈德［Korsgaard］）看来，高度要求个人自我一致性的后果之一便是，任何没法达成这种一致性的行为都会使个人主体性变得像是一种"简单的混乱叠加"。依这一观点，没能达到和谐一致的自我主体性就是行为之"缺陷"（Korsgaard 2009:180）。伯林注意到：至少从卢梭开始的很多人都认为，积极自由之集权倾向很多时候就来自对完美的坚持；同时，他们也不愿意接受价值冲突和价值妥协的存在可能性。比如，卢梭坚信，能够抚慰人心的集体团结性完全可以在不牺牲个体自由的前提下达成。他的这一信念促使他重新定义了"自由"，使其符合了"共同意志"。当然，最讽刺的便是，这种自由的定义方式要求所有拥有自由的人最终在思想上和行为上都变得高度一致。对这一定义的排斥恰恰催生了另外一种"自由"概念：自由并不是对道德律法的遵从，而是一种自由精神或自发性——按即刻的冲动行事，不顾也不屑于实现自我的和谐一致性。对这种自由观阐述得最为翔实的人也许非尼采莫属。

诚然，一个道德"系统"的可持续性是否真的可能建构在冲动之上，是值得怀疑的。无论是被解放了的浪漫主义者，还是激进的苦行主义者，在生活中都需要别人来帮自己烤面包、洗马

第四章 人类学中的"自由问题"

桶。但是,这种因冲动而做出的行为却往往被用来当作反抗当地礼俗的典范且备受赞赏。尽管这种行为自发性时常要受到阶级、性别以及其他因素的限制,并且自发行为的形式本身也可能与传统行为方式很接近,但是在大多数情况下,这就是人们的自由经历中最显著的部分。例如我们在上面提到过,除了"斯沃博达"(svoboda)和"米尔"(mir)等概念之外,汉弗莱(2007)还讲到了另外一种俄国的"自由"概念——沃尔雅(Volya)。当地人经常用这一概念来描述一个人不受社会压力所迫、无须"按枯燥的理性事实"来做事、自我可以任性行事时的喜悦。这个概念在逻辑上包含个人意志。一个人可以说沙皇的沃尔雅与哥萨克(Cossacks)的沃尔雅之间存在冲突。在其著作中,汉弗莱不仅描述了这种自由给人们带来的喜悦,同时也描述了当这种自由被剥夺时人们的愤慨与无助。

按福布恩(2011:80-90)的说法,当这类激进的、克里斯玛式的(charismatic)自由处于最纯粹状态的时候,我们就已置身于典型的韦伯式先知与英雄式军阀的世界了。克里斯玛领袖(韦伯式先知与英雄式军阀)不承认规范秩序和对主权的限制。他们的世界是社会性的,除了他们自己,就是高贵的伙伴或绝对的敌人。道德仅仅在"克里斯玛式的领袖意识到他人的重要作用时,才开始出现在克里斯玛式的表演场景中"(2011:86),而且他们之间的关系在一定程度上是相互和互惠的。

因此,在任何形式的道德生活之中,若是想通过自发性来实现个人自由,那么道德生活就必然要由星星点点的、彼此游离的个人行为和个人经历构成。行为的意义和价值不依赖个人的人品性格的和谐一致性来实现。克里特(Crete)的乡村(Herzfeld

1985）盛行高度规范性的、顺从性的道德系统。在这种背景下，村里的单身汉经常会通过公然违背当地传统规范的行为方式，来证明自己对自己的重视。他们这么做便可以从群体里脱颖而出，获取声名。成功需要的是一种随机应变的创造力，即便在很多时候，他们的创造力也都在当地传统表达方式之内，例如抢老婆、偷动物、赌博、开玩笑等。这些探索成功与否取决于时机，为的是一次性的行为舞台效果，而不是证明行为或个人性格的一贯性。不公开承认这些是自己的行为，或将此行径归咎于同伴压力，或在别人讲述自己事迹的时候选择缄默，这些选择甚至都是出于慎重的政治性考虑。赫兹菲尔德（Herzfeld）评价说，对于身处这种环境之中的男人来说，"好的生活由一次次窃取的时机组成，每一个时刻都是特别的"（1985：140）。

在蒙古的待业年轻人群体中，我们可以看到自发性实现自由的另一种方式。佩德森（Pedersen 即出）称之为"偶然联结"（incidental connections）。佩德森描述了他在知晓田野中的朋友将其个人银行信息回复给一封明显的诈骗邮件之后而感到的恐惧。当佩德森提醒他们的时候，这些年轻人表示很明白这些邮件的欺诈性，并对他说："我们回复这些邮件是觉得好奇究竟会发生什么。"（另外，他们的账户中本就没有存款。）这群年轻人还会和打错电话的人调侃很久（在 2000 年前后，由于当地通信技术落后，打错电话的事时有发生），而且经常以不同的方式"故意将自己暴露在别人的算计之中"。他们并不是想借此来扩展个人关系网，而是在不断地"跨越"未知社群、"随性"地探索不可知的可能性。这种行为似乎与虔敬运动中的自我塑造恰好相反：我们培养了一种开放的反应能力，以应对可能出现的纯粹偶发事件，而不是通过自律约束未来的自我，使其不能做出自己现在不赞同的行为。

交换彼此的自由

我在这里需要强调的是，以上讨论很多是基于我读过的赫什金德和马哈茂德的杰出论述。按他们的说法，到目前为止，在社会科学领域内占主导地位的概念——"能动性"（agency）和"抗争"（resistance）——妨碍了我们对伊斯兰教改革主义的理解（在下一章中我会讲到，这一妨碍还包括很多其他形式）。确实，正像他们据理力争的那样，将自由等同于社会结构的消亡，在根本上便是一种误判；同样，认为社会结构就意味着不自由也是一种错误认识。同等重要的是，我们不能以"进步"观察者的眼光和价值观来审视田野中的人（尤其是那些"边缘"群体）对自由的渴望（Laidlaw 2002；2010b）。

我们在前面已经看到，马哈茂德一边说，她的田野中的人们能够实现自由，但是这种自由并非"自由主义下的自由"；一边又说，自由是具有历史特殊性的道德产物，她的田野中的人们想要实现的是一些其他的价值观。如果这种模棱两可的说辞可以成立的话，似乎参加伊斯兰教虔敬运动的信徒确实也可以通过一定的道德修养，来实现伯林所说的那种积极自由；但是，他们所想要达到的自由却与反思式自由不同。可反省又恰巧是实现积极自由的前提条件和手段。积极自由不仅与反思式自由不同，还更有价值，而且要以反思式自由为实现的代价。

所以，基于我们上面已经阐明的不同形式的自由定义，最大可能地尊重马哈茂德和赫什金德所描述的伊斯兰教改革运动的田野现实，我觉得我们现在大致有把握替他们回答马哈茂德自己曾提出但未予回答的那个"自由问题"。我认为，问题的症结便是我说的"反思式自由"。虽然他们俩都未言明此症结，但是他们的论述在逻辑上是以反思式自由为前提的。虽然自由派思想家对这一概念已经有过很详细的分析，但是它和作为政治概念的"消极自由"是分开的。在意义上，它与福柯所说的"反思式思想"（reflective thought）很相近。尽管反思式自由与受权力关系和社会互认关系影响而形成的主体以及主体意识紧密相连，但总体上来说，它仍是道德生活的前提。马哈茂德和赫什金德所描述的改革派为了确保自己对神旨的遵从，主动地消减了个人对反思式自由的实践，把个人反思置于神意之下。这么做使得反思和反思式自由不再依个人意志而生，而变成一种似是而非的直觉。很明显，他们这么做也是在有意识地逃离福柯所谓的"苦楚"（agonism）作为一种自由的实践方式。因为他们接受了外在权威（神）的存在，所以通过个人独立而实现自主变得不再可能；不过，这并不排除他们想通过意志的一致性与和谐度来实现自主的意愿与尝试。但是，民族志材料告诉我们，无论付出多少心血，由于价值多元化和价值冲突，他们的这些努力和尝试难免不会自相矛盾，总是落得个自我禁锢的下场。不过，即便如此，这些矛盾和禁锢并不能阻止自由思想在很多宗教和政治传统中成为一种强有力的规范性理念和憧憬。

第五章

认真对待"责任"

THE SUBJECT OF VIRTUE

人类学是否应该（甚至能否）就"道德"（ethics）这一论题展开严肃的讨论？一些人类学家曾针对这一问题质疑过。其中的原因之一在于，他们担心有关"道德"的讨论会迫使人类学从研究"社会关系"转到研究"个体"（the individual）：在这些人类学家的认识中，道德必然从属于个人，而"性格""自由""责任"等概念在根本上是用来描述个人品质的，它们只对个人（而非社会）具有适用性。我们在前几章已经看到，就性格（第二章）和自由（第三章与第四章）而言，他们的这种质疑是不成立的，因为他们的认识以及批判所依据的理论基础——社会与个人的对立关系，其中"社会"并不被认定为人们的活动本身，而是以个体为"组成部分"的综合体——是站不住脚的（见第一章相关论述）。在第三章中，我们已经看到，道德主体并不一定只是人类个体。再退一步讲，即便在人类学的道德研究中，很显然，人类个体在绝大多数情况下会是道德主体，但是如果我们想要真真正正地理解主体的形成和维系，我们就还必须通过他们所身处的、具备历史性的制度、实践和关系去研究。在本章中，我们将看到，对道德生活的另一构成要素——责任的分配①——来说，这个道理也同样适用。

① 本章的部分内容取自我早先（Laidlaw 2010b）发表过的一篇文章《能动性与责任》（"Agency and Responsibility"）。其被收编在迈克尔·兰柏克编著的《日常性道德》（*Ordinary Ethics*）（2010）一书中。本文对其中心论点进行了重大修改，（转下页）

对两种"能动性"概念"不必要"的划分

对于人类学来说，梳理"责任"这个概念，在总体上要比梳理"自由"容易些。这是因为，作为一个研究焦点，"责任"贯穿人类学关于巫术和附体等问题的讨论的始终。在以往的一段时间里，"责任"甚至差一点就变成了人类学基本理论的核心。但是，几十年过去了，这一概念的理论重要性却一直没有得到足够的重视。在很大程度上，这种暗淡现状的产生是因为"责任"，作为一个理论性概念，一直都附属于"能动性"（agency）这一强大的社会科学理论光圈；而部分原因亦在于，道德人类学迄今为止还没有对这一概念予以足够的关注。关于这里的"能动性"，我们在前几章的论述中已经提到过。它是由几代受"实践论"影响的人类学家营造出来的概念，具体指代，人类不完全是因受其所在社会结构之作用而产生的被动性、消极性存在。但是，近来，有一支社会理论流派却旧瓶装新酒，在不改变用词的情况下，赋予了"能动性"一个崭新的意义，以便为其所用。这便是"行动者网络理论"（ANT）。在这一理论中，"能动性"不再只是指代人类，也不再只被用来说明人类的特有价值，而是更广泛地被用来描述所有物体（人类、动物乃至无生命体）在形势发展过程中都可以"产生不同作用"这一事实；简言之，就是指物体在其关系网中的联动作用。这两种"能动性"概念都有一个

（接上页）并对其进行了发展。尽管在很多地方我都做了改动，但基本上，本章的论述是《能动性与责任》一文的延续和发展。

第五章　认真对待"责任"

特点：它们都与英文中日常使用和理解的"agent"（代理人）这个词（以及其他类似的词语）相去甚远。从词源上看，"代理人"这个词里面为别人办事的那层意涵源自法语：一个人以他人的名义来做某些事情。可是，在征用"agency"这个词时，学者非但没有直接探究原词本意中所蕴含的行为与责任之间的复杂关系，反而用其来指代事情的特定发生形式，就好像如果我们用日常英语中"action"（行动）这个词来直接解释现象就显得不合时宜似的。其实，他们的这种假设——他们的理论能捕捉到一些"行动"之外的东西——本身就不成立。在某种程度上，相比于前一种"能动性"概念，行动者网络理论里的"能动性"更清晰一些，因为后者在界定"能动性"时并不要求一种内在品质的存在，即一种无法被日常用语捕捉，却能被社会科学发现，对它的占有与否直接决定人们是否具备影响周遭世界的能力的品质。即便相比之下，行动者网络理论的"能动性"概念更清晰，但的确，它也更容易被口号化。行动者网络理论主张，那些无生命的东西竟然也像人一样具备"能动性"，这种说法本身就已经很让人费解了。更严重的是，要想把人和物的作用效果做同等处理，我们就必须忽略人类行为的道德层面。只有这样，才能维系这一理论的有效性。鉴于此，我建议：我们或许可以停止用过度技术化的名词"能动性"来指代"行动"，而将注意力转向"agency"这个词本来的、日常语境下的含义（"代理"），以及这一概念中的复杂的责任分配过程。这种研究倾向可以促使我们意识到人类行为（human action）中内在的社会属性和道德属性。[1]

---

[1] 在对这个问题更早一些的讨论中（2010b），为了能在"agency"和道德之间建立联系，我以为我们需要对社会科学理论下的"能动性"（agency）概念——以另一种方式——进行重组、再回收。可是后来我意识到，我其实并不需要这么做，（转下页）

在第一章和第四章中，我们已经讨论过实践论下的"能动性"概念中存在的一些问题。①首先，按其定义，一方面，在具体实践情境中，人们具备执行特定行动与互动的能力。正是这种能力促使人们成功地完成既定目标或满足欲望；但是另一方面，在分析上，"能动性"却又暗含研究者未挑明的对行动者目标的应然性的预判。在使用中，这两方面的关系与区别总是模糊不清。正是因为实践理论中的"能动性"要在概念的界定上与"社会结构"对立，故而行动也需要与既有价值体系和权力对立。这种定义方式的后果是，只有在人们的行为达到研究者预设的特定目标（如赋权、解放、平等等）时，主体的能动性才会被认可。这些目标也经常被研究者认定为人类的共同价值。因此，在研究与这些价值观相异的人类行为和生活方式时，这个能动性的概念，非但没有帮助研究者理清事实，反而使研究变得不着边际。

（接上页）因为我的论证方式恰好可以很好地简化"agency"这一混淆不堪的概念，使"能动性"显得多余。就这一点而言，我很感谢摩根·克拉克（Morgan Clarke）对我的提醒。

① 有趣的是，关于当前讨论的这一版本"能动性"问题，玛丽莲·斯特拉森（Marilyn Strathern 1987）很早就发出过一些警告。斯特拉森回忆道，她在第一次听到人类学家使用"能动性"这个词的时候，就很有预见性地判断说，这个词将有极大的理论发展可能。她希望对"相对新的"概念的使用能够给人类学理论带来更多贡献。但是，她同时警告说，"使用的前提是能动者不能被简单地视为做事的人"（1987:22）。这将使个人行为者"不但成为一个深知他/她自我利益的主体，同时其兴趣也变成了理论兴趣的主题"。她敦促人类学家去多多关注人们相互影响的多种方式，以及"人们处理因果关系和分配彼此责任"的多种形式。她指出，很重要的一点是，我们不需要将其按意图来处理，甚至不需要参考任何心智上的东西。她希望，"能动性"可以成为人类学在调查"社会行动方式"时的第一切入口。然而，在大多数情况下，这个建议（诚然，虽很简约）并没有被采纳；确实，她那本合集的作者们也没将此当回事儿。结果，斯特拉森所反对的，并提请人类学家警惕的那种"能动性"理论（"能动性"是人的自主权的体现，它与结构的约束有关联，且形成对抗）却一下子享受了二十多年的好时光。

其次,如基恩(Keane 2003)曾很有信服力地讲过,研究者普遍认为,这种以人类学家偏爱的人生发展观为坐标而归纳出来的能动性和普遍性欲望是进步的,因为其出自行动者个人对自身主体性的真诚表达。按这种方式来理解"能动性",个人创造力和改造力的源泉便理所当然地是出自个体在对抗文化决定(或结构禁锢)过程中产生的行动意向性(intentionality)。故而,奥特纳(Ortner)将能动性和日常习惯性实践区分开来,说前者是"意向化程度更高的行为"(2006:135)。基恩指出,人类学界的很多知名学者——从莉拉·阿布-卢赫德(Lila Abu-Lughod 1991)对文化概念的批判,到詹姆斯·弗格森(James Ferguson)和阿希尔·古普塔(Akhil Gupta 1992)主张从大范围政治经济的角度去分析当地空间的产生——有一种共识:通过强调人们改变社会结构的能力,可以突显个人真挚的自我表达(self-expression)。另外,和他们的学术对头相比,这些人类学家还有一个共性:他们更注意行文方式和修辞手法。这使得他们能够为读者呈现人类的这种改造能力,提升"能动性"在理论分析上的"可识度"(Keane 2003:234)。

因此,在表述个人行动效力时,实践论下的"能动性"暗藏一种特定的价值观。它假定创造力是从人类个体内在而生,臆测个体和社会文化结构之间的零和游戏,认为只有在个体战胜结构的结果里才能发现道德的存在。

相比之下,在行动者网络理论中(对此最系统和最有说服力的论述来自拉图尔[Latour 2005]),我们发现,"能动体"(agent)仅仅被视为一种能够引起变化的动因。与实践论相比,在行动者网络理论中,因为动物和无生命体在行为因果网中都能起到至关重要的作用，所以它们和人类一样都能成为"能动体"。对其能动性的界定便成了一个实证性问题：在主体参与的任何特定关系网中，其因果关系是不是明晰、可预见的，或主体的存在是否会给关系网带来不可预期的变化？如果是可预见的，拉图尔将其称为"传义者"（intermediary）；如果是不可预见的，拉图尔则将其称为"转义者"（mediator）。对拉图尔来说，能动性只以这两种形式存在。

举个例子（这个例子改编自 Venkatesan 2009b）：通常情况下，当我在电脑前写作时，我可以从我按键和操纵鼠标的方式中相当准确地预测出下一步电脑将执行的操作。在这些情况下，电脑是一个中介者、一个工具。通过它，我的行为能力在可控制范围内得以扩展。然而，当我要在最后期限前完成任务而电脑不可避免地出现问题（或崩溃）时，它就会出现在行为的因果链中。电脑不再以"中介者"而存在，而成为享有独立性的行为主体，任性地（或恶意地）吞噬了我几乎快完成的论文终稿。拉图尔认为，正是在这种情况下，电脑变成了一个"能动体"（agent）。蒂莫西·米切尔（Timothy Mitchell 2002:19-53）的民族志可以为这一理论提供一个比较好的实证案例。在记述冈比亚按蚊（Anopheles gambiae）的时候，他强调说，此类蚊子是决定第二次世界大战过程中埃及众多事件走向的重要的、非人类能动体之一。它是否具有能动性并不在于它是否具有意识力或者主体性，而是直接取决于在特定地点、特定时间，它与其他事物的因果关系。简而言之，成为能动者的条件即在一连串的事件中具备相对独立的因果作用。

然而，正如行动者网络理论的措辞方式所显示出来的那

第五章 认真对待"责任"

样，在因果链上，什么是而什么不是重要因素，并不是一个简单明了的问题。因果解释必然是一种诠释，因为解释本身就是带有意向性的。也就是说，一种解释能否在因果链上说明问题取决于解释给谁听——什么是他的成见、兴趣、已有知识？等等。解释任意特定事态（或者事件）的关键点在于所提供的解释对听众是否有意义。为了向那些认为这是前所未有的暴行的人，而不是那些一直期待这一切发生的人解释事情的状况，我们需要说些不同的东西。

主张行动者网络理论的学者在解释特定事件时特别强调非人类主体的重要性，其中自有他们自己的原因（当然，各自的原因不同，但这里不再赘述）。在这儿，需要指出的重点是，这些原因是学者自己的兴趣点所在，而并不一定是当地人（或者当地蚊子）的关注点。在人类学家确定谁在行为因果链上起实质性作用并以此断定能动性的时候，他们会发现，他们并不是唯一的关心此问题的群体。的确，他们会发现，他们所描述的当地人（可能蚊子就不能算了）早在他们之前便已经试图解释这些事件。这一向就是人们的习惯。我们日常的交往行为和我们对事物的判断常常是交杂在一起的：事发时，谁在场？谁缺席？谁在行动或不作为？谁在发言或选择缄默？对这些问题的判断都将影响行为本身的发展趋向。这便是行动者网络理论中的盲点，因为这些判断是关乎因果关系和责任分配的道德判断。

在他的经典文章《自由与愤慨》("Freedom and Resentment")（2008 [1962]）里，彼得·斯特劳森（Peter Strawson）曾论述，对谁是肇事者等一些客观事实的断定并非人们事后责任分配原则的基础。如果我们觉得指导我们判断的"道德责任"的衡量标准是客观的、天然性的存在，即便这种认识只是原则上的，我们也已然错了。正如对因果关系的充分理解取决于探究问题的初始动因一样，对责任的分配也要取决于那种斯特劳森所谓的人类在交往过程中的"反应态度"（reactive attitudes），例如感激、愤慨、赞许、罪过、耻辱、傲慢、谅解或爱。对于责任的判定和分配，我们需要先考虑的问题是：什么激发（或抑制）了这些反应态度？

故而，关于我所遭受之不幸的因果解释，无论其将我所处的"网络"描述得多么全面，无论这个解释关于事件缘由、关联和环境的记述多么详细，可能只是因为这个解释忽视了一项充满敌意的、针对我个人而做出的事情，我就会觉得，这个解释很不充分；甚至在某种程度上，我会觉得，它根本就算不上是一种解释。这将改变一切情况，因为我对为何发生某事，以及发生了什么的理解，是与我对该行为道德性质的判断分不开的。其中当然也会包括我对责任的断定。导致我不幸的那个行为是不是人有意为之？如果是，那么为什么？如果不是，那么行为者能否预见其将造成的后果？他是否可以避免不幸的发生？他是否应该这么做？他与我的关系如何？他的行为是故意的，还是出于习惯？只是开玩笑，还是身不由己？这些因激发（或抑制）了反应态度而影响责任分配的因素与行为动机和意图等问题不可分离。

这也恰可解释为什么在强调无生命体的能动性上，不问内容或意义而盲目追溯因果效应的做法——正如拉图尔在其"平面描述"（flat description）中所做的那样——会如此有效。这种理论为我们展示的一切事物均以我们的道德冷漠为前提，就仿佛我们不会去关心人与蚊子（或蚊帐）之间的道德差异似的。这也正是为

第五章 认真对待"责任"

什么这一理论如此晦涩难懂。我们不习惯把世界描绘成一种一切皆无所谓的样子;我们也不会发现这种"平面描述"能解释什么。也许,它会告诉我们发生了什么,但它不会告诉我们什么已经被做了。另外,排除行为意图(尤其是影响责任判定的那种)是很费工夫的,特别是在描述无生命体所扮演的角色的时候。就这一点来说,上文里我在将坏掉的电脑归咎于恶意行为时,就未曾做这种排除。同理,米切尔(2002:38)在描述那些蚊子如何占水库和河流走向的"便宜",来增强它们在尼罗河中的繁衍能力时,也没有这么做。

实践论中的"能动性"概念与人们平常的理解或日常语言中的用法,更是相去甚远。除了社会科学工作者以外,我们不会经常说谁有"很多的能动性"(就好像这是一种主动型性格一样)。最令人诧异的是,对于我们平时怎样使用"agent"这个词,以及它的一些应用形式,社会理论中似乎无人问津。管理专家和政治人物确实会说,某某是"改革的动力"。但是,在日常用语中,这个词通常是指一个人以另外一个人的身份为其办事。所以说,律师、税务人员、说客、我们在买卖房产时的中介,甚至我们的朋友都扮演了同一个角色:他们以我们的名义,为了我们的想法和利益,尽其所能地为我们做事。换言之,上面提到的"agent"一词,实际上是(委托关系里的)"代理人"的意思。这实际上是拉图尔意义上的"传义者"(intermediary)一词,而并非拉图尔意义上的"能动体"(agent)概念。

斯坦利·米尔格朗(Stanley Milgram 1974)曾做过一系列很有名的心理实验。在实验中,研究者告诉受试者他们参与的是一项很重要的科学实验,并要求他们听从自己的号令,给其他人施加电击。但实际上,电击效果和所产生的痛感都是假装的。实验的目的是,探究在接受权威命令的条件下,人们在多大程度上能够自愿地做出伤害他人的行为。实验结果惊人地表明,在这种情况下,人们的行动力是很强的。在解释其中缘由时,米尔格朗揣测说,在实验中,受试者进入了一种"代理人状态"(an agentic state):他们不再认为自己是行为的主宰者,而是号令者的代理人。在这里,我们惊奇地发现,即便是米尔格朗备受诟病的新名词,也要比社会理论对代理人的使用更接地气。因而,只要员工被认为是在为公司办事(公司的代理人),公司就需要为其员工所作所为负责,即便有时员工的一些行为并非公司授权或是出于过失。换言之,行动者网络理论认为使用"代理人"概念不妥的地方却恰恰是这一概念起作用的地方:人类的行动安排和社会关系为行动执行者与行动责任人的分离创造了可能性。

现在我们似乎可以清楚地看到,正如实践论下的"能动性"概念是学者以主观的、带有个人主义倾向的方式去理解人类行为的因果效果一样,行动者网络理论在漠视人类行为道德属性(其中包括人类自由以及如何认识责任分配等问题)的前提下,试图通过行为作用效力来分析人与物之间的关联。实践论将人类的行动自由假想为一种人类意图的神奇效果,而在行动者网络理论的想象中,人类的行动自由是不存在的——施动者与受动者之间没有差别。这两种能动性理论非但没能捋清我们对行为的理解,反倒混淆了该词的日常用法("以他人的名义")。我认为,在研究自由和责任等问题时,"agent"这个词的日常用法其实是一个很好的出发点。它能帮助我们补充对自由和责任的民族志描述,使我们更清楚地认识到在社会实践中,"自由"这一概念的来源和多种体现方式。这一点同样适用于"责任"这个概念。

责任和道德自我

在《羞耻与必然性》(Shame and Necessity)(1993)一书中,伯纳德·威廉姆斯(Bernard Williams)对责任进行了有启发性的分析。一开篇,威廉姆斯便对既有的责任理论进行了质疑。在他之前,很多学者认为,古希腊人的道德思想是原始的、有缺陷的,因为这些道德思想缺少"我们"现在所说的"道德责任"概念。基于这一概念,只有自愿性的行为才能被进行道德谴责。威廉姆斯同意,古希腊人没有(现代版的)"道德责任"概念,但是他不认为,古希腊人的道德思想因此便是原始的。恰恰相反,他追随尼采(1994 [1887])的观点,认为对自愿性(被压缩于其"自由意志"这一概念之中)的过分强调是现代特定道德生活理念的畸形发展。在第三章中我们讲过,威廉姆斯称之为"特殊的道德制度"(peculiar institution of morality)。这种制度确实会影响我们的思维和实践,不过仅在某些情境下和一定范围内。当发生时,它的结果往往比较令人困惑。而大多数情况下,我们在日常生活中使用的是一种不一样的、更复杂的"责任"概念。

我们对"责任"的使用方式在结构上与古希腊时很相似。这是威廉姆斯对古希腊英雄史诗以及古典悲剧中的人物行为评价进行再分析之后总结出来的结论。据他所言,古希腊的"责任"概念并非由单一的、绝对的行为意向组成,而是由四种独立的但又紧密相关的要素组成。当谈论"责任"时,这些要素无论在任何地方、在任何社会环境下都应被涉及。责任的这四个要素是起因（cause）、意向（intention）、状态（state）和回应（response）。对这四个要素，威廉姆斯分别给出了大概的解释：（1）起因：关于别人的行为引发一种坏状态的认知；（2）意向：关于行为者是否有意为之的问题；（3）状态：关于行为者当时精神状况的问题；（4）回应：关于肇事者应对其所作所为予以解释、回应和补救的认知。威廉姆斯指出，在《伊利亚特》里，阿伽门农在解释他与阿喀琉斯争斗的原因时，很清楚地展现了意向与状态之间的差异。阿伽门农并没有否认他拿了阿喀琉斯的奖励（美女布里塞伊斯），也没有否认他确实是有意为之，且刻意带走了她。阿伽门农之所以不承认责任，是因为他认为，当他产生掠走布里塞伊斯的想法时，他正处于精神失常的状态（可能受到诸神的指引）。正因如此，也正是到了如此程度，这些所作所为才并非全部出自他。

威廉姆斯强调说，责任的这四个要素深深地根植于我们人类的社会生活。我们可以认为任何地方的责任观都会包含这些要素，但是我们不应该期待别人会以同样的方式来理解、权衡和联结这些要素：

> 在理解这些要素会有很多方式：例如，决定什么算是起因以及起因的充分性，什么是事物的本来状态；在特定情况下，什么样的回应才足够，谁可以向肇事者索要解释；精神状态的不正常要达到什么程度我们才能说行为并非行为者所为。（1993：56）

古希腊人认为（现代人在日常生活中大多时候也是这么想的），我们必须认识到，"责任"的范畴要远远超出我们的行为目的与行为意向。

这种分析的好处在于,它可以很好地证明:无论是实践论对主体状态的强调,还是行动者网络理论对因果关系的关注,都无法涵盖在判定行为属性及其责任分配时所涉及的所有要素。问题要比这两种理论所预想的情况复杂得多。J. L. 奥斯汀(J. L. Austin 1961)在研究"借口"时就曾指出,任何试图减轻责任的托词都不否认自己做过这样的事儿,也不说自己是无意为之,而是承认自己"仅仅在某种程度上"做过。一个很有意思的可能性是,威廉姆斯对"责任"概念的剖析能使我们发现他所列举的四个要素(起因、意向、状态和回应)并不需要落在同一个人身上,甚至不需要落在同一个集体身上。它们可以分散在一个网络或一系列事件之中。

请允许我用一些例子来说明这一点。其中有些例子改编自迈尔·丹-科恩(Meir Dan-Cohen 1992)的一次精彩讨论。有些例子也会涉及法律问题。我之所以援引法律案例,是因为在这些案例中,人们经常会很明确地讨论责任的问题。正如奥斯汀(1961:136)观察到的那样,侵权行为法里充满了不同类型的"借口托词"。关于此问题,普通法系中,至少在个人和群体之间的责任分配方式多样性问题上有很成熟的论断。但是,我的这些例证并不完全关于法律,所以在分析上,我把这些法律案件的归因方式视为日常共识和道德判断的延续。

假想你去参加一场宴会。当你与别人聊得兴致正浓的时候,服务人员在靠近你手臂的位置放了一杯红酒。你手舞足蹈地与同伴讨论,一不小心,你把红酒打翻了。你马上拿出你的手帕去清理溢出的酒渍并不断道歉,同时很紧张地去查看你是否划坏了桌子。这种快速的、"下意识"的责任担当举动似乎与你的精神状态和主体性不相关。在这种场景下,即便你并不是故意的,你仍愿意为你的行为负责。至此,这很符合行动者网络理论,而很不像实践理论:你需要负责任,因为你在因果链中占有位置。

除了这种情况,有时,你可能还需要对其他的并非直接因你而起,但由你的所有物导致的后果负责。比如,一阵风吹进屋子,卷起了窗帘,顺势将窗台上的花盆刮到了楼下,恰巧砸到了一个过路人。当你和你的朋友一同依窗一探究竟的时候,你必定会比你的朋友更紧张。你会感到你更有义务去帮助那个过路人,因为是你的花盆砸伤了他。这个例子中的花盆和上个例子中的手臂与你的关系在性质上类似。它和你的关系近到它可以被视为你的"代理人"。因此,它所产生的责任需要你来承担。你需要负责并不仅仅是因为行为因果关系链,而是因为这些东西与你的关系是"代理性"(agentive)的。也正是因为这层关系,我们才会觉得自己需要为我们监护的或拥有的人(孩子、客人、员工等)或物(宠物或者饲养物等)负责。

在 20 世纪 70 年代,斯坦利·库布里克(Stanley Kubrick)被迫下线了他的电影《发条橙》(*A Clockwork Orange*)。下线的原因是,很多新闻媒体报道,英国年轻人受电影片段的影响而实施了暴力犯罪。在当时,大家普遍认为,这些暴力行为使得库布里克主动提出了下线《发条橙》。这一看法一直持续到他离世。直到他死后,事实的真相才浮出水面。当时,库布里克其实受到了很多威胁,如他和他的家人会因为激发观众的暴力倾向而受到惩罚。他是在警察的建议下才出此下策的。无论哪个是事实,两种

第五章 认真对待"责任"

说法都可以证实我在这里的主张。不管库布里克是自愿承担其电影带来的负面影响，还是因为害怕报复而默认了这些责任，他的电影都实实在在地成了他的"代理人"；故而，他必须要对电影所造成的影响负责（当然，这些影响是在可预见的范围之内的）。他创造了这部电影，这部电影产生了这些影响，即使很多情况并非库布里克有意为之。阿尔弗雷德·盖尔（Alfred Gell 1998）的著作《艺术与动力》(*Art and Agency*) 所探究的便是这类可能性。他认为，正是这种潜在责任性带给了艺术社会重要性。

即便在很多时候我们只须对我们有意而为的行为负责，但这也不一定是绝对的。一个人的行为所产生的影响可以因其身体（或者身体的某一部分）、财物、受扶养者或其作品而延展；故而，其责任范围也会随之扩大。这些延展的产生，要么是因为社会本就认定这些是这个行为者的一部分，要么是因为他的决定和作为使这些成为他的一部分，就像我们在使用一项科技（例如，埋地雷）或是让别人代理我们与其他人进行联系时所发生的情形那样。

当赢得一场球赛时，即便是一名因伤没能上场的职业足球运动员，也会与他的队友同庆这场胜利。从因果关系上来考虑，尽管他和这场球赛的胜利没有太大关系，他和参赛球员的功劳也不会等同。但是，因为他是球队的一员，我们并不会觉得他共享队友成功的行为有多么出格。同理，当一个劫匪企图否认因他的同伙在抢劫银行过程中所犯下的杀人罪而需要负的连带责任时，即便他当时可能离现场很远（也许他只是司机，负责劫后逃离），推脱责任的可能性也微乎其微。从另一个角度来看，这和集体庆祝球赛胜利的例子很相似，连带责任原则是对集体代理性的一种肯定。

什么可以使得行为、效果或是状态成为责任？这并不完全和行为人的特征（例如他的意向）有关。如果是通过代理而行事，我们就需要为我们自己没有做过的事情负责。其中的关键在于我们与行为人的关联，以及我们自身的集体身份。因此，像实践理论那样，把"能动性"视为一种个人的与结构对立的行动自由度的做法是错误的。我们的能动性可以通过外在事物的代理性而得以延展，但之所以能延展是因为，这些事物本就包含在我们的道德主体之中。

在一桩著名的刑事案件（雷吉娜诉查尔森案件［Regina v. Charlson］）中，一位父亲在暴力残杀了他年仅十岁的儿子之后却被无罪释放。原因在于，他的辩护律师辩解说，这个父亲因为脑瘤而丧失了理智。他的行为和他的性格完全不符。这一辩解依赖的是脑瘤和被告的"自我"意识在概念上的区分：脑瘤是一种特殊的、独立的、具有侵略性和敌意的物质，并非被告的自我的一部分。这种基于"非自愿"而做出的辩解与上面我们谈到的阿伽门农的托词相类似，但在具体内容上有出入。这也与为情绪型犯罪和胁迫犯罪的辩解相关。如果被告是由于暴力威胁或者恐吓而犯罪，那么他可以辩解说在这些情形下，在一段时间内，他的行为与他的自我是不符的。这一时间段，就像查尔森的脑瘤或者伪代理一样，是可以从"自我"中被切出去的；故而，推定原则是，行为人无须为其行为负责。

尽管用语和修辞方式不同，林哈德（Lienhardt）对苏丹的丁卡族群（Dinka）祭祀的描述也展现了以上那种对自我界限的重新划分。他记述道，在为赎罪而举行的祭祀中（当地人在对法律案件的陈述中用同一套词语），人们经常会陈述说他们没罪。在林哈德看来，这并非因为当地人很天真地相信他们可以欺瞒神灵（或者他们的亲戚邻里）。在祭祀祖先时，他们经常会辩解说："当我父亲过世时，我并没有忘了您。情况不是这样的。我没有引起父族承系序列的混乱"，犯忌之人并不是真正的"我"；无论我在特殊场合说过或是做过什么，所犯的错并非因我一贯品性而致，所以这些也不是我与亲属、神灵真正关系之写照。林哈德评价道："很相似，在我们自己的日常交谈中，我们也不应该因为一个人正在气头上就认定，这个人本身气性大是事实。"（1961：249）

有一件事情值得我们注意，即以上这些关于责任划分的主张或辩解在一定程度上都是基于自我的构成和延伸而展开的：例如，我是否需要对花瓶所致伤害负责取决于这花瓶是否属于我。责任的划分方式往往是复杂易变的，有时不包括自己的身体，而有时却又包括很多身体外的其他事物。故而，我们没有理由认为，威廉姆斯列举的四个要素（起因、意向、状态和回应）必须共存于同一个人或同一物体之内。对责任的认领（作为一种"回应"方式）很有可能是被行为因果核心以外的人或物承担下来的（例如，电影导演会因其电影的社会影响而承担责任，我会因为我的狗咬了你而内疚）。因此，责任可以在不同的人、物、群体之间加以分配。

在评述法兰克福（Frankfurt 2006）的著作时，丹-科恩（2006）引用了另一个类似于"Regina v. Charlson"但没能辩护成功的案子"State v. Snowden"。在此案件中，被告斯诺登（Snowden）声称自己"因恼怒而丧失了理智"，所以无须对他的行为负责，但是陪审团否定了他的判断。丹-科恩大体上同意法兰克福的观点：我们对个人道德行为的责任不仅源于行为的因果作用，也要求我们的性格和态度是"出自自己之手"（这也是我们在第四章中提到过的法兰克福的"二阶意志"）。但是，丹-科恩补充说，我们不能因此便很一致地来划定自我的边界。我们在"自我构成实践"中是参与者，而不是操控者。这些"自我构成实践"包括道德和法律。通过它们，自我的边界在不断地变化、不断地被重新划定。前面两个案例都是关于自我边界的问题——斯诺登的恼怒被判定为其内在特质，故而他要对他的暴行负责，但查尔森的脑瘤却被认定为非其自我之一部分。相比之下，我们可以说，主体的行为自主性越大，其所承担的责任也就越大。或者说得更确切些，在责任分配中，我们需要看的是，主体引起的事态是否出于他的行动。所以，同一个过程在划定自我边界的同时，也确定了行为责任所属。

在裁定刑事责任时，就案件事实、刑事主体、行为意图以及主体精神状态问题，各方都会据理力争。但是，在确定自我边界时，就责任的分配或因悔恨（而不是出于主动行为）而承担责任（Humphrey and Hurelbaatar 2005）等问题，我们似乎不会争得面红耳赤。在这些争论中，因为事实会影响责任的分配，所以"究竟发生了什么"通常是争论的焦点：

> 我们应说他拿了她的钱，还是他抢了她的钱？是说他将高尔夫球打进了洞里，还是推进了洞里？是认为他仅仅说了"完事儿"，还是认为他接受了邀约？……在"某个""一个""那个"这些修饰词之间究竟该用哪个？通常，我们可以将一个行为以几个不同形式解构，使之成为不同的片段、时段或者阶段。（Austin 1961:149）

第五章 认真对待"责任"

类似的争论时常会出现在有关非西方社会的民族志中，人类学家（Hill and Irvine 1992；Rumsey 2003；Shoaps 2007）想通过这些案例来证明，并非所有地方在出现究责问题时都会考虑行为人的意向。为此，他们记述过，在田野调查过程中，关于争辩的焦点，人们如何通过不同的配合（或抵抗）方式不断地建构（或重新建构）其所牵扯之事实。他们还记述过，随着行为性质的确定和责任的分配，一个人的名誉也会不断地受影响，反过来，这也会影响他们的自我理解和性格的形成。无论这些民族志的分析多么精彩，有一点都是值得推敲的：他们的论证都假定身处"西方"世界的"我们"在实践中都以意向为基础来划分责任；换句话说，我们都在按威廉姆斯所说的"特殊的道德制度"行事。

正像那些想调和"社会结构"和"能动性"的社会理论家（在这方面，布迪厄可能做得最全面）所声称的那样，他们的努力和道德哲学家的很相似，就是希望去证明自由意志和决定论（determinism）之间的兼容性：在肯定人类行为被因果律决定这一真理的同时，去坚持行为自由度是人类区别于其他事物的标准。这种哲学设定因其不完满性而变得畸形；同理，相应的社会理论亦如此。在讨论道德哲学中的兼容论（compatibilism）时，威廉姆斯再一次为我们带来了启示。他指出（1995a：3-21），任何对于兼容论的尝试都必须处理好三个而非两个术语：（1）决定论：为人们的行为提供因果解释。（2）一系列心理学名词：例如"抉择""决定""意图"等。我们通过这些名词来理解人类行为。（3）一系列道德名词：例如"埋怨""责任"。其中最重要的一点是，我们不应该想当然地假定这些道德名词仅指代个人的内在心理活动。这些名词是复杂的，并非只与主体或心理相关。因此，我们假定的"结构"和"行为主体"的其实根本就不是两项的关系。结构整合效力的减弱并不意味着"能动性"的增强。按这一逻辑推演，什么是（或不是）"我们"的行为，不完全取决于决定论下的因果解释（如行动者网络理论中的"传义者"和"转义者"概念规定的那样），也不完全取决于个人的内在心理特征（如实践论中的"能动性"概念规定的那样），而是取决于第三类道德词汇（如"埋怨"和"责任"等）。这些道德词汇展现的是社会关系过程中的一方面。借此，人们的行为被分为不同的片段、时段或者阶段。不同的能动体（不同形状和大小）会对不同的片段、时段或者阶段负责。

在阿赞德人（Zande）的占卜中建立责任

为了更好地说明我们上面提到的这些观点，我想在这里重新简要地描述一些我们耳熟能详的民族志。下面，我将从责任的产生和分配等方面来重新解读埃文斯-普里查德（Evans-Pritchard）关于阿赞德人巫术的名著（1937）。迄今为止，对这一作品的讨论虽然大都围绕着所谓的"理性论辩"而展开，但是也不乏例外，马克斯·格卢克曼（Max Gluckman 1972）和玛丽·道格拉斯（Mary Douglas 1980）两个人就曾分别从责任的分配和责任的追溯认定角度出发，对普里查德的论述进行了很有说服力的再读。可惜的是，他们的诠释在学界并未引起足够的重视。[①] 在下面的论述中，我将会自由地援引这些学者的主张（并在很大程度

[①] 这些主题当然不能与理性和信仰等议题完全区分开，但是那些关于"理性论辩"的人类学文献为我们提供了一个不同的视角去理解巫术。

第五章 认真对待"责任"

上忽略他们之间的差异）。

埃文斯-普里查德很清楚地说过，对于阿赞德人（Azande）来说，"巫术"所解释的并不是事件或情境本身，而是事件或者情境的道德属性：一个事件或者一个情境如果因巫术而起，那么就意味着有人恶意为事。因此，滋事之人（不是受难之人）须为此而受责难。通过询问神谕或者巫医，人们能够确定施巫术之人。一个受害的阿赞德人想知道的不只是他遭难的直接原因。正如埃文斯-普里查德描述的那个著名的谷仓坍塌事件表明的，当事人早就知道事发的直接原因——白蚁把梁木啃坏了。可是，他想要做的是找到事件责任人。用威廉姆斯的话来说，就是找出那个需要对事件发生做出"回应"的人。因此，埃文斯-普里查德评述道，巫术本身不是"一系列事件先后发生的必然联系，而是位于关联之外的却又参与了事件发展的、给予它们特定价值之物"（1937:72）。这里所说的"特定价值"不是指厄运或个人过失，而是指某些人的特定错误和责任：

> 巫术是社会诱因，因为它是唯一的既允许干预，又决定社会行为的因素……它是意识观念的主轴。围绕着它，从死亡到复仇的整个漫长的社会程序不断展开。(1937:73)

斯特劳艾肯（Stroeken 2010:59）在描述坦桑尼亚的苏库马人（Sukuma）的时候曾有过类似的陈述。他说，就厄运和疾病问题，除了寻求物质和生物医药类的解释以外，当地人把巫术认定为事件发生原因的"第二支矛"（second-spear）。当地人如此界定的欲望并非完全出于理性（斯特劳艾肯把"理性"定义为寻找有效因果关系的过程），而更多的是由于其心理治疗的功效：关于价值和责任，只有情绪丰富的语言才能起到治疗的作用（上面斯特劳森所谓的"回反"),因为它能提供一种即时性的纠正行为。斯特劳艾肯继续写道:"魔法将疾病重新塑造成一场格斗。巫术言语可以使患者得到权力。在实施了正确的祭祀和神谕之后,他们便可以重新获得道德权威。"(2010:60)

如果我们看一看厄运的阿赞德人在什么情况下不能通过神谕来寻求纠正补偿,那么以上论述就会显得更清楚了(Evans-Pritchard 1937:63-83)。如果"厄运"是由你个人的技能缺陷所致,那么你不能责怪巫术。埃文斯-普里查德描述过,很多当地人会去尝试这么做:通过宣称自己是巫术的受害者来逃避个人责任。但是,基本上,他们的这些做法都会被否决(1937:78)。换言之,巫术可以用来解释降临在你身上的事情,但是不能用来解释你自身的缺陷。所以,"如果你撒谎、通奸、偷盗或是欺瞒皇室"(1937:74),你就不能用别人的巫蛊行为来掩盖你个人所犯的道德错误。如果你的行为使你自己陷入道德罪过(例如,你犯了忌讳),那么你就不能说是别人用巫术使你陷入厄运。因此,如果一个人已经被国王下旨处决,而他的亲属又通过神谕来确定这个人是否被巫术蛊惑,那么他的亲属也会被处以死刑(1937:75)。这是因为,只有不当的厄运才暗示巫术的存在,而他们这么做,是想通过证明判处的不公平来对国王的公允度进行挑战。

尽管埃文斯-普里查德很清楚地描述过,在阿赞德人之间,敌意和怀疑(所有对施巫的预想)是普遍现象,但是人们并不会捕风捉影,只在有实际效果的情况(被害人能够寻得补偿、病能够治愈,或者厄运能得以反转)下,才会动用神谕等方式来断定罪魁祸首(1937:84-7)。换言之,只有在对责任的"回应"

第五章　认真对待"责任"

怀有期待的情况下，人们才会采取行动。故而，战争中的死伤不能归咎于巫术，因为人们无法通过神谕在敌方中指定责任人。

同理，我们可以理解为什么平民不会指责贵族对他们施行了巫术。即便在私底下，老百姓会议论某某贵族成员可能是巫师，但他们从不会在公开场合对其发起责难。正因为在实践中很难将这些贵族绳之以法，所以这并不是一种有效的问责方式（1937：32-3）。相反，当有更直接、更可靠的方法时，阿赞德人就不再去请教神谕而会直接采取行动。因此，在偷盗、通奸或者谋杀案中，当确知罪魁祸首时，他们会直接将其送去法庭。只有在无法确定作恶者身份的时候，人们才会使用报复性巫术（1937：113-14）。

总而言之，主张你的厄运因巫术而起既是在说厄运并非偶然，又是在说厄运并非不可避免。这是在将你自己视为被害者，所以你有权向加害人问责——在此，被害是通过一种不可见的代理人力量实现的，而加害人的责任也正因此而生。成为巫术的受害人这一事实本身就蕴含着对加害人存在性的假设和对纠正行动的诉求。

埃文斯-普里查德着实费了很多工夫来坚称，当地的厄运纠正实践是一种有效的自我管理方式（详见 1937：220）。这也正是后来学理中"理性论辩"的关键点之一。但是，关于阿赞德人的这些社会实践得以维系（乃至反思）的宏观道德环境（在邻里间普遍存在猜忌、不信任和妒忌），埃文斯-普里查德的记述却模棱两可（1937：37, 100-3, 293）。在阿赞德群体中，死亡从来不是一个简单的事情——它永远不只是一种偶然。总有人要承担责任（1937：268）。在埃文斯-普里查德眼中，当地人会就他认为的在欧洲并不需要追究道德责任的事情，去寻找罪魁祸首、发起责难、主张纠正——总体来说就是，阿赞德人在创造责任。

> 阿赞德群体的道德概念和我们的不同之处在于他们对道德重要性事件范围的认知。对一个阿赞德人来说，几乎所有对他有害的事情都是因为他人的坏心思而起……而在我们自己的社会里，我们只相信特定的事情是由于别人使坏而造成的……但是在阿赞德大地上，所有的不幸都是巫术所致，所有的受害者都可以通过当地特许的渠道寻求报复。(1937:113)

格卢克曼（1972）将这种非洲的巫术信念与巫术实践的普遍性归为他所谓的对社会联结（social connectedness）和相互依赖的过度强调。我认为，我们可以摒弃格卢克曼的这个观点：社会联结在客观上存在一种正确的度，而按其判断，非洲的社会实践都存在偏差。尽管如此，我们可以从格卢克曼那儿吸取的是，责任分配的机制（例如对巫术的问责机制等）能创造其本身特有的社会联结关系。就这一方面而言，巫术问责的增加的确意味着某种社会联结关系的加强。在没有神谕和巫术问责的情况下，人们仍需要为其他类型的行为负责。猎巫，作为一种责任分配实践，将一些偶然发生的事故和不幸变成了一种意向性行为。

责任的分配（起因、意向、状态和回应）包括对不可见事物（如意志、恶意、坏脾气等）的揣测。对巫术的问责也会包含这些方面。除此之外，还有另外一些不一样的不可见事物，其中一些位于个人体内却与心理状态不同。当然，还有"巫术精髓"和"毒药神谕"，埃文斯-普里查德将这些称为"物质性中介体"（a material agency 1937:321）。通过假定自我的组成部分是一些必要性行为的起因，或者假定一些事物是实现行为目的的手段，这些假设便创造了一个本不可想象的错误性举止种类。只要可以被认定为一种意向性行动,一件稀松平常的事也能变成某人的过错。

道格拉斯(1980:82)指出,当埃文斯-普里查德撰写这本关于阿赞德人的民族志的时候,他已经完成了对努尔人的田野调查,所以两地之间的比较与反差应该影响了埃文斯-普里查德对这两个社群的看法及其撰写方式。故而,我们应该追随道格拉斯的脚步,对比一下阿赞德人的责任分配和埃文斯-普里查德所描述的努尔人的责任分配制度(1940;1951;1956),看看它们有什么不同。这种对比应该是很有意义的。

努尔社群的道德系统是很不一样的。其责任分配方式与阿赞德社群之间的可以说存在天壤之别。在阿赞德社群中,每个人或多或少都会成为他人恶意的受害者,而在努尔社群中,按埃文斯-普里查德所述,存在一种很强的自助性道德和个体责任。当某人很明显地伤害了你,而这种伤害又的确出于他的过错,那么你理所当然地要找他问责、索要赔偿,使其得到应有的惩罚(1940:151-2)。这些取决于别人在给你造成伤害时是不是故意的。如果不是故意为之,虽然完全无责是不可能的,这也将在很大程度上减轻惩罚力度(1956:107)。与阿赞德社群中普遍存在的猜忌相反,努尔人的世仇制度依赖人们对亲属和邻里自愿性的支持。一个人能否成功索求赔偿,取决于他对良好互惠责任关系的维系及其索赔的正义性。

阿赞德人与努尔人在个人责任理念上的差异可以通过他们对罪与超自然力的不同理解体现出来。阿赞德人认为他们时时刻刻都被有邪力的人(包括亲族成员)包围着,而努尔人却认为他们身边的灵力是不受任何人控制的,恰恰相反,它们基本上全是善意的、公正的神明现照。所以,在努尔人眼中,厄运多半是道德过失的表征。如果你遭遇不幸，很可能是因为你做了不该做的事，或者你应该做一些事却没有做（例如，为神灵祭献你本应供奉的公牛）。因此，当地人对厄运的普遍反应很简单，就是把它当成一种自己所犯罪过的后果，然后用祭祀的方式来赎罪（Evans-Pritchard 1956：12）。正如道格拉斯评论的那样（1980：97）："他们对上帝干涉的顺从与他们对侵犯者的反抗一样勇敢。这两种责任是相互扶持的，都是基于'正确性'这一观念。"

这与阿赞德人形成了鲜明对比，对他们来说，以巫术为由采取行动和承认自己的错误是相互排斥的选择。另外，与阿赞德人最直观的不同是，努尔人认为，大多数不幸的事例可能只是意外。但是，你不可能总是完全确定，所以无论如何你都可以做个祭祀以防万一。这并不意味着祭祀会有任何直接效果。它并不能很神奇地消除你所遭受的不幸，也不会使任何人（包括神）以任何方式补偿你。这只不过是一种本着对神的信任与服从，接受所发生的事情，继而试着按照自己本来的意愿生活的方式。①

我在这里引用阿赞德人与努尔人之间的这个对比，主要是为了启发我们进一步地去思考。我的关键点是，制度与实践所形成的社会联结关系，既可以维系又可以限制责任的分配。这些联结关系既能够延展和分配一种行动力（这种行动力是实践论里"行为主体"内在固有的），同时也能够减轻其效力。

---

① 值得注意的是，这种差异性不能被简单地理解成"巫术"的存在与不存在之间的对比（无论如何，这都不是一个非常有用的比较术语）。罗宾斯（2004：208-9，273）指出，在乌拉普米安社群中，所有的死亡都要归因于巫术。虽然如此，但与阿赞德人的情况不同，这种归咎不是一种对受害者身份的宣称方式，也不是一种寻找作恶者的方式，而是一种对个人和集体罪恶感的接纳方式：既然无罪感和无意志力的生活是不可能的，那每个人都会在他人心中留下怨意。

第五章 认真对待"责任"

在统计推理（statistical reasoning）中建立责任

如果有人认为这一论点仅限于埃文斯-普里查德本人的道德遐想，或者是20世纪中叶的非洲，那么我们可以来看看近几十年来英国（可能也包括其他欧洲国家）在责任制度上的发展和变化。近几十年来，英国在新型责任关系的创建方面经历了前所未有的增长。这和阿赞德社群中日益增长的巫术问责有得一比。当然，它们的语境和问责方式是不一样的。从这一特定角度来看，这些变化使得我们英国人更像阿赞德人而不是努尔人——在人与人之间，新的社会联结关系也正在不断地由一些不可见的事物组建而成。人们所承担的责任虽不是由巫术和神谕而产生，但确实是制度化的统计推理的产物。

我们很熟悉在法律体系中统计数据如何被用来减轻个人责任。例如，一个儿童性侵谋杀案的犯罪嫌疑人的辩护律师在为其做辩护时声称，"一个人在童年时经历过被父母双方殴打和性侵，长大后成为性侵者的概率为87%"，等等。这种通过援引犯罪率来试图将犯罪归因于"社会"的做法，以及单个犯罪者仅是"执行犯罪的工具"的论调，最早可以追溯到1832年比利时的统计学家阿道夫·凯特莱（Adolphe Quetelet）（Hacking 1990：114-18）。在法律上，或是在更广泛的道德判断上，对于我们究竟应该如何对待和处理这种"统计式的减刑"，现在仍没有定论。

人们很少注意到统计分析的反向效果，即它创造了迄今为止超乎想象的责任。通过这种分析方式，那些在单个事件层面上看起来像是一场事故、一次不走运的小事故或者不幸（例如交通事故）的事情，可以在过去发生的、未被察觉的错误举动中找到根源，并且找到可被问责的能动体。你所涉事故，或者你所遭受的无法解释的疾病，如果可以被证明属于有统计学意义的事实（或者趋势）的一部分，那么便可以归责到这种大环境，从而诉求某种回报（例如赔偿）。将一组症状划定为某种综合征（例如"海湾战争综合征"）并将其与某一特定原因联系在一起的做法，与此如出一辙。所以，如果你在工作时受到了看似意外的伤害（或是住院，或是对"失败的学校"感到失望等），而且你的公司发生这类事故的频率高于其他可比的竞争对手，或者在同一公司里你遭遇这类事故的频率高于其他类事故，那么你至少可以开始作为恶意过失的受害人提起赔偿诉求。

这种统计学分析经常会被用来创建或发现新的过失和恶行。它在创造新的责任中体现得尤为有效，特别是那些包括和附加在集体能动体（collective agents）身上的责任。如果没有这种统计学分析方式，这些集体能动体的责任也不可能存在，或根本不能想象。例如，我们可考虑一下关于"间接歧视"的案例。一大群代理人（包括个人、私人机构、公共组织），只要其是在英国执行"公共职能"，立马便被赋予了一种新的责任。这种责任是投身于某些世界范围内的统计学指标（例如，在雇佣中应遵守的性别和种族平等原则）。这意味着，我们完全可以想象一个单一事件——选择雇用（或者提升）某个人而非其他人。就这一决定的性质本身而言，这本不应受谴责（被雇用或者提升的那个人纯属走运，而其他人只不过是没那么幸运罢了。他们的不幸不是由某人的恶行所致）。但是现在，在统计学层面上，这些决定和行为产生了一定的累积性效果。例如，与女性相比，更多的男性被雇用或提升，那么这些没获得工作或者没能升职的女性便会被认定为受害者。她们的苦难并不是个别决策所致，因为这些个别决策本身无可厚非。她们的苦难是因具有相似效果的个别决策累积而生。如果没有统计推理的存在，我们就将无法看到（或想象到）这些事实情况。这些事实同时也创造了一种不正义（injustice）类别。如果没有这一类别，这些不公平待遇和困境也还只是个别的不幸案例而已。因此，法律要求雇主切实落实这种统计学分析，以发现诸如上文谈及的累计性效果。这种立法要求不仅创造了善于计算的自我和可被计算的空间（Miller 1994），也创造了越来越多的责任。

雇主现在可能要为促成了一个令人遗憾的统计趋势而负责。那些被拒绝的女性受害者的遭遇的严重性和雇主的过错程度都取决于这种不可知的事物。在此之前，这些都只是不走运罢了，可现在出现了"道德运气"（moral luck）（Williams 1981）。正如猎巫一样（Evans-Pritchard 1937:148），这种由审计衍生出来的统计学分析的不断扩张（正如最近它所做的那样）是以牺牲"运气"或"命运"等概念为代价的（Hacking 1990；Bernstein 1996；Desrosieres 1998）。① 这些发展都倾向于发现那些新型的行为、伤害和过失，而且它们也倾向于将责任越来越多地归咎于个人以外的实体（刑法中关于"公司过失杀人"概念的引入便是如此）。当然，这

---

① 因此，统计分析及审计对统计分析的使用形成了一种媒介，其作用是认定特定事务状态（或其后果）之中的责任，而这些状态和后果也只有通过这些技术才变得可以被识别。这一点再一次与阿赞德人存在相似之处。埃文斯-普里查德曾评论，人们遭受的许多不幸是由看不见的力量造成的，所以对抗这些力量的唯一根据是那些通过神秘方式获得的知识（1937:267）。他写道："在涉及巫术、魔法与鬼魂等问题时，人们需要咨询神谕，而神谕所提供的信息往往指示神秘力量的存在，而其本身也是神秘力量存在的唯一证据。"（1937:342-43）

些恶行是否被揭发往往取决于这些公司或公共组织的赔偿能力。与阿赞德人的巫术一样（但与我们的刑法基本不同），这方面的操作严格地遵循政府的管理技术。借用威廉姆斯的话来说，责任的追究要基于所得回应的价值。①

在阿赞德人的案例中，那些能有效地创造和分配责任的做法（如占卜等），在某种程度上被其他一些能软化和分散责任的做法所中和与平衡。这些做法通常是模糊（或减轻）责任的严重性或重量级。其中，第一种做法便是将巫术说成是遗传的。这意味着：即便你是巫师，这也不完全是你的过错；但如果你使用巫术的话，那便可以成为你的过错。所以，在某种程度上，因巫师身份而起的责任义务是被你的亲人群体分担了的，故而你的责任得以减轻（Evans-Pritchard 1937:26-7）。第二种做法是说，施巫本身可能是一种无意识行为——不仅是无意的，而且是完全不知情的，直到占卜揭示出来为止（1937:109）。这便为被发现的巫师留了一个缺口，他们或多或少地以接受指控并辞职的方式撇清谴责，而不是通过积极的反抗来承认责任。人们对巫师的刻板印象是卑鄙的、愤恨的、没有礼貌的人，所以当他们面对指责时，这样彬彬有礼的回应是为了否认其施巫的事实。即便是在没有指控的情况下，当拜访一位病危好友时，巫师仍会完成以下这个简单的仪式。他会说："如果是我的巫术在杀害他的话，请他康复过来吧。"（1937:126）这是一种礼貌的做法。在这种状况下，就问责多少这一点而言，人们那些将所有疾病都归罪于他人的怀疑会被软化，因为这真的可能只是无心之过罢了。

---

① 我们应该注意到，这些过程（以及责任的激增实践）中有一个意义深远的问题：恰恰与实践论中的假设相反，一个人"能动性"的增强并不一定伴随着个体对赋权与自由的体验。

在统计学分析制造出来的责任里，也存在类似的削减责任的手段。就像上面的阿赞德民族志所体现的那样，在平衡因数据分析而起的责任方面，我们创造出来的一些辅助性机制和实践就是为了软化或者分散所划定的责任和赔偿诉求。其中，保险是最有力、最重要的机制。我们完全可以预料，保险的发展所依赖的主要原则与责任赔偿一样，都是数据和风险分析。保险正是通过类似的统计分析来保护个人和企业。与阿赞德人的巫术继承观类似，保险的广泛应用意味着，对这些新型责任和过失的承担会分散到整个社会。赔偿成本会直接落到新发现的过错人头上——大多数是雇佣方和公共组织，但是这些消耗也会通过保险金的定价机制而间接地、公平地分摊到每个人头上（当然，并不是所有的责任都可以以这种方式被分散掉；对特定机构和个人的谴责仍会存在）。尽管这些分散过程是通过市场而非国家政府机构来完成的，可是我们不能否认，这同时也是一种增强社会主义责任集体化、削弱自由主义政体的有效方式（Ewald 1991；O'Malley 1996）。

我这里对新型责任创造过程的讨论，连同对努尔人和阿赞德人的社会实践的区分，都是为了说明问题。我并不主张，这些创建新关联以及相关责任的动态过程在我们这个时期是唯一的甚至主要的。我也不主张，这种现象是英国社会的全部。很多示例可以证明一股相反趋势的存在："责任化"个体日益涌现（例如Rose 1999）。我们几乎可以肯定，历史是复杂的，而不是单线发展的。正如尼采所说的那样（1994［1887］），关键在于，"责任"作为一种概念是有其自身历史的（详见 McKeon 1990；French 1992）。尼采本人就曾提纲挈领地描述过，自我负责的个体（self-responsible individual）——一个能够做出承诺的主体——

在历史上是如何产生的。对帕特里克·阿提亚（Patrick Atiyah 1985）而言，某种程度上，这一发展在20世纪被扭转了；例如，"注意义务"（duty of care）等概念与合同自由原则实现了平衡。同样，统计推理创造出了新责任认定和求偿方式。它们的法理基础与托马斯·哈斯克尔（Thomas Haskell 1998）描述过的18世纪晚期英格兰的发展经历类似。当时，因商业贸易扩张而不断形成的跨区连接网在反对跨大西洋贩卖奴隶运动中起到了至关重要的作用。在很大程度上，改变的不是人们关于贩卖奴隶的道德评价——人们一直都在谴责这种行径①，改变的是，老百姓在历史上第一次通过商业链中的因果关系感受到了贩卖奴隶事件中的个人责任，故而做出了积极的抗争。

绝对自我责任？

正如我们上面看到的，某些观念与实践事实上扩展了人们所需承担责任的范围，它超越了此时此地的个体可能因其行为而担负的责任，从而使责任关系在社会网络里泛化了。与此同时，其他观念也带来了相反的趋势。因此，佛教、印度教和耆那教的许多学派中都有关于"业"（karma）和"轮回"（re-birth）等的复杂思想。这些概念一起支撑了"绝对自我责任"这一概念，即表面上看起来很偶然的不幸，实质上是一种今生的德化上苍因你的前世所为给予你的惩罚。当然，在实践中，这些观念往往与其他一些解释体系交织在一起，形成了一种平行关系或竞争关系（详见 Keyes and Daniel

---

① 关于这一点的更多论述，以及对废奴运动的补充描述，请参见布朗（Brown 2006）和阿皮亚（Appiah 2010）。

1983）。如史蒂文·帕里什（Steven Parish）在描述那些居住在尼泊尔城镇的尼瓦尔人（Newars）时讲过，不论哪种解释体系，在通过"业"的逻辑来追忆过往而非今生时，都会有一种不一样的体验。因为对于个人来说，用于解释此生因果的前世行为是不可知的。原则上，它可能覆盖任何事情——例如，在前世，你可能是动物或者昆虫，与此生可以断定的行为相比，前世的行为不会使人产生一种强烈的、直接的斥责感。虽然"业"之果可以被认为是"自我"的一部分，但是人们还是会觉得，这些前世的行为不像是"我"做过的事情。帕里什评论道："这似乎很违反常理：个人的斥责感会随着责任的绝对化（但仍是不确定的）而减弱。"（1994：113-14）但仅仅是减弱而已。帕里什进一步注明，尼瓦尔人在归责上可以选择：他们可以把厄运归结为"业"或"达萨"（dasa）。"达萨"大体上和"情况"和"条件"的意思相近，通常与占星有关，用来解释厄运。与"业"的概念不同，"达萨"并不包含责任带来的耻辱感。帕里什解释说，总体而言，他认识的尼瓦尔人更倾向为严重的灾祸寻找责任人，而对那些不足为道的不顺之事，他们则不会问津。帕里什很正确地指出，在这一点上，西方人和尼瓦尔人很像。比如，诺布和多里斯（Knobe and Doris 2010）曾描述过，在心理学实验中，参与者更倾向将产生恶果的行为说成是故意的；故而，相比于褒奖别人，他们更容易埋怨他人。同样的，当实验人要求参与者对偶然事故导致的伤害做评论时，相比于轻伤害，他们更倾向责难那些产生严重后果的行为，将其判定为过失。在尼瓦尔人的案例中，帕里什写道，因神智缺陷而犯下的小过错并不会被认定为罪过，但杀戮之罪并不会因其神智缺陷而被削减："一项行为的后果越严重，与行为人的本来意向越不相关。"（1994：110）用"达萨"

来解释意外事故（如滑倒或摔伤），而用"业"来解释严重的、无法挽救的伤害（如失明、丧偶等），这似乎讲得通。

另外，帕里什还说，在逻辑上，"业"的解释系统可以包含"达萨"的解释系统——你今生命格不好的原因在于你前世所作的孽。但实际上，人们并不会自发地去这么解释，当有人这么做时，一些人还会站出来反对这一做法（1994：115）。在这里，我们应该注意，这种评判方式（在多大程度上我的生活和行为真是我自己的作为）取决于有意的自我形塑（self-cultivation）。一些人类学家（Hoffman 1997；Mittermaier 2011；Rasanayagam 2011）就曾描述过穆斯林信众如何将梦和幻觉视为一种显灵——他们并不认为梦是因个人心理状态而起，而是将其理解为真主显灵。与马哈茂德（2005）描述的虔敬运动相比，对这些人来说，自我形塑的目的是要提升自己感受真主显灵的能力。当然，其中最重要的部分是培养自己对梦和幻觉的正确回应方式。但是，这些行为归根结底并不是源于自己本身，而是源于一种回应责任，接受神灵对自己所做的事（这和上面讲过的威廉姆斯的对责任中关于"状态"和"回应"的概念区分相似）。与之相比，耆那教积极鼓励人们做的一件事是：有意识地尝试将发生在你身上的一切归因于你自己过去的行为。耆那教的典籍中充满了圣人显灵托梦的故事，而这些往往都被视为一种福报。可是，这些显灵的故事却总是有着相同的内容：他们都是"雅提斯玛禳严"（jatismarangyan），即一种关于一个人无限多的前世里所有细节的即刻协同性的知识。对这种奇幻知识的回应方式也只有一种：对自我的灵魂负责，开始用苦行的方式来逐步开悟，以获得解脱。

第六章

不情愿的食人者

THE SUBJECT OF VIRTUE

伯纳德·威廉姆斯（1993）的研究成果为我们在上一章中对道德责任的历史性比较分析提供了很好的基本框架。他之所以能对古希腊人的责任观做出如此有洞察力的议论，很大程度上是因为，他能够认真地对待他笔下所描述的人们当时所处的状态。从某种程度上来说，这和人类学家想要做的一样，但人类学家并不总是能够保持这种态度。威廉姆斯所论述的古希腊概念其实并非与我们的现代生活对立，而是为我们提供了一种可能。当然，这也正是麦金泰尔（1981；1988）在提出"不同传统相遇论"（encounters between traditions）时想说的（参见第二章）。在本章中，作为结语，我想提倡，在研究道德人类学的时候，我们可以大力地借鉴威廉姆斯的比较方法。因为他的方法能使道德人类学家真真正正地、认认真真地去对待我们所研究的对象，从而使这个学科本身成为一种道德实践模式，并不断地延续下去。

虽然威廉姆斯承认古希腊思想的特殊性，但是他的分析却并没有把古希腊的文化和我们的文化视为两种彼此对立的、相互排斥的形态（参见第一章）。在威廉姆斯的分析当中，最重要的对比反而出现在"我们"日常的反思式思维、实践判断和经验与我们最具影响力的理论和公共规范之间。这一对比体现的也正是，我们日常思维的多样性、复杂性与我们规范化思维的狭隘性、刻板性之间的反差。威廉姆斯所阐述的古希腊思想能够支撑这种对比反差的原因就在于，这些思想和观念处于读者群（这主要包括他所说的"我们"）的道德视野之内。当然，威廉姆斯不是想让他的读者变得如古希腊人那般思考与行事，而是想邀请读者去认真地揣摩古希腊人当时的思想和实践——身临其境、设身处地地去认真思考，从他们的角度来重新审度自己的想法。虽然威廉姆斯对他的读者做出了这样的建议，但他并没有为读者设定一个特定的目标，也没有提出任何切实的政策性规范。可是，威廉姆斯的确使他的读者意识到，他所描述的一些事情其实在他们的头脑中已然存在，只不过是被他更有条理地呈现出来罢了。古希腊人不是我们现代人的"极端他者"（radical other）——例如，古希腊社群中心主义人格与现代个人主义自我观之间的反差，而是我们的警示。当我们借用古希腊人的眼光来审时度势的时候，我们就能够注意到那些被现代的规范性理论（normative theories）所掩盖的东西。威廉姆斯曾很明确地指出，在批判和反思自我行为方面，民族志描述的确要比规范性道德理论更好、更有效。在这里，我们可以看出，他把民族志当成理论来使用——威廉姆斯认为，我们更应该以一种汲取方式来学习古希腊，而不应该止步于知晓。我们学习古希腊的目的是能够更好地反思自己，拓展我们的视野，提升我们的判断能力。文化性和历史性的差异应该是我们理解的起点，而不应该成为我们早熟的结论。

在这里，也许我们可以来对比一下肯尼思·里德（1955）关于加胡库-加玛人的道德实践的经典著作。里德一开篇便抨击了文化相对论。他论辩道，韦斯特马克和赫斯科维茨等将道德等同于社会文化规范，这种做法完全误识了道德的本质——道德的核心是人们对这些规范的批判性反思能力。故而，里德认为，跨文化比较必须要超越社会规范层面，到更深的层面去研究，要深入不同文化所产生的不同自我观，以及由这些"本体论差异"（ontological differences）衍生出来的不同形式的反思和实践模式。里德的这一论证基调本来是很有前景的，但是他随后的议论却不尽如人意。他最终的结论更是让人大跌眼镜。他说，加胡库-加玛人的人格观与我们大不相同。当地人的确有很强的个体观念，但是却不认为每个人都具有同等的、不变的道德价值。他们对道德义务的认知很"分散"（distributively）：你对别人的义务和行为方式会随着他们的社会地位和彼此之间的社会关系的改变而改变。正因为当地不存在固有不变的个人道德价值，也不存在因人性而生的个体间的平等性义务，所以他们没有"道德普遍主义观"。因此，里德认为，当地不存在真正意义上的道德义务。

正像其他那些以"我们-他们"的对立关系为基础的人类学作品一样，里德拿来与加胡库-加玛人的生活做比较的并不是关于"我们"的道德实践的民族志描述，而是规范性原则。即便里德本来预想的是做一项一些同时代人类学家没有做过的研究——把对道德生活的观察作为民族志的核心，可是，正是在这一节点上，他的议论却倒向了没有实质性意义的"我们-他们"的二元对立关系。一旦采取了这样的分析方式，里德关于加胡库-加玛人的思想和实践的描述就难免沦为一种单向的拿"我们的"道德规范标准来衡量"他们的"道德实践的手段。当地人道德系统中"最关键的特性"随之也变成了"道德义务普遍化过程（予以每一个体不变的道德价值）中的失败"（1955：263）。尽管在很多方面里德的民族志描述是很有洞察力的，但是在他采取了这种理论分析方式之后，似乎加胡库-加玛人就变得需要在道德观上向"我们"学习，而没什么可以教"我们"的了。他的这种论调和态度与威廉姆斯之前的古典学专家一样，都觉得古希腊人没有道德责任观念。

如果里德真的能够认真地思考一下他所观察到的加胡库-加玛人的道德生活，那么他也许就会发现，所谓的"分散式"道德义务其实也没有那么离奇。他可以按威廉姆斯的做法，用不同的方式来比较分析"我们-他们"。如果道德研究只是不断地去适用"道德普遍主义"的话，那么的确一切都会变得简单许多（但不是说会变得容易），变得像政府单位做宣讲那样直接，而不再是像过日子那样复杂。如果加胡库-加玛人觉得自己对陌生人和对亲朋好友应负担同等的责任，不知道里德在知晓后还会不会和以前一样认同他们的做法？如果里德不再故步自封，不再把"道德普遍主义"认定为"我们"的道德生活的全部（里德认为"道德普遍主义"源于基督教传统），那么他也许会很惊奇地发现，在日常做决定的时候，他也会时不时地去权衡和调谐那些他所谓的"分散式"道德责任。倘若真是如此，到那时，里德也许就会意识到，其实我们可以更细致地拿"我们"在不同场景下做出的复杂的道德抉择与加胡库-加玛人的道德实践做比较。如果里德可以这么做的话，那么他的民族志便可以不再受"我们-他们"的二元对立分析模式的禁锢，而在他渴望的"非相对论"道德人类学上走得更远。同时，这也可以使他更认真地去对待他那些加胡库-加玛人朋友的道德生活，从他们身上学到更多。

所以，我认为，威廉姆斯通过区分历史性和文化性差异所达到的效果（里德没能做到这一点）是，在作者、读者与民族志之

第六章　不情愿的食人者

间建构了一种学习关系；换句话说就是，使作者和读者敞开心扉，真诚地向田野中的人群学习，不断地改进个人的想法和行为。这也正是威廉姆斯所说的"民族志姿态"（1986:203-4；另见第一章和第二章）。通过不断地进行民族志想象，我们也在经历一个富有反思性的自我形塑过程。

作为一种自我形塑，道德本身就是一个答疑的过程。如我们在前面提到的（参见第三章和第四章），它架构在自我与导师（或道德模范）的差距之上。即便如此，这种差距也是可以通过不断地学习来弥合的。当然，同一学习过程并不意味着会产生同质的效果。就好像我们在第三章中谈到的蒙古佛教徒修习"无知"的案例一样（Mair in press），学徒并不必然变得和其所学之人（或其所模仿之物）一模一样。但是，在教学关系中，徒弟与师傅之间存在的差异的确会随着徒弟在学习过程中自我的不断改变而逐渐地消减。人类学调查研究本身（包括田野调查、阅读和撰写民族志）如果想要成为一种道德实践方式，便需要类似的结构性；也就是说，我们对其他道德生活方式的研习若想要变成一种自我修养方式，我们就需要通过不断地改变自我来超越我们原有的偏见和狭隘。从这种角度来看，人类学方法的主要特征之一便是，民族志的描述对象不能被想象成绝对的异类："他们"并非完全生活在与"我们"的世界完全隔离的另一个世界里。

拉内·维勒斯拉夫（Rane Willerslev 2007）关于西伯利亚的北尤卡吉尔人（Yukaghir）的狩猎实践和泛灵论的精彩描述可以很好地说明这一点。这本民族志的核心意图就是要"认认真真地"学习尤卡吉尔人在狩猎和对待动物时认为重要的事情。维勒斯拉夫写道，在翻译当地人所说所做（往往是那些与人类学家已有的观念相冲突，或在他们看起来很不理智的行为）时，人类学的固有习惯是将其喻为特定的社会结构来加以理解。例如，将其归结为政治或经济变化，抑或理解为当地人的关于性别关系或者新自由主义的评述（通常和人类学家自己对这些问题的看法惊人的相似）。维勒斯拉夫认为，这种诠释方法向我们展现更多的是人类学家的个人价值偏向，而不是当地人的实践。人类学家没有真正认真地按当地人的理解来诠释当地的实践，而只是在翻译自己已经熟悉的或者自己觉得有意义的当地现象罢了。这难免目的论之嫌。这种做法阻碍了我们去了解那些与我们的宇宙世界观不同的人群的思考与实践方式。例如，尤卡吉尔部落的泛灵论思想。正像拉比诺（Rabinow 1983；2011）所说的那样，在相对主义和象征主义文化人类学诠释体系中，这种做法"给真理和认真的态度打上了引号"。尽管对于他们来说，所有的文化差异都是有价值的，但是这么做使得其价值变得微不足道。拉比诺认为，最终的结局将是道德虚无主义，而这恰恰与人类学家的良好初衷相违背——对于他人而言严肃、确实的事情，却被人类学家当成儿戏来研究。

维勒斯拉夫的最初想法是，如果想认真、严肃地对待尤卡吉尔部落的泛灵论，那么我们就需要认识到，当地人可能生活在一个与"西方的本体观"完全不一样的世界——一种根植于不同基础的平行的现实存在——之中。但是，当维勒斯拉夫试图从他最要好的尤卡吉尔朋友那里确认他的这种理解时，他收到的却是嘲笑。在他的尤卡吉尔朋友看来，维勒斯拉夫就像孩子一样。他按当地人的想法勾勒出来的那种自成一体的宇宙观，缺少了对现实复杂性的认识。因此，维勒斯拉夫最终没有将泛灵论总结成为当

第六章　不情愿的食人者

地的尤卡吉尔人日常生活的全部，也没有将尤卡吉尔部落定性为一群生活在不同本体观指导下的人，而只是将泛灵论说成是狩猎中产生的特殊实践而已。维勒斯拉夫认为，因为当地人需要长时间在森林中狩猎，他们经历的与世隔绝和极度的危险使他们与动物之间产生了很强烈的、和平时生活不一样的接触方式。这种狩猎方式（当地的狩猎者全是男性）对于当地人来说，是一种与众不同的存在形式。维勒斯拉夫对当地人的这种存在形式的描述，以及对当地人与猎物之间复杂关系的描述，极富说服力。他的描述，正像他的田野亲身经历一样，使读者能够感受到"泛灵论"在狩猎中的存在真实性。

在当地，如果想成功地捕猎麋鹿，狩猎者需要对被猎动物进行出神入化的模仿，以至于猎物会错误地以为猎人是自己的同类，从而被引诱入网。这种模仿使得狩猎者体验到的不是单独一只麋鹿的主体性，而是麋鹿整个种群的主体特征——从这方面来说，狩猎者在赋予动物"人格"时所针对的也不是单只动物，而是整个种群。但是，这种模仿带来的主体转变不能太过完整。维勒斯拉夫提醒说，狩猎者必须在变成"非非动物"（not not-animal）的同时，维持其"非动物"的主体性。如果哪个狩猎者没能坚守这样的平衡，那么他完全可能彻底地忘却自我（忘记自己不能像其他的麋鹿那样，忘记自己需要重返营地取暖和进食），以致最终在森林里孤独地死去。

在当地的日常村落生活中，狩猎者和社群里的其他人在个人经历和相互理解中存在鸿沟。狩猎者经常会发现，自己很难融入日常的村内社交群。狩猎者都是以故事的形式讲述自己所知道的事情。这和萨满教的做法很像。维勒斯拉夫认为，萨满巫师变成神灵的方式和狩猎者变成动物的方式有异曲同工之妙。但是，维勒斯拉夫将自己变成一名当地的狩猎者的经历却证明，这种理解上的鸿沟是可以被逾越的。为了看清尤卡吉尔人泛灵观的真实性，我们需要做的不是把他们放到另外一个世界里解析，而是像他们一样去生活，从而去理解这些狩猎者对这个世界的认知。这么做，我们才可以学习到我们不曾意识到的在这个世界里生存和行为的其他方式。进而，我们才能更进一步地了解在这个世界里我们原本不知道的一些东西。就好像我们同古希腊人的关系一样，尤卡吉尔人和我们不是生存在不同的世界里。正因为我们同处于一个世界，认真对待"他们"之所知才会警醒"我们"的理论之不足。①

当然，人类学家本身的猎奇心态和对文化差异的追逐不足为奇。在人类学领域内，想要成为格尔茨笔下的"惊愕销售商"（merchants of astonishment, Geertz 1984）也是一件很容易的事。如果我们这么做的目的是更好地说服别人，社会科学理论需要建立在我们对全人类实践的理解之上，那么猎奇还是有意义的。但是，这么做的危险在于，我们是否认为只有绝对的文化差异在理论上才是有趣的，只有不可逾越的文化鸿沟才能对我们的既有知识产生挑战？这种对绝对文化"他者"的"人设"，假想他们存在于一个和我们截然不同的、完全隔绝的世界里，事实上并不能为我们提供任何有实质意义的理论挑战，也不能迫使人们去重新审视自己的思想和行为、用新的世界观来看待事物（人类学对整体论［holism］和完全濡化［thorough enculturation］的理论假设

---

① 维勒斯拉夫也会时不时地"开倒车"，暗示说，被尤卡吉尔人的泛灵论实践所挑战的理论和观念本身就足以使我们理解"西方"。

也可以很容易地解释文化差异性,因此在理论上也是同样的肤浅)。我们在前面提到过,20世纪的经典文化批判理论曾提出了所谓的激进挑战(例如,玛格丽特·米德[Margaret Mead]的青年研究等),从不同角度来看,这其实反而为学科内部已有的强势理论提供了更多的支持。另外,如果像汤姆·博尔斯托夫(Tom Boellstorff 2005:26)那样认为,人类学在文化差异性问题上已经到达了理论的尽头,这未免也有些夸张。不过,他号召,人类学家应在"同和异这对熟知的相对关系"之外进行系统的思考,这还是有道理的。如果人类学过于专注绝对的文化差异性,那么我们很可能就会误导其他学科的研究者认为,人类学的观察都是因绝对的文化差异而生。结果便是,他们无法看到一部好的民族志在思想上的变革力。只有当人们意识到彼此的差异其实没有看起来的那么巨大时,人们才会认真、严肃地去对待这些表面上看起来只不过是些"奇闻逸事"的东西。也只有这样,人类学的观察才能更有说服力。

近来,在道德研究问题上,一些哲学家复兴了休谟的几个想法,提出了"新休谟主义"(例如,Joyce 2005;Wong 2006;Prinz 2007)。其中最主要的理论主张是,我们可以从人类情感的本质和社会生活的基本面来解释人们的道德行为。他们的具体论述各不相同。这里由于篇幅的关系就不再进行论述和比较了。但是,需要指出的一点是,他们之中存在一个很有趣的共同点:因为这些哲学家认为自己在为道德提供实然性的描述,而非应然性的论辩,所以很多人直接引用了社会科学研究中的实践例子,尤其是人类学领域的。并且,他们还主张,道德相对论的事实性存在(关于这一点,他们从人类学中拿到了大量的证据,认为道德情感和道德态度之间存在很大的文化差异）可以佐证他们提出的道德自然主义学说。在众多的人类学例子（主要是那些证明了不同文化之间存在巨大道德差异的例子）中，他们最喜欢援引的是"食人俗"（cannibalism）。其主要论点是：与我们对食人俗强烈的反感和恐惧相比，"全世界的很多文化"都会认同食人俗（Prinz 2007：173）。很遗憾，这些哲学家在援引人类学例证时往往都只关注彰显绝对文化差异的标题性结论，大多不会去关注更确切的民族志描述。否则，他们也许会发现，其实大家的道德情感并不一定会有如此大的反差。他们不应该假定，因为某种行为被认为是"当地文化的一部分"，所以当地人在实践的时候就会觉得很自然、很舒服。这是完全错误的理解。贝丝·康克林（Beth Conklin 2001）关于巴西的亚马孙地区瓦里人（Wari）的葬礼食人俗的描述就能很好地证明这一点：在葬礼上，那些有义务吃食逝者尸体的人经常表现出不愿意和恶心。在很大程度上，这种实践所产生的道德力量往往就需要依赖这些不情愿和反感（另见 Vilaca 2000）。

尽管现在葬礼食人俗几乎完全被抑制了，但是在亚马孙地区，它仍在以不同的方式沿袭。在一些情况下，人们只是吃逝者的骨头，而在另一些情况下（比如，在瓦里部落），逝者的肉会被烤制后食用。这些通常都是逝者的近亲属应尽的特殊义务。逝者的血亲从其去世那一刻起便要看守逝者的尸体，保护它、拥抱它，不断地用大声的哭号来表达自己的悲伤，并尽可能地与逝者的姻亲处理好关系，以便商量下一步计划（当然也并不是能搞好所有的关系）。因为血亲知道自己将和逝者永别，所以他们哀悼的时间不会很短，尽管他们知道最终自己还是要把尸体处理掉。另外，即使对那些和善、懂礼的姻亲来说，他们也需要一定的时

第六章 不情愿的食人者

间来克服自己将食用尸体的恐惧和不情愿。因此，在姻亲进行食人礼的时候，逝者的尸体已然腐烂、流脓。只有对血亲哀悼者极度同情和怜悯，以及怀有极强的道德责任感，姻亲才能战胜自己的不情愿。他们会小心翼翼地分解尸体，避免遗失任何一部分，然后将其放在炙热的岩石上烧烤。与此同时，逝者的血亲会在一旁看守、哀号，并敦促不情愿的姻亲进食。逝者的房产等所有的东西都会被烧毁。其后，遗址也会被族人遗弃。正如当地人对逝者尸体的处理方法一样，逝者的所有都会被销毁，一点都不留。这是因为，这么做可以彻底剪断逝者的魂魄与其尸体之间的联系，也剪断逝者的魂魄与哀悼者之间的关系。在瓦里人的眼中，这种忘掉已逝之人、让其魂魄投胎转世的做法还要求，他们永远不再用逝者的名字。

当然，我们不能假设这种把尸体当成"肉"来处理的做法是一种不尊的行为。恰恰相反，对尸体的食用必须要以崇敬之心来完成。与很多狩猎民族相似，瓦里人对肉的摄取遵循的是种间互惠原则。人类的祖先会再生为动物，而瓦里人也只会猎食这种转世而生的动物，因为他们认为，这些动物的肉体是被送来滋养其在世亲属的。所以，在逝者的尸体被食尽之后，他仍可能会变成野猪而再被猎食。然而，这与食用逝者尸体的不同之处在于，后者这种行为本身是很恶心的，很难完成。这是婚姻关系所带来的最沉重的责任，同时也是定义婚姻关系的关键。对尸体的食用是一种特殊情况下急需的援助，出于责任，也出于同情。在完成这一任务的过程中，帮助者所经历的恶心，以及为了防止反胃而强行的自我控制，都是这一道德责任不可或缺的部分。

因此，事情并不像道德相对主义者所讲的那么简单。我们对这种食人行为所产生的排斥感本身，并不是区分我们与瓦里人的道德敏感度的标识。相反，正是对这些排斥感的共享使我们更直接地体会到了他们的道德敏感度，使我们认识到了当地人的食人行为所体现出的怜悯与关爱。如果我们可以更有耐心地去诠释和理解瓦里人的话，那么我们就能明白，他们的食人俗其实并非"道德相对论"的佐证，也不能证明在道德情感和道德反应方面，"我们"和"他们"之间存在天壤之别。毋庸置疑，他们的生活方式的确与我们的不同，他们拥有与我们不同的信仰和实践，但是他们并不是生活在一个与我们完全不同的道德世界里。瓦里人的关于灵魂转世成动物的信仰是有其自身逻辑性的，关于这一点我们不难理解。我们并非需要全身心地、无我地浸入他们的信仰才能理解他们生活的方式和价值观。我们也并非需要完全放弃自己已有的道德判断（"食人俗是不对的"）才能被他们打动。这里需要说明的是，我不是在简单地建议，因为食人行为符合当地人的习俗，所以这"对他们来说"或"在他们的文化里"就是对的。如果我们去对相关的民族志进行认真的反思，我们很快便会发现，这种说法是站不住脚的。我们在前面已经看到，当地的食人俗可以为悲痛之人带来安慰和解脱。他们在人们面前吃掉已逝的所爱之人，而只有足够的同情、沉着和自控力，方能支撑人们这么做。同意帮忙（而不是拒绝或避免）本身便已经是一种美德，而这些不只是在当地的奇特文化中才有。如果我们真的可以认真、严肃地对待这一民族志，从中汲取养分的话，那么当地的实践就可以告诉我们，在我们认定"食人俗是不对的"之时，我们可能就已经错了。

当然，我以这种方式来结尾并不是想让读者去实践瓦里人的

第六章　不情愿的食人者

丧葬食人礼。然而，我们完全可以在不全盘接纳他们的价值观和概念体系、不采用他们的道德实践的前提下，通过假想他们的生活方式，学习用他们的概念来想问题，用他们的价值观来做评判，拓展自己的道德视野。这种距离感是"民族志姿态"自身的组成部分。当我们在当地实践中看到某种美德时，也并不一定就意味着，此时此地，这种美德实践就是最佳的。对同一个问题可能有很多种更好的方法来处理。并不是所有新的观念和看法都会有明显的、直接的、即刻的实用性。人类学鼻祖泰勒的那些"过时"的主张（Taylor 1871:410）现在看来似乎还有一定的正确性：人类学是一种"改革者的科学"，其自带某种政策倾向性。但是，如果人类学研究者要从这种倾向性出发决定什么才算是人类学知识的话，那么人类学必将成为一个可悲的、毫无活力的学科。我认为这一主张的关键点在于，人类学思想，尤其是民族志想象，可以变成一种反思式的自我塑造方法，变成一种精神操练。这正是因为，人类学不仅包括一种与田野人群的距离感（无论我们多么努力地从"内部"去理解当地人），也包括一种与自己已有知识系统的距离感。人类学本身便充满了质疑。正如克利福德·格尔茨（1968）观察到的那样，我们人类学的从业道德便要求这种讽刺性的距离——这本身就是一种道德经验，一种超越个人的"职业"生活和思想禁锢的道德经验。罗德尼·尼达姆（Rodney Needham 1985:43）称之为在人类学比较过程中"因怀疑而产生的不安"，而这种不安也正是"一种自足性的道德行为，其在生成时就已然变得完满"。

参考文献

Abu-Lughod, Lila. 1986. *Veiled Sentiments: Honor and Poetry in a Bedouin Society.* Berkeley: University of California Press.
    1991. 'Writing Against Culture', in Richard G. Fox (ed.), *Recapturing Anthropology.* Santa Fe NM: School of American Research Press.
    1999. *Veiled Sentiments: Honor and Poetry in a Bedouin Society.* Updated edition. Berkeley: University of California Press.
    2002. 'Do Muslim Women Really Need Saving?: Anthropological Reflections on Cultural Relativism and its Others'. *American Anthropologist*, 104: 783–90.
Agamben, Giorgio. 1998 (1995). *Homo Sacer: Sovereign Power and Bare Life.* Stanford: Stanford University Press.
Agrama, Hussein Ali. 2012. *Questioning Sovereignty: Islam, Sovereignty, and the Rule of Law in Modern Egypt.* Chicago: University of Chicago Press.
Allen, N. J. 1985. 'The Category of the Person: A Reading of Mauss's Last Essay', in Michael Carrithers, Steven Collins, and Steven Lukes (eds.), *The Category of the Person: Anthropology, Philosophy, History.* Cambridge: Cambridge University Press.
Alter, Joseph S. 2004. *Yoga in Modern India: The Body between Science and Philosophy.* Princeton: Princeton University Press.
Althusser, Louis. 1971. *Lenin and Philosophy and Other Essays.* New York: Monthly Review Press.
Annas, Julia. 1993. *The Morality of Happiness.* New York: Oxford University Press.
Anscombe, G. E. M. 1958. 'Modern Moral Philosophy'. *Philosophy*, 33: 1–19.
Antze, Paul. 2010. 'On the Pragmatics of Empathy in the Neurodiversity Movement', in Michael Lambek (ed.), *Ordinary Ethics: Anthropology, Language, and Action.* New York: Fordham University Press.
Appiah, Kwame Anthony. 2010. *The Honor Code: How Moral Revolutions Happen.* New York: Norton.

Asad, Talal. 1986. *The Idea of an Anthropology of Islam*. Occasional Papers Series. Washington DC: Center for Contemporary Arab Studies, Georgetown University.

1993. *Genealogies of Religion: Discipline and Reason of Power in Christianity and Islam*. Baltimore MD: Johns Hopkins University Press.

2003. *Formations of the Secular: Christianity, Islam, Modernity*. Stanford: Stanford University Press.

2006. 'Responses' and 'Appendix: The Trouble of Thinking', in David Scott and Charles Hirschkind (eds.), *Powers of the Secular Modern: Talal Asad and his Interlocutors*. Stanford: Stanford University Press.

Astuti, Rita. 2012. 'Some After Dinner Thoughts on Theory of Mind'. *Anthropology of This Century*, 3: http://aotcpress.com/articles/dinner-thoughts-theory-mind

Atiyah, P. S. 1985. *The Rise and Fall of Freedom of Contract*. Oxford: Oxford University Press.

Austin, J. L. 1961. 'A Plea for Excuses', in J. O. Urmson and G. J. Warnock (eds.), *Philosophical Papers*. Oxford: Clarendon Press.

Austin-Broos, Diane J. 1997. *Jamaica Genesis: Religion and the Politics of Moral Orders*. Chicago: University of Chicago Press.

Badiou, Alain. 2005. *Metapolitics*. London: Verso.

Baier, Annette. 1985. 'Doing Without Moral Theory?', in *Postures of the Mind: Essays on Mind and Morals*. London: Methuen.

1991. *A Progress of Sentiments: Reflections on Hume's Treatise*. Cambridge MA: Harvard University Press.

Barker, John (ed.). 2007. *The Anthropology of Morality in Melanesia and Beyond*. London: Ashgate.

Baron, Marcia W., Philip Pettit, and Michael Slote. 1997. *Three Methods of Ethics*. Oxford: Blackwell.

Bateson, Gregory. 1936. *Naven: Or the Problems Suggested by a Composite Picture of the Culture of a New Guinea Tribe Drawn from Three Points of View*. Cambridge: Cambridge University Press.

Bauman, Zygmunt. 1988. *Freedom*. Milton Keynes: Open University Press.

1993. *Postmodern Ethics*. Oxford: Blackwell.

Beidelman, T. O. (ed). 1971. *The Translation of Culture: Essays to E. E. Evans-Pritchard*. London: Tavistock.

1986. *Moral Imagination in Kaguru Modes of Thought*. Bloomington IN: Indiana University Press.

Benedict, Ruth. 1934. 'Anthropology and the Abnormal'. *Journal of General Psychology*, 10: 59–79.

1935. *Patterns of Culture*. London: Routledge.

Benson, Susan. 1997. 'The Body, Health, and Eating Disorders', in Kathryn Woodward (ed.), *Identity and Difference*. London: Sage.

2000. 'Inscriptions of the Self: Reflections on Tattooing and Piercing in Contemporary Euro-America', in Jane Caplan (ed.), *Written on the Body: The Tattoo in European and American History*. London: Reaktion.

Berlin, Isaiah. 2002a. *Liberty*. Edited by Henry Hardy. Oxford: Oxford University Press.

2002b. *Freedom and Its Betrayal: Six Enemies of Human Liberty*. Edited by Henry Hardy. Princeton: Princeton University Press.

Besnier, Niko. 1990. 'Language and Affect'. *Annual Review of Anthropology*, 19: 419–51.

1993. 'Reported Speech and Affect on Nukulaelae Atoll', in Jane Hill and Judith Irvine (eds.), *Responsibility and Evidence in Oral Discourse*. Cambridge: Cambridge University Press.

Bernstein, Peter. L. 1996. *Against the Gods: The Remarkable Story of Risk*. London: John Wiley.

Béteille, André. 1991. *Society and Politics in India: Essays in Comparative Perspective*. London: Athlone.

Biehl, João. 2012. 'Care and Disregard', in Didier Fassin (ed.), *A Companion to Moral Anthropology*. Chichester: Wiley-Blackwell.

Biehl, João and Peter Locke. 2010. 'Deleuze and the Anthropology of Becoming'. *Current Anthropology*, 51: 317–51.

Blackburn, Simon. 1998. *Ruling Passions: A Theory of Practical Reasoning*. Oxford: Oxford University Press.

Bloch, Maurice. 1989. *Ritual, History, and Power: Selected Papers in Anthropology*. London: Athlone.

Boas, Franz. 1938. 'An Anthropologist's Credo'. *The Nation*, 147: 202.

1942. 'Liberty among Primitive People' in Ruth Nanda Ashton (ed.), *Freedom: Its Meaning*. London: Allen & Unwin.

Boellstorff, Tom. 2005. *The Gay Archipelago: Sexuality and Nation in Indonesia*. Princeton: Princeton University Press.

2008. *Coming of Age in Second Life: An Anthropologist Explores the Virtually Human*. Princeton: Princeton University Press.

Bornstein, Erica. 2009. 'The Impulse of Philanthropy'. *Cultural Anthropology*, 24: 622–51.

2012. *Disquieting Gifts: Humanitarianism in New Delhi*. Stanford: Stanford University Press.

Boswell, John. 1980. *Christianity, Social Tolerance, and Homosexuality: Gay People in Western Europe from the Beginning of the Christian Era to the Fourteenth Century*. Chicago: University of Chicago Press.

du Boulay, Juliet. 1974. *Portrait of a Greek Mountain Village*. Oxford: Oxford University Press.

Bourdieu, Pierre. 1977 (1972). *Outline of a Theory of Practice*. Cambridge: Cambridge University Press.

———1984 (1979). *Distinction: A Social Critique of the Judgement of Taste*. London: Routledge.

———1986. 'The Forms of Capital', in J. F. Richardson (ed.), *Handbook of Theory of Research for the Sociology of Education*. New York: Greenwood Press.

———1990. *The Logic of Practice*. Cambridge: Polity.

———1991. *Language and Symbolic Power*. Cambridge: Polity.

———1993. *The Field of Cultural Production*. Cambridge: Polity.

Bourg, Julian. 2007. *From Revolution to Ethics: May 1968 and Contemporary French Thought*. Montreal: McGill-Queen's University Press.

Brandt, Richard. 1954. *Hopi Ethics: A Theoretical Analysis*. Chicago: Chicago University Press.

Brennan, Tad. 2005. *The Stoic Life: Emotions, Duties, and Fate*. Oxford: Oxford University Press.

Briggs, Jean L. 1998. *Inuit Morality Play: The Emotional Education of a Three-Year Old*. New Haven CT: Yale University Press.

Brown, Christopher Leslie. 2006. *Moral Capital: Foundations of British Abolitionism*. Chapel Hill: University of North Carolina Press.

Burridge, Kenelm. 1975. 'The Melanesian Manager', in J. H. M. Beattie and R. G. Lienhardt (eds.), *Studies in Social Anthropology*. Oxford: Clarendon Press.

Butler, Judith. 1993. *Bodies That Matter: On the Discursive Limits of 'Sex'*. London: Routledge.

———1997. *The Psychic Life of Power: Theories in Subjection*. Stanford: Stanford University Press.

Campbell, J. K. 1964. *Honour, Family, and Patronage: A Study of Institutions and Moral Values in a Greek Mountain Community*. Oxford: Oxford University Press.

Candea, Matei. 2010. *Corsican Fragments: Difference, Knowledge and Fieldwork*. Bloomington IN: Indiana University Press.

Cannell, Fenella. 2004. 'The Christianity of Anthropology'. *Journal of the Royal Anthropological Institute*, 11: 335–56.

———2006. 'Introduction', in *The Anthropology of Christianity*. Durham NC: Duke University Press.

Carrithers, Michael. 1985. 'An Alternative Social History of the Self', in Michael Carrithers, Steven Collins, and Steven Lukes (eds.), *The Category of the Person: Anthropology, Philosophy, History*. Cambridge: Cambridge University Press.

1990. 'Jainism and Buddhism as Enduring Historical Streams'. *Journal of the Anthropological Society of Oxford*, 21: 141–63.

2005. 'Anthropology as a Moral Science of Possibilities'. *Current Anthropology*, 46: 433–56.

Carrithers, Michael, Steven Collins, and Steven Lukes (eds.). 1985. *The Category of the Person: Anthropology, Philosophy, History*. Cambridge: Cambridge University Press.

Carsten, Janet. 2004. *After Kinship*. Cambridge: Cambridge University Press.

Caton, Steven. 2010. 'Abu Ghraib and the Problem of Evil', in Michael Lambek (ed.), *Ordinary Ethics: Anthropology, Language, and Action*. New York: Fordham University Press.

Christman, John. 1991. 'Liberalism and Individual Positive Freedom'. *Ethics*, 101: 343–59.

Christman, John and John Anderson (eds.). 2009. *Autonomy and the Challenges to Liberalism*. Cambridge: Cambridge University Press.

Clarke, Morgan. 2009. *Islam and the New Kinship: Reproductive Technology and the Shariah in Lebanon*. Oxford: Berghahn.

Clough, Paul. 2007. 'The Relevance of Kinship to Moral Reasoning in Culture and in the Philosophy of Ethics'. *Social Analysis*, 51: 135–55.

Cohen, Lawrence. 1998. *No Aging in India: Alzheimer's, the Bad Family, and Other Modern Things*. Berkeley: University of California Press.

Collier, Stephen J. and Andrew Lakoff. 2005. 'On Regimes of Living', in Aihwa Ong and Stephen J. Collier (eds.), *Global Assemblages: Technology, Politics, and Ethics as Anthropological Problems*. Oxford: Blackwell.

Collins, Steven. 1982. *Selfless Persons: Imagery and Thought in Theravada Buddhism*. Cambridge: Cambridge University Press.

1994. 'What are Buddhists Doing When They Deny the Self?', in Frank E. Reynolds and David Tracy (eds.), *Religion and Practical Reason: New Essays in the Comparative Philosophy of Religion*. Albany NY: SUNY Press.

Conklin, Beth A. 2001. *Consuming Grief: Compassionate Cannibalism in an Amazonian Society*. Austin: University of Texas Press.

Cook, Joanna. 2010. *Meditation in Modern Buddhism: Renunciation and Change in Thai Monastic Life*. Cambridge: Cambridge University Press.

Cook, John W. 1999. *Morality and Cultural Differences*. New York: Oxford University Press.

Csordas, Thomas J. 2009. 'Growing up Charismatic: Morality and Spirituality among Children in a Religious Community'. *Ethos*, 37: 414–40.

(in press). 'Morality as a Cultural System'. *Current Anthropology*.

Dalton, Doug. 2007. 'When is it Moral to be a Sorcerer?', in John Barker (ed.), The *Anthropology of Morality in Melanesia and Beyond*. London: Ashgate.

Dan-Cohen, Meir. 1992. 'Responsibility and the Boundaries of the Self'. *Harvard Law Review*, 105: 959–1003.

—— 2006. 'Socializing Harry', in Harry G. Frankfurt, *Taking Ourselves Seriously and Getting it Right*. Edited by Debra Satz. Stanford: Stanford University Press.

Daniel, E. Valentine. 1984. *Fluid Signs: Being a Person the Tamil Way*. Berkeley: University of California Press.

Das, Veena. 2007. *Life and Words: Violence and Descent into the Ordinary*. Berkeley: University of California Press.

—— 2010a. 'Moral and Spiritual Striving in the Everyday: To Be a Muslim in Contemporary India', in Anand Pandian and Daud Ali (eds.), *Ethical Life in South Asia*. Bloomington IN: Indiana University Press.

—— 2010b. 'Engaging the Life of the Other: Love and Everyday Life', in Michael Lambek (ed.), *Ordinary Ethics: Anthropology, Language, and Action*. New York: Fordham University Press.

—— 2012. 'Ordinary Ethics', in Didier Fassin (ed.), *A Companion to Moral Anthropology*. Chichester: Wiley-Blackwell.

Dave, Naisargi N. 2012. *Queer Activism in India: A Story in the Anthropology of Ethics*. Durham NC: Duke University Press.

Davidson, Donald. 1984. *Inquiries into Truth and Interpretation*. Oxford: Clarendon Press.

Davidson, James N. 2007. *The Greeks and Greek Love: A Radical Reappraisal of Homosexuality in Ancient Greece*. London: Weidenfeld & Nicolson.

Day, Sophie. 1999. 'Hustling: Individualism among London Prostitutes', in Sophie Day, Evthymios Papataxiarchis, and Michael Stewart (eds.), *Lilies of the Field: Marginal People Who Live for the Moment*. Boulder CO: Westview Press.

—— 2007. *On the Game: Women and Sex Work*. London: Pluto Press.

Day, Sophie, Evthymios Papataxiarchis, and Michael Stewart. 1999. 'Consider the Lilies of the Field', in Sophie Day, Evthymios Papataxiarchis, and Michael Stewart (eds.), *Lilies of the Field: Marginal People Who Live for the Moment*. Boulder CO: Westview Press.

Deleuze, Gilles. 1988 (1986). *Foucault*. Minneapolis: University of Minnesota Press.

—— 1995 (1990). *Negotiations*. New York: Columbia University Press.

Deleuze, Gilles and Felix Guattari. 1983 (1972) *Anti-Oedipus: Capitalism and Schizophrenia*. Minneapolis: University of Minnesota Press.

Desrosières, Alain. 1998. *The Politics of Large Numbers: A History of Statistical Reasoning*. Cambridge MA: Harvard University Press.

Doris, John M. 2002. *Lack of Character: Personality and Moral Behavior*. Cambridge: Cambridge University Press.

Douglas, Mary. 1980. *Evans-Pritchard*. Brighton: Harvester.

Dumont, Louis. 1980 (1966). *Homo Hierarchicus: The Caste System and its Implications*. Chicago: University of Chicago Press.

—— 1985. 'A Modified View of Our Origins: The Christian Beginnings of Modern Individualism', in Michael Carrithers, Steven Collins, and Steven Lukes (eds.), *The Category of the Person: Anthropology, Philosophy, History*. Cambridge: Cambridge University Press.

—— 1986 (1983). *Essays on Individualism: Modern Ideology in Anthropological Perspective*. Chicago: University of Chicago Press.

Duranti, Allessandro. 1988. 'Intention, Language and Social Action in a Samoan Context'. *Journal of Pragmatics*, 12: 13–33.

—— 1993. 'Intentionality and Truth: An Ethnographic Critique'. *Cultural Anthropology*, 8: 214–45.

—— 2008. 'Further Reflections on Reading Other Minds'. *Anthropological Quarterly*, 8: 489–94.

Durkheim, Emile. 1933 (1893). *The Division of Labour in Society*. New York: Macmillan.

—— 1951 (1897). *Suicide: A Study in Sociology*. Glencoe IL: Free Press.

—— 1953. 'The Determination of Moral Facts' (1906) and 'Value Judgements and Judgements of Reality' (1911), in *Sociology and Philosophy*. Edited by David Pocock. London: Routledge.

—— 1957 (1937). *Professional Ethics and Civic Morals*. London: Routledge.

—— 1961 (1925). *Moral Education: A Study in the Theory and Application of the Sociology of Education*. Glencoe IL: Free Press.

—— 1973. 'Individualism and the Intellectuals' (1898), and 'The Dualism of Human Nature and its Social Conditions' (1914), in *On Morality and Society*. Edited by Robert N. Bellah. Chicago: University of Chicago Press.

—— 1979 (1920). 'Introduction to Ethics', in *Essays on Morals and Education*. Edited by W. S. F. Pickering. London: Routledge.

—— 1995 (1912). *The Elementary Forms of the Religious Life: A Study in Religious Sociology*. New York: Free Press.

Durkheim, Emile and Marcel Mauss. 1963 (1903). *Primitive Classification*. London: Cohen & West.

Dworkin, Gerald. 1988. *The Theory and Practice of Autonomy*. Cambridge: Cambridge University Press.

Dworkin, Ronald. 2000. *Sovereign Virtue: The Theory and Practice of Equality*. Cambridge MA: Harvard University Press.

Eberhardt, Nancy. 2006. *Imagining the Course of Life: Self-Transformation in a Shan Buddhist Community*. Honolulu: University of Hawai'i Press.

Edel, May and Abraham Edel. 1968 (1959). *Anthropology and Ethics: The Quest for Moral Understanding*. Second edition. Cleveland: Case Western.

Edwards, Carolyn Pope. 1985. 'Rationality, Culture, and the Construction of "Ethical Discourse": A Comparative Perspective'. *Ethnos*, 13: 318–39.

— 1987. 'Culture and the Construction of Moral Values: A Comparative Ethnography of Moral Encounters in Two Cultural Settings', in Jerome Kagan and Sharon Lamb (eds.), *The Emergence of Morality in Young Children*. Chicago: Chicago University Press.

Edwards, Catharine. 1993. *The Politics of Immorality in Ancient Rome*. Cambridge: Cambridge University Press.

Edwards, David B. 1996. *Heroes of the Age: Moral Fault Lines on the Afghan Frontier*. Berkeley: University of California Press.

Elisha, Omri. 2011. *Moral Ambition: Mobilization and Social Outreach in Evangelical Megachurches*. Berkeley: University of California Press.

Englund, Harri. 2006. *Prisoners of Freedom: Human Rights and the African Poor*. Berkeley: University of California Press.

— 2008. 'Extreme Poverty and Existential Obligations: Beyond Morality in the Anthropology of Africa?'. *Social Analysis*, 52: 33–50.

— 2012. 'Poverty', in Didier Fassin (ed.), *A Companion to Moral Anthropology*. Chichester: Wiley-Blackwell.

Engstrom, Stephen and Jennifer Whiting (eds.), 1996. *Aristotle, Kant, and the Stoics: Rethinking Happiness and Duty*. Cambridge: Cambridge University Press.

Eribon, Didier. 1991. *Michel Foucault*. Cambridge MA: Harvard University Press.

Evans-Pritchard, E. E. 1937. *Witchcraft, Oracles and Magic among the Azande*. Oxford: Clarendon Press.

— 1940. *The Nuer*. Oxford: Clarendon Press.

— 1951. *Kinship and Marriage among the Nuer*. Oxford: Clarendon Press.

— 1956. *Nuer Religion*. Oxford: Clarendon Press.

— 1962. *Essays in Social Anthropology*. London: Routledge.

Evens, T. M. S. 1982. 'Two Concepts of "Society as a Moral System": Evans-Pritchard's Heterodoxy'. *Man* (New Series), 17: 205–18.

— 2008. *Anthropology as Ethics: Nondualism and the Conduct of Sacrifice*. Oxford: Berghahn.

Ewald, François. 1991. 'Insurance and Risk', in Graham Burchell, Colin Gordon, and Peter Miller (eds.), *The Foucault Effect: Studies in Governmentality*. Chicago: University of Chicago Press.

Ewing, Katherine P. 1990. 'The Illusion of Wholeness: Culture, Self, and the Experience of Inconsistency'. *Ethos*, 18: 251–78.

Fardon, Richard (ed.). 1990. *Localizing Strategies: Regional Traditions in Ethnographic Writing*. Edinburgh: Scottish Academic Press.

Fassin, Didier. 2008. 'Beyond Good and Evil: Questioning the Anthropological Discomfort with Morals'. *Anthropological Theory*, 8: 333–44.

— 2012. 'Introduction: Toward a Critical Moral Anthropology', in *A Companion to Moral Anthropology*. Chichester: Wiley-Blackwell.

Faubion, James D. 2001a. *The Shadows and Lights of Waco: Millennialism Today*. Princeton: Princeton University Press.

— 2001b. 'Toward an Anthropology of Ethics: Foucault and the Pedagogies of Autopoiesis'. *Representations*, 74: 83–104.

— 2001c. 'Introduction: Toward an Anthropology of the Ethics of Kinship', in James D. Faubion (ed.), *The Ethics of Kinship: Ethnographic Inquiries*. Lanham: Rowman and Littlefield.

— 2011. *An Anthropology of Ethics*. Cambridge: Cambridge University Press.

Ferrara, Alessandro. 2008. *The Force of the Example: Explorations in the Paradigm of Judgment*. New York: Columbia University Press.

Firth, Raymond. 1951. 'Moral Standards and Social Organization', in *Elements of Social Organization*. London: Athlone.

— 1953. 'The Study of Values by Social Anthropologists'. *Journal of the Royal Anthropological Institute*, 53: 146–53.

Flathman, Richard E. 1984. 'Culture, Morality and Rights: Or, Should Alasdair MacIntyre's Philosophical Driving License Be Suspended?'. *Analyse & Kritik*, 6: 8–27.

— 1987. *The Philosophy and Politics of Freedom*. Chicago: University of Chicago Press.

— 2003. *Freedom and Its Conditions: Discipline, Autonomy, and Resistance*. London: Routledge.

— 2005. *Pluralism and Liberal Democracy*. Baltimore MA: Johns Hopkins University Press.

Flatt, Emma. 2010. 'Young Manliness: Ethical Culture in the Gymnasiums of the Medieval Deccan ', in Anand Pandian and Daud Ali (eds.), *Ethical Life in South Asia*. Bloomington IN: Indiana University Press.

Fleischacker, Samuel. 1999. *A Third Concept of Liberty: Judgment and Freedom in Kant and Adam Smith*. Princeton: Princeton University Press.

Flora, Janne. 2012. ' "I Don't Know Why He Did It. It Happened by Itself": Causality and Suicide in Northwest Greenland', in Casey High, Ann H. Kelly, and Jonathan Mair (eds.), *The Anthropology of Ignorance: An Ethnographic Approach*. London: Palgrave MacMillan.

Foot, Philippa. 1978. *Virtues and Vices*. Oxford: Blackwell.

Fortes, Meyer. 1971. *The Concept of the Person Among the Tallensi*. Paris: CNRS.
Foucault, Michel. 1977 (1975) *Discipline and Punish: The Birth of the Prison*. London: Allen Lane.
 1979 (1976). *The History of Sexuality: Volume 1, An Introduction*. London: Allen Lane.
 1980 (1977) 'The Confessions of the Flesh', in Colin Gordon (ed.), *Power/Knowledge: Selected Interviews and Other Writings, 1972–1977*. New York: Pantheon.
 1986 (1984) *The Use of Pleasure: The History of Sexuality, Volume 2*. London: Viking.
 1988 (1984) *The Care of the Self: The History of Sexuality, Volume 3*. London: Viking.
 1996. *Foucault Live: Collected Interviews 1961–1984*. New York: Semiotext[e].
 1997. *Ethics, Subjectivity, and Truth: Essential Works of Foucault 1954–1980. Volume 1.* Edited by Paul Rabinow. New York: New Press.
 1998. *Aesthetics, Method, and Epistemology: Essential Works of Foucault 1954–1980. Volume 2*. Edited by James D. Faubion. New York: New Press.
 2000. *Power: Essential Works of Foucault 1954–1980. Volume 3*. Edited by James D. Faubion. New York: New Press.
 2003. *Abnormal: Lectures at the Collège de France 1974–1975*. New York: Picador.
 2005. *The Hermeneutics of the Subject: Lectures at the Collège de France 1981–1982*. New York: Palgrave Macmillan.
 2006. *Psychiatric Power: Lectures at the Collège de France 1973–1974*. New York: Palgrave Macmillan.
 2008. *The Birth of Biopolitics: Lectures at the Collège de France 1978–1979*. New York: Palgrave Macmillan.
 2010. *The Government of Self and Others: Lectures at the Collège de France 1982–1983*. New York: Palgrave Macmillan.
 2011. *The Courage of Truth (The Government of Self and Others II): Lectures at the Collège de France 1983–1984*. New York: Palgrave Macmillan.
Frankfurt, Harry G. 1988. *The Importance of What We Care About: Philosophical Essays*. Cambridge: Cambridge University Press.
 2006. *Taking Ourselves Seriously and Getting it Right*. Edited by Debra Satz. Stanford: Stanford University Press.
French, Peter A. 1992. *Responsibility Matters*. Lawrence KA: University Press of Kansas.
Fung, Heidi. 1999. 'Becoming a Moral Child: The Socialization of Shame among Young Chinese Children'. *Ethos*, 27: 180–209.
von Fürer-Haimendorf, Christoph. 1967. *Morals and Merit: A Study of Values and Social Controls in South Asian Societies*. London: Weidenfeld and Nicolson.
Gambetta, Diego. 2009. *Codes of the Underworld: How Criminals Communicate*. Princeton: Princeton University Press.
Geach, Peter. 1977. *The Virtues*. Cambridge: Cambridge University Press.

Geertz, Clifford. 1968. 'Thinking as a Moral Act: Ethical Dimensions of Anthropological Fieldwork in the New States'. *Antioch Review*, 28: 34–59.

— 1973. *The Interpretation of Cultures*. New York: Basic Books.

— 1984. 'Anti Anti-Relativism'. *American Anthropologist*, 86: 263–78.

— 2000 (1986). 'The Uses of Diversity', in *Available Light: Anthropological Reflections on Philosophical Topics*. Princeton: Princeton University Press.

Gell, Alfred. 1998. *Art and Agency: An Anthropological Theory*. Oxford: Clarendon Press.

Gellner, Ernest. 1974. 'The Belief Machine', in *The Devil in Modern Philosophy*. London: Routledge & Kegan Paul.

Geuss, Raymond. 2005. *Outside Ethics*. Princeton: Princeton University Press.

Giddens, Anthony. 1979. *Central Problems in Social Theory: Action, Structure, and Contradiction in Social Analysis*. London: Macmillan.

— 1986. *The Constitution of Society: Outlines of a Theory of Structuration*. Cambridge: Polity.

Gill, Tom. 1999. 'Wage Hunting at the Margins of Urban Japan', in Sophie Day, Evthymios Papataxiarchis, and Michael Stewart (eds.), *Lilies of the Field: Marginal People Who Live for the Moment*. Boulder CO: Westview Press.

Gilsenan, Michael. 1996. *Lords of the Lebanese Marches: Violence, Power, Narrative in an Arab Society*. London: I. B. Taurus.

Gluckman, Max. 1955. *The Judicial Process among the Barotse of Northern Rhodesia*. Manchester: Manchester University Press.

— 1972. 'Moral Crises: Magical and Secular Solutions', in Max Gluckman (ed.), *The Allocation of Responsibility*. Manchester: Manchester University Press.

Gold, Ann Grodzins. 1988. *Fruitful Journeys: The Ways of Rajasthani Pilgrims*. Berkeley: University of California Press.

Grace, Wendy. 2009. 'Faux Amis: Foucault and Deleuze on Sexuality and Desire'. *Critical Inquiry*, 36: 52–75.

Greenblatt, Stephen. 1980. *Renaissance Self-Fashioning: From More to Shakespeare*. Chicago: University of Chicago Press.

Guemple, Lee. 1991. 'Teaching Social Relations to Inuit Children', in Tim Ingold, David Riches, and James Woodburn (eds.), *Hunters and Gatherers II: Property, Power, and Ideology*. Oxford: Berg.

Gupta, Akhil and James Ferguson. 1992. 'Beyond "Culture": Space, Identity, and the Politics of Difference'. *Cultural Anthropology*, 7: 6–23.

Hacking, Ian. 1990. *The Taming of Chance*. Cambridge: Cambridge University Press.

Hadot, Pierre. 1998 (1992). *The Inner Citadel: The Meditations of Marcus Aurelius*. Cambridge MA: Harvard University Press.

— 1994 (1987). *Philosophy as a Way of Life*. Oxford: Blackwell.

2002 (1995). *What is Ancient Philosophy?* Cambridge MA: Harvard University Press.

Hafez, Sherine. 2011. *An Islam of Her Own: Reconsidering Religion and Secularism in Women's Islamic Movements.* New York: New York University Press.

Hakim, Catherine. 2010. 'Erotic Capital'. *European Sociological Review*, 26: 499–518.

Halliburton, Murphy. 2002. 'Rethinking Anthropological Studies of the Body: Manas and Bödham in Kerala'. *American Anthropologist*, 104: 1123–34.

Hallisey, Charles. 1996. 'Ethical Particularism in Theravada Buddhism'. *Journal of Buddhist Ethics*, 3: 32–43.

Halperin, David, M. 1990. *One Hundred Years of Homosexuality: And Other Essays on Greek Love.* London: Routledge.

Hampshire, Stuart. 1983. *Morality and Conflict.* Oxford Blackwell.

1989. *Innocence and Experience.* London: Allen Lane.

Hann, Chris. 2010. 'Moral Economy', in Keith Hart et al. (eds.), *The Human Economy.* Cambridge: Polity.

Haskell, Thomas L. 1998. *Objectivity is Not Neutrality: Explanatory Schemes in History.* Baltimore: Johns Hopkins University Press.

Hayek, F. A. 1960. *The Constitution of Liberty.* Chicago: University of Chicago Press.

Heintz, Monica (ed.). 2009. *The Anthropology of Moralities.* Oxford: Berghahn.

Hellweg, Joseph. 2011. *Hunting the Ethical State: The Benkadi Movement of Côte d'Ivoire.* Chicago: University of Chicago Press.

Herskovits, Melville. 1948. *Man and his Works.* New York: Knopf.

1972. *Cultural Relativism: Perspectives on Cultural Pluralism.* New York: Random House.

Herzfeld, Michael. 1980. 'Honour and Shame: Problems in the Comparative Analysis of Moral Systems'. *Man* (New Series), 15: 339–51.

1985. *The Poetics of Manhood: Contest and Identity in a Cretan Mountain Village.* Princeton: Princeton University Press.

Heyes, Cressida J. 2007. *Self-Transformations: Foucault, Ethics, and Normalized Bodies.* New York: Oxford University Press.

Hill, Jane H. and Judith T. Irvine. 1992. *Responsibility and Evidence in Oral Discourse.* Cambridge: Cambridge University Press.

Hill, Thomas E. 1991. *Autonomy and Self-Respect.* Cambridge: Cambridge University Press.

Hirschkind, Charles. 2001a. 'The Ethics of Listening: Cassette-Sermon Audition in Contemporary Cairo'. *American Ethnologist*, 28: 623–49.

2001b. 'Civic Virtue and Religious Reason: An Islamic Counter-Public'. *Cultural Anthropology*, 16: 3–34.

2006. *The Ethical Soundscape: Cassette Sermons and Islamic Counter-Publics in Egypt.* New York: Columbia University Press.

2008. 'Cultures of Death: Media, Religion, Bioethics'. *Social Text*, 96: 39–58.
Hoffman, Valerie J. 1997. 'The Role of Visions in Contemporary Egyptian Religious Life'. *Religion*, 27: 45–64.
Holbraad, Martin. 2012. *Truth in Motion: The Recursive Anthropology of Cuban Divination.* Chicago: University of Chicago Press.
Holmes, Stephen. 1993. *The Anatomy of Antiliberalism*. Cambridge MA: Harvard University Press.
Howell, Signe (ed.). 1997. *The Ethnography of Moralities*. London: Routledge.
Humphrey, Caroline. 1997. 'Exemplars and Rules: Aspects of the Discourse of Moralities in Mongolia', in Signe Howell (ed.), *The Ethnography of Moralities*. London: Routledge.
  2007. 'Alternative Freedoms'. *Proceedings of the American Philosophical Society*, 151: 1–10.
  2008. 'Reassembling Individual Subjects: Events and Decisions in Troubled Times'. *Anthropological Theory*, 8: 357–80.
Humphrey, Caroline and Altanhu Hürelbaatar. 2005. 'Regret as a Political Intervention: An Essay in the Historical Anthropology of the Early Mongols'. *Past and Present*, 186: 3–45.
Hursthouse, Rosalind. 1999. *On Virtue Ethics*. Oxford: Clarendon Press.
Inden, Ronald B. and Ralph Nicholas. 1977. *Kinship in Bengali Culture*. Chicago: University of Chicago Press.
James, Wendy. 1988. *The Listening Ebony: Moral Knowledge, Religion, and Power among the Uduk of Sudan.* Oxford: Clarendon Press.
Jenkins, Timothy. 1999. *Religion in English Everyday Life: An Ethnographic Approach*. Oxford: Berghahn.
Joyce, Richard. 2005. *The Evolution of Morality*. Cambridge MA: MIT Press.
Kagan, Jerome and Sharon Lamb (eds.). 1987. *The Emergence of Morality in Young Children*. Cambridge: Cambridge University Press.
Kant, Immanuel. 1996a (1785). *Groundwork of the Metaphysics of Morals*, in *The Cambridge Edition of the Works of Immanuel Kant: Practical Philosophy*. Edited by M. J. McGregor. Cambridge: Cambridge University Press.
  1996b (1788). *Critique of Practical Reason*, in *The Cambridge Edition of the Works of Immanuel Kant: Practical Philosophy*. Edited by M. J. McGregor. Cambridge: Cambridge University Press.
  1996c (1793). *Religion Within the Boundaries of Mere Reason*, in *The Cambridge Edition of the Works of Immanuel Kant: Religion and Rational Theology*. Edited by A. W. Wood and G. Di Giovanni. Cambridge: Cambridge University Press.
Karlström, Mikael. 2004. 'Modernity and its Aspirants: Moral Community and Developmental Eutopianism in Buganda'. *Current Anthropology*, 54: 595–619.

Karsenti, Bruno. 2012. 'Durkheim and the Moral Fact', in Didier Fassin (ed.), *A Companion to Moral Anthropology*. Chichester: Wiley-Blackwell.

Keane, Webb. 2003. 'Self-Interpretation, Agency, and the Objects of Anthropology: Reflections on a Genealogy'. *Comparative Studies in Society and History*, 45: 222–48.

2007. *Christian Moderns: Freedom and Fetish in the Mission Encounter*. Berkeley: University of California Press.

2008. 'Others, Other Minds, and Others' Theories of Other Minds: An Afterword on the Psychology and Politics of Opacity Claims'. *Anthropological Quarterly*, 81: 473–81.

2010. 'Minds, Surfaces, and Reasons in the Anthropology of Ethics', in Michael Lambek (ed.), *Ordinary Ethics: Anthropology, Language, and Action*. New York: Fordham University Press.

Keown, Damien. 1992. *The Nature of Buddhist Ethics*. London: Palgrave.

Keuls, Eva C. 1985. *The Reign of the Phallus: Sexual Politics in Ancient Athens*. New York: Harper & Row.

Keyes, Charles F. and E. Valentine Daniel (eds.). 1983. *Karma: An Anthropological Inquiry*. Berkeley: University of California Press.

Kleinman, Arthur. 1999. 'Moral Experience and Ethical Reflection: Can Ethnography Reconcile Them? A Quandary for "The New Bioethics"', *Daedalus*, 128: 69–97.

2006. *What Really Matters: Living a Moral Life amidst Uncertainty and Danger*. Oxford: Oxford University Press.

Kleinman, Arthur et al. 2011. *Deep China: The Moral Life of the Person*. Berkeley: University of California Press.

Kluckhohn, Clyde. 1951. 'Values and Value-Orientations in the Theory of Action: An Exploration in Definition and Classification', in Talcott Parsons and Edward Shils (eds.), *Towards a General Theory of Action*. Cambridge MA: Harvard University Press.

Knauft, Bruce M. 2007. 'From Self-Decoration to Self-Fashioning: Orientalism as Backward Progress among the Gebusi of Papua New Guinea', in Elizabeth Ewart and Michael O'Hanlon (eds.), *Body Arts and Modernity*. Wantage: Sean Kingston.

Knobe, Joshua and John M. Doris 2010. 'Responsibility', in John M. Doris et al. (eds.), *The Moral Psychology Handbook*. Oxford: Oxford University Press.

Kohlberg, Lawrence. 1981. *The Philosophy of Moral Development: Moral Stages and the Idea of Justice*. San Francisco: Harper & Row.

Korsgaard, Christine. 2006. 'Morality and the Logic of Caring', in Harry G. Frankfurt, *Taking Ourselves Seriously and Getting it Right*. Edited by Debra Satz. Stanford: Stanford University Press.

2009. *Self-Constitution: Agency, Identity, and Integrity.* Oxford: Oxford University Press.

Kristeva, Julia. 1984 (1974). *Revolution in Poetic Language.* New York: Columbia University Press.

Ladd, John. 1957. *The Structure of a Moral Code: A Philosophical Analysis of Ethical Discourse Applied to the Ethics of the Navaho Indians.* Cambridge MA: Harvard University Press.

Laidlaw, James. 1995. *Riches and Renunciation: Religion, Economy, and Society among the Jains.* Oxford: Clarendon Press.

—— 2002. 'For an Anthropology of Ethics and Freedom'. *Journal of the Royal Anthropological Institute*, 8: 311–32.

—— 2005. 'A Life Worth Leaving: Fasting to Death as Telos of a Jain Religious Life'. *Economy and Society*, 34: 178–99.

—— 2010a. 'Social Anthropology', in John Skorupski (ed.), *The Routledge Companion to Ethics.* London: Routledge.

—— 2010b. 'Agency and Responsibility: Perhaps You Can Have Too Much of a Good Thing', in Michael Lambek (ed.), *Ordinary Ethics: Anthropology, Language, and Action.* New York: Fordham University Press.

—— 2010c. 'Ethical Traditions in Question: Diaspora Jainism and the Environmental and Animal Liberation Movements', in Anand Pandian and Daud Ali (eds.), *Ethical Life in South Asia.* Bloomington IN: Indiana University Press.

Lakoff, Andrew and Stephen J. Collier. 2004. 'Ethics and the Anthropology of Modern Reason'. *Anthropological Theory*, 4: 419–34.

Lambek, Michael. 1998. 'Body and Mind in Mind, and Body and Mind in Body: Anthropological Interventions in a Long Conversation', in Michael Lambek and Andrew Strathern (eds.), *Bodies and Persons: Comparative Perspectives from Africa and Melanesia.* Cambridge: Cambridge University Press.

—— 2000. 'The Anthropology of Religion and the Quarrel between Poetry and Philosophy'. *Current Anthropology*, 41: 309–20.

—— 2002. 'Nuriaty, the Saint, and the Sultan: Virtuous Subject and Subjective Virtuoso of the Postmodern Colony', in Richard Werbner (ed.), *Postcolonial Subjectivities in Africa.* London: Zed Books.

—— 2007. 'Sacrifice and the Problem of Beginning: Reflections from Sakalava Mythopraxis'. *Journal of the Royal Anthropological Institute*, 13: 19–38.

—— 2008. 'Value and Virtue'. *Anthropological Theory*, 8: 133–57.

—— 2010a. 'Introduction', in *Ordinary Ethics: Anthropology, Language, and Action.* New York: Fordham University Press.

—— 2010b. 'Toward an Ethics of the Act', in *Ordinary Ethics: Anthropology, Language, and Action.* New York: Fordham University Press.

Latour, Bruno. 2005. *Reassembling the Social: An Introduction to Actor-Network-Theory*. Oxford: Oxford University Press.

Leach, Edmund. 1954. *Political Systems of Highland Burma: A Study of Kachin Social Structure*. London: G. Bell & Sons.

Lear, Jonathan. 1988. *Aristotle: The Desire to Understand*. Cambridge: Cambridge University Press.

—— 2006. *Radical Hope: Ethics in the Face of Cultural Destruction*. Cambridge MA: Harvard University Press.

Lester, Rebecca J. 2005. *Jesus in Our Wombs: Embodying Modernity in a Mexican Convent*. Berkeley: University of California Press.

Lienhardt, Godfrey. 1961. *Divinity and Experience: The Religion of the Dinka*. Oxford: Clarendon Press.

—— 1973. 'Morality and Happiness among the Dinka', in Gene Outka and John P. Reeder (eds.), *Religion and Morality*. Garden City NY: Anchor Books.

Liu, Xin. 2002. *The Otherness of Self: A Genealogy of Self in Contemporary China*. Ann Arbor: University of Michigan Press.

Lloyd, G. E. R. 2005. *The Delusions of Invulnerability: Wisdom and Morality in Ancient Greece, China and Today*. London: Duckworth.

Loizos, Peter. 1995. 'Anthropology's Engagement with Freedom', in Eileen Barker (ed.), *Freedom: A Centenary Anthology*. London: Transaction Publishers.

Louw, Maria Elisabeth. 2007. *Everyday Islam in Post-Soviet Central Asia*. London: Routledge.

Lovibond, Sabina. 2002. *Ethical Formation: Practical Reason and the Socially Constituted Subject*. Cambridge MA: Harvard University Press.

Luhrmann, T. M. 2006. 'Subjectivity'. *Anthropological Theory*, 6: 345–61.

Macbeath, A. 1952. *Experiments in Living: A Study of the Nature and Foundation of Ethics or Morals in the Light of Recent Work in Social Anthropology*. London: Macmillan.

McDowell, John. 1998. *Mind, Value, and Reality*. Cambridge MA: Harvard University Press.

McHugh, Ernestine L. 1989. 'Concepts of the Person among the Gurungs of Nepal'. *American Ethnologist*, 16: 75–86.

MacIntyre, Alasdair. 1966. *A Short History of Ethics*. London: Routledge.

—— 1970. *Marcuse*. London: Fontana.

—— 1981. *After Virtue: A Study in Moral Theory*. London: Duckworth.

—— 1988. *Whose Justice? Which Rationality?* London: Duckworth.

—— 1990a. *Three Rival Versions of Moral Enquiry: Encyclopaedia, Genealogy, and Tradition*. London: Duckworth.

1990b. 'Individual and Social Morality in Japan and the United States: Rival Conceptions of the Self'. *Philosophy East and West*, 40: 489–97.

1999. *Dependent Rational Animals: Why Human Beings Need the Virtues.* London: Duckworth.

2006 *Ethics and Politics: Selected Essays, Volume 2.* Cambridge: Cambridge University Press.

McKeon, Richard. 1990. *Freedom and History and Other Essays.* Chicago: University of Chicago Press.

Mackie, J. L. 1977. *Ethics: Inventing Right and Wrong.* London: Penguin.

Mahmood, Saba. 2001a. 'Feminist Theory, Embodiment, and the Docile Agent: Some Reflections on the Egyptian Islamic Revival'. *Cultural Anthropology*, 16: 202–35.

2001b. 'Rehearsed Spontaneity and the Conventionality of Ritual: Disciplines of "Salat"'. *American Ethnologist*, 28: 827–53.

2003. 'Ethical Formation and Politics of Autonomy in Contemporary Egypt'. *Social Research*, 70: 837–63.

2005. *Politics of Piety: The Islamic Revival and the Feminist Subject.* Princeton: Princeton University Press.

2012. 'Ethics and Piety', in Didier Fassin (ed.), *A Companion to Moral Anthropology.* Chichester: Wiley-Blackwell.

Mair, Jonathan (in press). *Not Being Buddha.* New York: Palgrave Macmillan.

Malinowski, Bronislaw. 1947. *Freedom and Civilization.* London: Allen & Unwin.

Marcus, George E. and Michael M. J. Fischer. 1986. *Anthropology as Cultural Critique: An Experimental Moment in the Human Sciences.* Chicago: University of Chicago Press.

Marett, R. R. 1902. 'Origin and Validity in Ethics', in Henry Sturt (ed.), *Personal Idealism: Philosophical Essays by Eight Members of the University of Oxford.* London: Macmillan.

1931. 'The Beginnings of Morals and Culture', in William Rose (ed.), *An Outline of Modern Knowledge.* London: Victor Gollancz.

Marriott, McKim. 1976. 'Hindu Transactions: Diversity Without Dualism', in Bruce Kapferer (ed.), *Transaction and Meaning: Directions in the Anthropology of Exchange and Symbolic Behavior.* Philadelphia PA: Institute for the Study of Human Issues.

(ed.) 1990. *India Through Hindu Categories.* Delhi: Sage Publications.

Marriott, McKim and Ronald Inden. 1977. 'Towards an Ethnosociology of South Asian Caste Systems', in Kenneth David (ed.), *The New Wind: Changing Identities in South Asia.* The Hague: Mouton.

Marsden, Magnus. 2005. *Living Islam: Muslim Religious Experience in Pakistan's North-West Frontier.* Cambridge: Cambridge University Press.

2007. 'All-Male Sonic Gatherings, Islamic Reform, and Masculinity in Northern Pakistan'. *American Ethnologist*, 34: 473–90.

2008. 'Women, Politics and Islamism in Northern Pakistan'. *Modern Asian Studies*, 42: 405–29.

2009. 'A Tour Not So Grand: Mobile Muslims in Northern Pakistan'. *JRAI Special Issue, Islam, Politics, Anthropology.* S57–75.

Mattingly, Cheryl. 1998. 'In Search of the Good: Narrative Reasoning in Clinical Practice'. *Medical Anthropology Quarterly*, 12: 273–97.

2010. *The Paradox of Hope: Journeys through a Clinical Borderland.* Berkeley: University of California Press.

2012. 'Two Virtue Ethics and the Anthropology of Morality'. *Anthropological Theory*, 12: 161–84.

(in press). 'Moral Selves and Moral Scenes: Narrative Experiments in Everyday Life'. *Ethnos*, Published online 2012. DOI:10.1080/00141844.2012.691523.

Mattingly, Cheryl, Uffe Juul Jensen, and Jason C. Throop (eds.). 2009. *Narrative, Self, and Social Practice.* Aarhus: Philosophia.

Mauss, Marcel. 1985 (1938). 'A Category of the Human Mind: The Notion of Person; The Notion of Self', in Michael Carrithers, Steven Collins, and Steven Lukes (eds.), *The Category of the Person: Anthropology, Philosophy, History.* Cambridge: Cambridge University Press.

1990 (1950). *The Gift: The Form and Reason for Exchange in Archaic Societies.* London: Routledge.

Mayer, Adrian C. (ed.). 1981. *Culture and Morality: Essays in Honour of Christoph von Fürer-Haimendorf.* Delhi: Oxford University Press.

Mead, Margaret. 1928. *Coming of Age in Samoa.* New York: Morrow.

Meier, Christian. 2011 (2009). *A Culture of Freedom: Ancient Greece and the Origins of Europe.* Oxford: Oxford University Press.

Merlan, Francesca. 2010. 'Ordinary Ethics and Changing Cosmologies: Exemplification from North Australia', in Michael Lambek (ed.), *Ordinary Ethics: Anthropology, Language, and Action.* New York: Fordham University Press.

Metcalf, Barbara D. 1994. '"Remaking Ourselves": Islamic Self-Fashioning in a Global Movement of Spiritual Renewal', in Martin E. Marty and R. Scott Appleby (eds.), *Accounting for Fundamentalisms: The Dynamic Character of Movements.* Chicago: University of Chicago Press.

Milgram, Stanley. 1974. *Obedience to Authority: An Experimental View.* London: Tavistock.

Mill, John Stuart. 1864. 'On the Definition of Political Economy', in *Essays on Some Unsettled Questions of Political Economy.* London: J. W. Parker.

Miller, James. 1993. *The Passion of Michel Foucault*. Cambridge MA: Harvard University Press.

Miller, Peter. 1994. 'Accountancy and Objectivity: The Invention of Calculating Selves and Calculable Spaces', in Alan Megill (ed.), *Rethinking Objectivity*. Durham ND: Duke University Press.

Mines, Mattison. 1994. *Public Faces, Private Voices: Community and Individuality in South India*. Berkeley: University of California Press.

Mitchell, Timothy. 2002. *Rule of Experts: Egypt, Techno-Politics, Modernity*. Berkeley: University of California Press.

Mittermaier, Amira. 2011. *Dreams that Matter: Egyptian Landscapes of the Imagination*. Princeton: Princeton University Press.

Moody-Adams, Michele M. 1997. *Fieldwork in Familiar Places: Morality, Culture, and Philosophy*. Cambridge MA: Harvard University Press.

Moore, Erin, 1995. 'Moral Reasoning: An Indian Case Study'. *Ethos*, 23: 286–327.

Muehlebach, Andrea. 2012. *The Moral Neoliberal: Welfare and Citizenship in Italy*. Chicago: University of Chicago Press.

Murdoch, Iris. 1970. *The Sovereignty of Good*. London: Routledge & Kegan Paul.
   1993. *Metaphysics as a Guide to Morals*. London: Allen Lane.

Murray, D. W. 1993. 'What is the Western Concept of the Self?: On Forgetting David Hume'. *Ethos*, 12: 3–23.

Myers, Fred R. 1986. *Pintupi Country, Pintupi Self: Sentiment, Place, and Politics among Western Desert Aborigines*. Washington DC: Smithsonian Institution.

Myhre, Knut Christian. 1998. 'The Anthropological Concept of Action and its Problems: A "New" Approach Based on Marcel Mauss and Aristotle'. *Journal of the Anthropological Society of Oxford*, 29: 121–34.

Nabokov, Isabelle. 2000. *Religion Against the Self: An Ethnography of Tamil Rituals*. New York: Oxford University Press.

Needham, Rodney. 1973. *Belief, Language, and Experience*. Oxford: Blackwell.
   1985. *Exemplars*. Berkeley: University of California Press.

Nietzsche, Friedrich. 1994 (1887). *On the Genealogy of Morality*. Edited by Keith Ansell-Pearson. Cambridge: Cambridge University Press.
   1998 (1886). *Beyond Good and Evil*. Translated and edited by Marion Faber. Oxford: Oxford University Press.

Nussbaum, Martha C. 1985. 'Affections of the Greeks'. *New York Times Book Review*, 10 November: 13–14.
   1986. *The Fragility of Goodness: Luck and Ethics in Greek Tragedy and Philosophy*. Cambridge: Cambridge University Press.

1993. 'Non-Relative Virtues: An Aristotelian Approach', in Martha C. Nussbaum and Amartya Sen (eds.), *The Quality of Life*. Oxford: Oxford University Press: 242–69.

1994. *The Therapy of Desire: Theory and Practice in Hellenistic Ethics*. Princeton: Princeton University Press.

1999. 'Virtue Ethics: A Misleading Category?' *The Journal of Ethics*, 3: 163–201.

2001. *Upheavals of Thought: The Intelligence of Emotions*. Cambridge: Cambridge University Press.

Nuttall, Mark. 1994. 'The Name Never Dies: Greenland Inuit Ideas of the Person', in Antonia Mills and Richard Slobodin (eds.), *Amerindian Rebirth: Reincarnation Belief among North American Indians and Inuit*. Toronto: University of Toronto Press.

Obeyesekere, Gananath. 2002. *Imagining Karma: Ethical Transformation in Amerindian, Buddhist, and Greek Rebirth*. Berkeley: University of California Press.

Ochs, Elinor and Tamar Kremer-Sadlik. 2007. 'Morality as Family Practice'. *Discourse and Society*, 18: 5–10.

Oksala, Johanna. 2005. *Foucault on Freedom*. Cambridge: Cambridge University Press.

O'Malley, Pat. 1996. 'Risk and Responsibility', in Andrew Barry, Thomas Osborne, and Nikolas Rose (eds.), *Foucault and Political Reason: Liberalism, Neo-Liberalism and Rationalities of Government*. London: UCL Press.

O'Neil, Onora. 1992. 'Autonomy, Coherence, and Independence', in David Milligan (ed.), *Liberalism, Citizenship, and Autonomy*. Aldershot: Avebury.

1996. *Towards Justice and Virtue: A Constructive Account of Practical Reasoning*. Cambridge: Cambridge University Press.

Ortner, Sherry B. 1984. 'Theory in Anthropology since the Sixties'. *Comparative Studies in Society and History*, 26: 126–66.

1989. *High Religion: A Cultural and Political History of Sherpa Buddhism*. Princeton: Princeton University Press.

2006. *Anthropology and Social Theory: Culture, Power, and the Acting Subject*. Durham, NC: Duke University Press.

Overing, Joanna and Alan Passes (eds.). 2000. *The Anthropology of Love and Anger*. London: Routledge.

Oxfeld, Ellen. 2010. *Drink Water, But Remember the Source: Moral Discourse in a Chinese Village*. Berkeley: University of California Press.

Pandian, Anand. 2008. 'Tradition in Fragments: Inherited Forms and Fractures in the Ethics of South India'. *American Ethnologist*, 35: 466–80.

2009. *Crooked Stalks: Cultivating Virtue in South India*. Durham, NC: Duke University Press.

2010. 'Interior Horizons: An Ethical Space of Selfhood in South India'. *Journal of the Royal Anthropological Institute*, 16: 64–83.

Paras, Eric. 2006. *Foucault 2.0: Beyond Power and Knowledge*. New York: Other Press.

Parish, Steven M. 1994. *Moral Knowing in a Hindu Sacred City: An Exploration of Mind, Emotion, and Self*. New York: Columbia University Press.

Parkin, David (ed.). 1985. *The Anthropology of Evil*. Oxford: Blackwell.

Parry, Jonathan. 1989. 'The End of the Body', in Michael Feher (ed.), *Fragments for a History of the Human Body*, Part Two. New York: Zone.

Parry, Jonathan and Maurice Bloch (eds.). 1989. *Money and the Morality of Exchange*. Cambridge: Cambridge University Press.

Patterson, Orlando. 1991. *Freedom: Freedom in the Making of Western Culture*. London: I. B. Taurus.

Paul, Robert A. 1995. 'Act and Intention in Sherpa Culture and Society', in Lawrence Rosen (ed.), *Other Intentions: Cultural Contexts and the Attribution of Inner States*. Santa Fe NM: School of American Research.

Paxson, Heather. 2004. *Making Modern Mothers: Ethics and Family Planning in Urban Greece*. Berkeley: University of California Press.

Peristiany, J. G. (ed.). 1965. *Honour and Shame: The Values of the Mediterranean*. London: Weidenfeld and Nicolson.

Pedersen, Morten Axel. 2011. *Not Quite Shamans: Spirit Worlds and Political Lives in Northern Mongolia*. Ithaca: Cornell University Press.

(forthcoming). 'Incidental Connections: Freedom and Urban Life in Mongolia'.

Pettit, Philip. 1997. *Republicanism: A Theory of Freedom and Government*. Oxford: Oxford University Press.

Pocock, David. 1986. 'The Ethnography of Morals'. *International Journal of Moral and Social Studies*, 1: 3–20.

1988. 'Persons, Texts, and Morality'. *International Journal of Moral and Social Studies*, 3: 203–16.

Prasad, Leela. 2007. *Poetics of Conduct: Oral Narrative and Moral Being in a South Indian Town*. New York: Columbia University Press.

Prebish, Charles S. and Martin Baumann (eds). 2002. *Westward Dharma: Buddhism Beyond Asia*. Berkeley: University of California Press.

Prinz, Jesse. 2007. *The Emotional Construction of Morals*. Oxford: Oxford University Press.

Putnam, Hilary. 1975. *Mind, Language, and Reality: Philosophical Papers, Volume 2*. Cambridge: Cambridge University Press.

1981. *Reason, Truth, and History*. Cambridge: Cambridge University Press.

2002. *The Collapse of the Fact/Value Dichotomy*. Cambridge MA: Harvard University Press.

Quinn, Naomi. 2006. 'The Self'. *Anthropological Theory*, 6: 365–87.
Rabinow, Paul. 1983. 'Humanism as Nihilism: The Bracketing of Truth and Seriousness in American Cultural Anthropology', in Norma Haas et al. (eds.), *Social Science as Moral Inquiry*. New York: Columbia University Press.

1989. *French Modern: Norms and Forms of the Social Environment*. Cambridge MA: MIT Press.

1996. *Essays in the Anthropology of Reason*. Princeton: Princeton University Press.

2011. *The Accompaniment: Assembling the Contemporary*. Chicago: University of Chicago Press.

Rapport, Nigel. 2012. *Anyone: The Cosmopolitan Subject of Anthropology*. Oxford: Berghahn.

Rasanayagam, Johan. 2011. *Islam in Post-Soviet Uzbekistan: The Morality of Experience*. Cambridge: Cambridge University Press.

Rawls, John. 1971. *A Theory of Justice*. Cambridge MA: Harvard University Press.

Raz, Joseph. 1986. *The Morality of Freedom*. Oxford: Clarendon Press.

2003. *The Practice of Value*. Edited by R. Jay Wallace. New York: Oxford University Press.

Read, Kenneth E. 1955. 'Morality and the Concept of the Person among the Gahuku-Gama'. *Oceania*, 25: 233–82.

1965. *The High Valley*. New York: Columbia University Press.

Reid, Barbara. 1984. 'An Anthropological Reinterpretation of Kohlberg's Stages of Moral Development'. *Human Development*, 27: 57–64.

1990. 'Weighing Up the Factors: Moral Reasoning and Cultural Change in a Samoan Community'. *Ethos*, 18: 48–70.

Riesman, Paul. 1977. *Freedom in Fulani Social Life: An Introspective Ethnography*. Chicago: University of Chicago Press.

Rival, Laura. 1999. 'Prey at the Center: Resistance and Marginality in Amazonia', in Sophie Day, Evthymios Papataxiarchis, and Michael Stewart (eds.), *Lilies of the Field: Marginal People Who Live for the Moment*. Boulder CO: Westview Press.

Robbins, Joel. 2004. *Becoming Sinners: Christianity and Moral Torment in a Papua New Guinea Society*. Berkeley: University of California Press.

2006. 'Anthropology and Theology: An Awkward Relationship?'. *Anthropological Quarterly*, 79: 285–94.

2007a. 'Between Reproduction and Freedom: Morality, Value, and Radical Cultural Change'. *Ethnos*, 72: 293–314.

2007b. 'Morality, Politics, and the Melanesian Big Man: On *The Melanesian Manager* and the Transformation of Political Anthropology', in John Barker (ed.), *The Anthropology of Morality in Melanesia and Beyond*. London: Ashgate.

2008. 'On Not Knowing Other Minds: Confession, Intention, and Linguistic Exchange in a Papua New Guinea Community'. *Anthropological Quarterly*, 81: 421–9.

2009. 'Value, Structure, and the Range of Possibilities: A Response to Zigon'. *Ethnos*, 74: 277–85.

2012. 'Cultural Values', in Didier Fassin (ed.), *A Companion to Moral Anthropology*. Chichester: Wiley-Blackwell.

(in press). 'Beyond the Suffering Slot: Toward an Anthropology of the Good'. *Journal of the Royal Anthropological Institute*.

(forthcoming). 'Where in the World are Values? Exemplarity, Morality, and Social Process'.

Robbins, Joel and Alan Rumsey. 2008. 'Introduction: Cultural and Linguistic Anthropology and the Opacity of Other Minds'. *Anthropological Quarterly*, 81: 407–20.

Rogers, Douglas. 2009. *The Old Faith and the Russian Land: A Historical Ethnography of Ethics in the Urals*. Ithaca: Cornell University Press.

Rorty, Amélie Oksenberg (ed.). 1980. *Essays on Aristotle's Ethics*. Berkeley: University of California Press.

Rosaldo, Michelle Z. 1982. 'The Things We Do With Words: Ilongot Speech Acts and Speech Act Theory in Philosophy'. *Language in Society*, 11: 203–37.

1983. 'The Shame of Headhunters and the Autonomy of Self'. *Ethos*, 11: 135–51.

Rose, Nikolas. 1990. *Governing the Soul: The Shaping of the Private Self*. London: Routledge.

1999. *Powers of Freedom: Reframing Political Thought*. Cambridge: Cambridge University Press.

Rosen, Lawrence (ed.). 1995. *Other Intentions: Cultural Contexts and the Attribution of Inner States*. Santa Fe NM: School of American Research Press.

Ruel, Malcolm. 1982. 'Christians as Believers', in John Davis (ed.), *Religious Organization and Religious Experience*. London: Academic Press.

Rumsey, Alan. 2003. 'Agency, Personhood, and the "I" of Discourse in the Pacific and Beyond'. *Journal of the Royal Anthropological Institute*, 6: 101–15.

2008. 'Confession, Anger and Cross-Cultural Articulation in Papua New Guinea'. *Anthropological Quarterly*, 81: 455–72.

2010. 'Ethics, Language, and Human Sociality', in Michael Lambek (ed.), *Ordinary Ethics: Anthropology, Language, and Action*. New York: Fordham University Press.

Rydstrøm, Helle. 2002. *Embodying Morality: Growing Up in North Vietnam*. Honolulu: University of Hawai'i Press.

Ryle, Gilbert. 1949. *The Concept of Mind*. London: Hutchinson.

Sahlins, Marshall. 1976. *Culture and Practical Reason*. Chicago: University of Chicago Press.

Salazar, Carles. 2006. *Anthropology and Sexual Morality: A Theoretical Investigation.* Oxford: Berghahn.

Santos, Gonçalo. 2013. 'Technologies of Ethical Imagination', in Charles Stafford (ed.), *Ordinary Ethics in China.* London: Bloomsbury.

Scheper-Hughes, Nancy. 1995. 'The Primacy of the Ethical: Propositions for a Militant Anthropology'. *Current Anthropology,* 36: 409–20.

— 2000. 'The Global Traffic in Human Organs'. *Current Anthropology,* 41: 191–211.

Schieffelin, Bambi B. 2008. 'Speaking Only Your Own Mind: Reflections on Talk, Gossip, and Intentionality in Bosavi (PNG)'. *Anthropological Quarterly,* 81: 431–41.

Schieffelin, Bambi B. and Elinor Ochs (eds.). 1986. *Language Socialization Across Cultures.* Cambridge: Cambridge University Press.

Schielke, Samuli. 2009a. 'Being Good in Ramadan: Ambivalence, Fragmentation, and the Moral Self in the Lives of Young Egyptians'. *JRAI Special Issue, Islam, Politics, Anthropology.* S24–40.

— 2009b. 'Ambivalent Commitments: Troubles of Morality, Religiosity and Aspiration among Young Egyptians'. *Journal of Religion in Africa,* 39: 158–85.

Scott, David and Charles Hirschkind. 2006. 'Introduction: The Anthropological Skepticism of Talal Asad', in David Scott and Charles Hirschkind (eds.), *Powers of the Secular Modern: Talal Asad and his Interlocutors.* Stanford: Stanford University Press.

Scott, James C. 1977. *The Moral Economy of the Peasant: Rebellion and Subsistence in South-East Asia.* New Haven CT: Yale University Press.

Sedgwick, Eve Kosofsky. 1992. 'Epidemics of the Will', in Jonathan Crary and Sanford Kwinter (eds.), *Incorporations.* New York: Zone.

Seigel, Jerrold. 2005. *The Idea of the Self: Thought and Experience in Western Europe since the Seventeenth Century.* Cambridge: Cambridge University Press.

Sherman, Nancy. 1989. *The Fabric of Character: Aristotle's Theory of Virtue.* New York: Oxford University Press.

— 1997. *Making a Necessity of Virtue: Aristotle and Kant on Virtue.* Cambridge: Cambridge University Press.

Shoaps, Robin. 2007. '"Moral Irony": Modal Particles, Moral Persons, and Indirect Stance-Taking in Sakapultek Discourse'. *Pragmatics,* 17: 297–335.

Shweder, Richard A., Manamohan Mahapatra, and Joan G. Miller. 1987. 'Culture and Moral Development', in Jerome Kagan and Sharon Lamb (eds.), *The Emergence of Morality in Young Children.* Chicago: University of Chicago Press.

Shweder, Richard A. and Nancy C. Much. 1991. 'Determinations of Meaning: Discourse and Moral Socialization', in Richard A. Shweder, *Thinking Through Cultures.* Cambridge MA: Harvard University Press.

Simon, Gregory M. 2009. 'The Soul Freed of Cares? Islamic Prayer, Subjectivity, and the Contradictions of Moral Selfhood in Minangkabau, Indonesia'. *American Ethnologist*, 36: 258–75.

Singleton, Mark. 2010. *Yoga Body: The Origins of Modern Posture Practice*. New York: Oxford University Press.

Singleton, Mark and Jean Byrne (eds.). 2008. *Yoga in the Modern World: Contemporary Perspectives*. London: Routledge.

Skinner, Quentin. 1998. *Liberty Before Liberalism*. Cambridge: Cambridge University Press.

2002. 'A Third Concept of Liberty'. *Proceedings of the British Academy*, 117: 237–68.

Slezkine, Yuri. 2004. *The Jewish Century*. Princeton: Princeton University Press.

Slote, Michael. 1992. *From Morality to Virtue*. New York: Oxford University Press.

Smith, Adam. 1976 (1790). *The Theory of Moral Sentiments*. Edited by D. D. Rafael and A. L. Macfie. Oxford: Oxford University Press.

Sorabji, Richard. 1980. 'Aristotle on the Role of Intellect in Virtue', in Amélie Oksenberg Rorty (ed.), *Essays on Aristotle's Ethics*. Berkeley: University of California Press.

Spiro, Melford E. 1993. 'Is the Western Conception of the Self "Peculiar" in the Context of World Cultures?'. *Ethos*, 21: 107–53.

Stafford, Charles. 2010. 'The Punishment of Ethical Behavior', in Michael Lambek (ed.), *Ordinary Ethics: Anthropology, Language, and Action*. New York: Fordham University Press.

Stafford, Charles (ed.). 2013. *Ordinary Ethics in China*. London: Bloomsbury.

Stasch, Rupert. 2008. 'Knowing Minds is a Matter of Authority: Political Dimensions of Opacity Statements in Korowai Moral Psychology'. *Anthropological Quarterly*, 81: 443–53.

2009. *Society of Others: Kinship and Mourning in a West Papuan Place*. Berkeley: University of California Press.

Stewart, Michael. 1999. '"Brothers" and "Orphans": Images of Equality Among Hungarian Rom', in Sophie Day, Evthymios Papataxiarchis, and Michael Stewart (eds.), *Lilies of the Field: Marginal People Who Live for the Moment*. Boulder CO: Westview Press.

Stoczkowski, Wiktor. 2008. 'The "Fourth Aim" of Anthropology: Between Knowledge and Ethics'. *Anthropological Theory*, 8: 345–56.

Strathern, Marilyn. 1985. 'Discovering "Social Control"'. *Journal of Law and Society*, 12: 111–34.

1987. 'Introduction', in Marilyn Strathern (ed.), *Dealing with Inequality: Analysing Gender Relations in Melanesia and Beyond*. Cambridge: Cambridge University Press.

1988. *The Gender of the Gift: Problems with Women and Problems with Society in Melanesia.* Berkeley: University of California Press.

1992. 'Parts and Wholes: Refiguring Relationships in a Post-Plural World', in Adam Kuper (ed.), *Conceptualizing Society*. London: Routledge.

1995. 'Disembodied Choice', in Lawrence Rosen (ed.), *Other Intentions: Cultural Contexts and the Attribution of Inner States*. Santa Fe NM: School of American Research Press.

1996 (1989). 'For the Motion: The Concept of Society is Theoretically Obsolete', in Tim Ingold (ed.), *Key Debates in Anthropology*. London: Routledge.

2004 (1991). *Partial Connections.* Updated edition. Walnut Creek CA: AltaMira.

Strauss, Sarah. 2005. *Positioning Yoga: Balancing Acts Across Cultures.* Oxford: Berg.

Strawson, P. F. 2008 (1962). 'Freedom and Resentment', in *Freedom and Resentment and Other Essays*. London: Routledge.

Stroeken, Koen. 2010. *Moral Power: The Magic of Witchcraft.* Oxford: Berghahn.

Stroup, Timothy. 1984. 'Edward Westermarck: A Reappraisal'. *Man* (New Series), 19: 575–92.

Stroup, Timothy (ed.). 1982. *Edward Westermarck: Essays on His Life and Works.* Helsinki: Acta Philosophica Fennica.

Sykes, Karen (ed.), *Ethnographies of Moral Reasoning: Living Paradoxes of a Global Age.* New York: Palgrave Macmillan.

Taussig, Michael J. 1980. *The Devil and Commodity Fetishism in South America.* Chapel Hill NC: University of North Carolina Press.

Taylor, Charles. 1984. 'Foucault on Freedom and Truth'. *Political Theory*, 12: 152–83.

1985. 'What's Wrong with Negative Liberty?', in *Philosophy and the Human Sciences: Philosophical Papers 2*. Cambridge: Cambridge University Press.

1989. *Sources of the Self: The Making of Modern Identity.* Cambridge MA: Harvard University Press.

2007. *A Secular Age.* Cambridge MA: Harvard University Press.

Taylor, Robert H. (ed.) 2002. *The Idea of Freedom in Asia and Africa.* Stanford: Stanford University Press.

Thompson, E. P. 1971. 'The Moral Economy of the English Crowd in the Eighteenth Century'. *Past and Present*, 50: 76–136.

Throop, C. Jason. 2010. *Suffering and Sentiment: Exploring the Vicissitudes of Experience and Pain in Yap.* Berkeley: University of California Press.

Turiel, Elliot. 2002. *The Culture of Morality: Social Development, Context, and Conflict.* Cambridge: Cambridge University Press.

Tylor, Edward B. 1871. *Primitive Culture: Researches into the Development of Mythology, Philosophy, Religion, Art, and Custom.* Volume II. London: John Murray.

Valeri, Valerio. 2000. *The Forest of Taboos: Morality, Hunting, and Identity among the Hualulu of the Moluccas*. Madison: University of Wisconsin Press.

Valverde, Mariana. 1998. *Diseases of the Will: Alcohol and the Dilemmas of Freedom*. Cambridge: Cambridge University Press.

Velleman, J. David. 2009. *How We Get Along*. Cambridge: Cambridge University Press.

Venkatesan, Soumhya. 2009a. 'Conversations about Need and Greed', in Karen Sykes (ed.), *Ethnographies of Moral Reasoning: Living Paradoxes of a Global Age*. New York: Palgrave Macmillan.

    2009b. 'Rethinking Agency: Persons and Things in the Heterotopia of "Traditional Indian Craft"'. *Journal of the Royal Anthropological Institute*, 15: 78–95.

    (in press). 'Different Kinds of Freedom, Obligation, and Detachment'.

Vilaça, Aparecida. 2000. 'Relations between Funerary Cannibalism and Warfare Cannibalism: The Question of Predation'. *Ethnos*, 65: 83–106.

Vogt, Evon Z. and Ethel M. Albert (eds.). 1967. *People of Rimrock: A Study of Values in Five Cultures*. Cambridge MA: Harvard University Press.

Weber, Max. 1991 (1919). 'Politics as a Vocation', in H. H. Gerth and C. Wright Mills (eds.), *From Max Weber*. New edition. London: Routledge.

Wegner, Daniel M. 2002. *The Illusion of Conscious Will*. Cambridge MA: MIT Press.

Westermarck, Edward. 1906. *The Origin and Development of the Moral Ideas*. Volume 1. London: Macmillan.

    1908. *The Origin and Development of the Moral Ideas*. Volume 2. London: Macmillan.

    1932. *Ethical Relativity*. London: Kegan Paul.

Widlok, Thomas. 2004. 'Sharing by Default? Outline of an Anthropology of Virtue'. *Anthropological Theory*, 4: 53–70.

    2009. 'Norm and Spontaneity: Elicitation with Moral Dilemma Scenarios', in Monica Heintz (ed.), *The Anthropology of Moralities*. Oxford: Berghahn.

Wikan, Unni. 1990. *Managing Turbulent Hearts: A Balinese Formula for Living*. Chicago: University of Chicago Press.

Willerslev, Rane. 2007. *Soul Hunters: Hunting, Animism, and Personhood among the Siberian Yukaghirs*. Berkeley: University of California Press.

Williams, Bernard. 1972. *Morality*. Cambridge: Cambridge University Press.

    1973. *Problems of the Self*. Cambridge: Cambridge University Press.

    1981. *Moral Luck*. Cambridge: Cambridge University Press.

    1985. *Ethics and the Limits of Philosophy*. London: Collins.

    1986. 'Reply to Simon Blackburn'. *Philosophical Books*, 27: 203–5.

1993. *Shame and Necessity*. Berkeley: University of California Press.

1995a. *Making Sense of Humanity*. Cambridge: Cambridge University Press.

1995b. 'Replies', in J. E. J. Altham and Ross Harrison (eds.), *World, Mind, and Ethics: Essays on the Ethical Philosophy of Bernard Williams*. Cambridge: Cambridge University Press.

2005. *In the Beginning was the Deed: Realism and Moralism in Political Argument*. Princeton: Princeton University Press.

2006. *The Sense of the Past: Essays in the History of Philosophy*. Princeton: Princeton University Press.

Williams, Paul. 2009. 'Is Buddhist Ethics Virtue Ethics? Toward a Dialogue with Santideva and a Footnote to Keown', in John Powers and Charles S. Prebish (eds.), *Destroying Mara Forever: Buddhist Ethics Essays in Honor of Damien Keown*. Ithaca: Snow Lion Publications.

Wilson, Peter J. 1969. 'Reputation and Respectability: A Suggestion for Caribbean Ethnography'. *Man* (New Series), 4: 70–84.

1973. *Crab Antics: The Social Anthropology of English-Speaking Negro Societies in the Caribbean*. New Haven CT: Yale University Press.

Wolfram, Sybil. 1982. 'Anthropology and Morality'. *Journal of the Anthropological Society of Oxford*, 13: 262–74.

Wong, David B. 2006. *Natural Moralities: A Defense of Pluralistic Relativism*. New York: Oxford University Press.

Woodburn, James. 1982. 'Egalitarian Societies'. *Man* (New Series), 17: 431–51.

Yan, Yunxiang. 2003. *Private Life Under Socialism: Love, Intimacy, and Family Change in a Chinese Village, 1949–1999*. Stanford: Stanford University Press.

2009. *The Individualization of Chinese Society*. Oxford: Berg.

2011. 'How Far Away Can We Move From Durkheim? Reflections on the New Anthropology of Morality'. *Anthropology of this Century*, 2: http://aotcpress.com/articles/move-durkheim-reflections-anthropology-morality/

Young, Robert. 1986. *Personal Autonomy: Beyond Negative and Positive Liberty*. New York: St Martin's Press.

Zigon, Jarrett. 2007. 'Moral Breakdown and Ethical Demand: A Theoretical Framework for an Anthropology of Moralities'. *Anthropological Theory*, 7: 131–50.

2008. *Morality: An Anthropological Perspective*. Oxford: Berg.

2009a. 'Within a Range of Possibilities: Morality and Ethics in Social Life'. *Ethnos*, 74: 251–76.

2009b. 'Phenomenological Anthropology and Morality: A Reply to Robbins'. *Ethnos*, 74: 286–88.

2010. 'Moral and Ethical Assemblages: A Response to Fassin and Stoczkowski'. *Anthropological Theory*, 10: 3–15.

2011. '*HIV is God's Blessing*': *Rehabilitating Morality in Neoliberal Russia*. Princeton: Princeton University Press.

Žižek, Slavoj. 2010. *Living in the End Times*. London: Verso.

索 引

Abu-Lughod, Lila 莉拉·阿布-卢赫德 28, 146, 157, 182

Actor-Network Theory (ANT) 行动者网络理论 180-1, 183-5, 187, 191, 197

agency 能动性 5-6, 140, 176, 181, 187, 197, 207

alterity, rhetoric of 异质/相对论修辞 32-3, 40, 216-20

Althusser, Louis 路易·阿尔都塞 3, 101

ancient Greek ethics 古希腊伦理 51, 59-60, 119-24, 150, 188-9, 213-14

Annas, Julia 茱莉娅·安纳斯 49, 71, 72, 73, 74, 115

Anscombe, Elizabeth 伊丽莎白·安斯科姆 49, 50, 55, 56, 112

anthropology of ethics 道德人类学
 history of 的历史 10-16, 39, 48
 nature of 的自然 1-3, 4, 9-10, 23, 39, 44-6, 47, 92, 107, 114-15, 138-9, 179, 213-24

anthropology, as ethical practice 作为道德实践的人类学 45-6, 224

Aristotle 亚里士多德 49, 50, 52, 53, 57, 59, 63, 73-5, 85, 90, 115, 148, 165

Asad, Talal 塔拉勒·阿萨德 16, 54, 70, 71, 109-10, 140, 165

Austin, J. L. J. L. 奥斯汀 190, 196

autonomy 自主/自治/自由 150, 155-67, 169, 171, 177, 195

Azande (E. Africa) 阿赞德人(东非) 197-204, 206-8

Bauman, Zygmunt 齐格蒙特·鲍曼 3, 9, 116

Benedict, Ruth 鲁思·本尼迪克

特 24, 25, 29, 31

Berlin, Isaiah 以赛亚·伯林 142-3, 147, 148, 156, 163, 165, 167, 174

big man 大人物/领袖 85, 130, 133, 134

Boas, Franz 弗朗茨·博厄斯 24, 25, 28

Boellstorff, Tom 汤姆·博尔斯托夫 34, 78-9, 106, 220

Bourdieu, Pierre 皮埃尔·布迪厄 4-9, 53, 70, 75, 117, 125, 196

Brandt, Richard 理查德·勃兰特 14, 39, 112

Buddhists and Buddhism 佛教徒和佛教 16, 36, 38, 39, 51, 70, 128-9, 154, 155, 210

Butler, Judith 朱迪思·巴特勒 101, 140

cannibalism 食人俗 221-4

Carrithers, Michael 迈克尔·卡里瑟斯 11, 15, 38-9, 42, 70, 87

Chitral（Pakistan） 奇特拉尔（巴基斯坦） 170-1

Christianity 基督教 15, 16, 37, 67, 68, 86, 110, 111, 129, 133, 154, 155, 216

conflicts of values 价值冲突/价值矛盾/价值斗争 75-7, 82-3, 126-8, 132, 133, 167-73

Conklin, Beth 贝丝·康克林 33, 221-4

Cook, Joanna 乔安娜·库克 16, 39, 104, 154, 158

Crete 克里特 175

Crow Indian people 克劳人 135-7

Csordas, Thomas J. 托马斯·J.乔尔达什 45

cultural critique, anthropology as 作为文化批判的人类学 28-31, 220

culture, holistic concept of 整体/全观概念下的文化 12, 24-6, 27, 63, 87, 220

Dan-Cohen, Meir 迈尔·丹-科恩 190, 195

Das, Veena 维娜·达斯 101, 119, 127, 168

Deleuze, Gilles 吉利斯·德勒兹 41, 94, 95, 96

Dinka people（Sudan） 丁卡人（苏丹） 194

Douglas, Mary 玛丽·道格拉斯

197, 202, 203

Dumont, Louis 路易斯·杜蒙 12, 34-5, 37, 140

Durkheim, Emile 埃米尔·涂尔干 5, 9, 10-11, 17-21, 36, 41, 53, 90

 influence on anthropological approaches to morals 对人类学道德研究的影响 21-3

Egypt 埃及 75, 109, 138, 139-40, 142, 171-3, 184

Englund, Harri 哈里·英格伦 119, 161-2

erotic capital 性欲资本 7

ethical subjects and human individuals 道德主体和人类个体 104-7

ethnographic stance 民族志姿态 45, 47, 68, 216, 224

Evans-Pritchard, E. E. E. E. 埃文斯-普里查德 11, 14, 197-204, 206

Evens, T. M. S. T. M. S. 埃文斯 6, 9, 11, 15

exemplars 典范/模范/楷模 82, 83-7, 103, 122-4

Fassin, Didier 迪迪埃·法桑 15

Faubion, James D. 詹姆斯·D. 福布恩 15, 92, 103, 104, 105, 125, 131, 150, 175

Flathman, Richard E. 理查德·E. 弗拉特曼 96, 102, 109, 147, 148, 149

Foucault, Michel 米歇尔·福柯 9, 43, 58, 70, 92-104, 107, 108-9, 110-12, 113, 116, 117-18, 119, 122, 125, 132, 134, 135, 137, 138, 149, 177

 and Gilles Deleuze 与吉利斯·德勒兹 94, 95

 and Marxism 与马克思主义 94, 95, 96

 and psychoanalysis 与心理分析 94, 95

 divergent interpretations of 对……的不同阐释 93

 ethics distinguished from moral codes 道德和伦理的不同 110-11, 131

 ethics intrinsically social 道德的本质是社会性的 115, 116, 149

 on classical Athens 关于古雅典 100

 on freedom 关于自由 93, 96-8, 99, 102, 103, 108-9, 115, 119-24

on power 关于权力 96-8

on problematization 关于问题化 118-24

on reflective thought 关于反思性思考 93, 101, 102, 103, 108-9, 119, 149, 177

on subjectivation 关于主体化 99, 101-4, 150

on the repressive hypothesis 关于性压抑假说 93-5

Frankfurt, Harry G. 哈里·G. 法兰克福 148, 149, 164, 167, 195

freedom and agency 自由与能动性 6

 as anthropological concept 作为人类学概念的 9-10, 92, 138-9

 as cultural indoctrination 作为文化灌输的 24-6

 as delusion 作为错觉的 3

 as sponteneity 作为自发的 173-6

 as Western ideology 作为西方意识形态的 3-4, 138-9, 140, 142, 155

 in Aristotle 在亚里士多德 73-5

 in classical Athens 在古雅典 119-24, 150

 liberal conceptions of 自由主义概念化下的 142-5, 147-9, 150, 156, 157, 161, 163-5, 166, 167, 177

 Russian concepts 俄语概念 146-7, 174

 varieties of 多样的/多类型的 108-10

Fulani people (W. Africa) 富拉尼人（西非） 145-6

Gahuku-Gama people (Papua New Guinea) 加胡库-加玛人（新几内亚地区） 12-13, 214-16

Geertz, Clifford 克利福德·格尔茨 29-31, 47, 70, 220, 224

Gellner, Ernest 欧内斯特·盖尔纳 88

Gluckman, Max 马克斯·格卢克曼 14, 197, 201

Goffman, Irving 欧文·戈夫曼 89

habit 习惯 11, 24, 26, 33, 71-7, 168

Hadot, Pierre 皮埃尔·阿多 51, 156

Hakim, Catherine 凯瑟琳·哈基姆 7

Hampshire, Stuart 斯图尔特·汉普希尔 148, 165

Heidegger, Martin 马丁·海德格尔 41, 52, 102, 125

Herskovits, Melville 梅尔维尔·赫斯科维茨 24, 29

Herzfeld, Michael 迈克尔·赫兹菲尔德 11, 12, 158, 175

Hindus and Hinduism 印度教徒和印度教 16, 39, 210-11

Hirschkind, Charles 查尔斯·赫什金德 16, 69, 139-42, 147, 151, 155, 165-7, 169, 171, 172, 177

humanism 人本主义 107-8

Hume, David 大卫·休谟 9, 50, 56, 57, 66, 89, 90

Humphrey, Caroline 卡洛琳·汉弗莱 15, 34, 83-4, 85, 87, 146-7, 174-5, 195

Indonesia
  Bali 印度尼西亚巴厘岛 161
  gay and lesbian subjectivities in 同性恋群体的主体性 78
  Minangkabau 米南卡保人 169-70

insurance 保险 208

Islam 伊斯兰教 16, 28, 55, 69, 70, 75, 104, 139-42, 152, 155, 166, 167, 168, 169-73, 211

Jains and Jainism 耆那信徒和耆那教 16, 38, 42, 51, 82-3, 126-8, 134, 154, 155, 168-9, 210, 211

Kant, Immanuel 伊曼努尔·康德 18, 20, 44, 58, 73, 99, 112, 125, 144, 163, 164

Kantianism and Neo-Kantianism 康德主义和新康德主义 20, 41, 48, 50, 53, 58, 90, 163, 166, 167, 173

karma 业 105-6, 209-11

Keane, Webb 韦伯·基恩 2, 15, 96, 159, 182

Kohlberg, Lawrence 劳伦斯·科尔伯格 54

Korowai people (Papua New Guinea) 巴布亚新几内亚科罗威人 159-61

Kubrick, Stanley 斯坦利·库布里克 191

Lambek, Michael 迈克尔·兰柏克 2, 15, 52, 75, 77, 119, 168

Latour, Bruno 布鲁诺·拉图尔

287

17, 183, 186

Lear, Jonathan 乔纳森·利尔 72, 73, 74, 135-7

Lienhardt, Godfrey 戈弗雷·林哈德 11, 53, 194

Liu, Xin 流心 85

MacIntyre, Alasdair 阿拉斯代尔·麦金泰尔 43, 48, 50, 54, 55-77, 84, 85, 91, 92, 112, 117, 138, 140, 143, 164, 166, 213
 Christianity 基督教 55, 65-71, 76, 88
 disquieting suggestion 令人不安的论述/建议 55, 87, 136
 Marxism 马克思主义 55, 76, 88
 on Aquinas 关于阿奎那 64, 65-6
 on Aristotle 关于亚里士多德 57, 59-60, 61, 63, 85
 on emotivism 关于道德情绪论/情绪主义 56-7, 85, 88, 90, 165
 on genealogy 关于"谱系式" 58-9, 91
 on liberalism 关于自由主义 87-90, 91
 on the Enlightenment 关于启蒙运动 58-9, 63, 66
 on tradition 关于传统 55, 60, 63-4, 65, 67, 68, 69, 71, 72, 79, 81
 on tragedy and value conflict 关于悲剧和价值冲突 76
 on virtue 关于美德 61-3, 71-5

Mahmood, Saba 萨芭·马哈茂德 16, 69, 75, 139-42, 147, 149, 150, 151, 155, 165-7, 169-70, 173, 177

Mair, Jonathan 乔纳森·梅尔 16, 128, 217

Malawi 马拉维 161-2

Malinowski, Bronislaw 布罗尼斯拉夫·马林诺夫斯基 25

Marett, Robert 罗伯特·马雷特 10, 11

Marriott, McKim 麦金·马里奥特 28, 34

Marsden, Magnus 马格努斯·马斯登 16, 170-1

Mattingly, Cheryl 谢里尔·马丁利 43, 54, 107, 117

Mauss, Marcel 马塞尔·莫斯 35-9, 53

Mead, Margaret 玛格丽特·米德 24, 25, 220

Metcalf, Barbara 芭芭拉·梅特卡夫 104
Milgram, Stanley 斯坦利·米尔格朗 187
Mill, John Stuart 约翰·斯图尔特·穆勒 9, 41
Mitchell, Timothy 蒂莫西·米切尔 183, 186
Mongolian people 蒙古人 83-4, 128-9, 175, 217
moral breakdown 道德停顿 117-19, 125, 128, 133, 134
moral economy 道德经济 21, 22
moral incapacity 道德无能 152-5
moral luck 道德运气 113, 206

narrative 叙事 54, 62, 81, 82, 87
Needham, Rodney 罗德尼·尼达姆 68, 224
Newars (Nepal) 尼瓦尔人（尼泊尔） 210-11
Nietzsche, Friedrich 弗里德里希·尼采 9, 35, 58, 96, 99, 112, 114, 134, 174, 188, 209
non-humans, ethical significance of 除人类之外/非人实体的道德重要性 106-8

Nuer people (Sudan) 努尔人（苏丹） 202-4
Nussbaum, Martha 马莎·努斯鲍姆 49, 51, 54, 64, 74, 156

opacity doctrines 不透明原理 158-61
Ortner, Sherry B. 谢里·B.奥特纳 4-5, 158, 182
Pandian, Anand 阿南德·潘迪安 15, 79-82, 104
Piramalai Kallar people (S. India) 皮拉马来-卡拉人（南印度） 79-82
Parish, Steven 史蒂文·帕里什 15, 16, 35, 210-11
pedagogy and moral education 教育学和道德教育 18, 50, 65, 66, 122, 123, 150-2
Pedersen, Morten Axel 阿克塞尔·莫滕·佩德森 68, 175
Plato 柏拉图 26, 53
practice theory 实践理论 5, 180, 183, 186, 187, 191, 196, 197
psychology 心理学
　cognitive 认知心理学 3
　developmental 发展心理学 54
　evolutionary 进化心理学 3
Putnam, Hilary 希拉里·帕特南

26, 43, 64

Rabinow, Paul 保罗·拉比诺 17, 104, 218

Rawls, John 约翰·罗尔斯 164

Read, Kenneth E. 肯尼思·里德 12–13, 136, 214–16

Regina v. Charlson 雷吉娜诉查尔森案件 193, 195

relativism 相对主义/相对论 12–13, 23–32, 58, 61, 63, 64, 69, 214, 221, 223

responsibility 责任 14, 44, 131, 161, 185

  and constitution of ethical subjects 和道德主体的形成 191–7

  Actor-Network Theory (ANT) blind to 忽视行动者网络理论 185

  Azande and Nuer compared 阿赞德人和努尔人的对比 202–4

  Bernard Williams on 伯纳德·威廉姆斯关于 188–90

  for self 为了自己 212

  in statistical reasoning 在统计理性/统计逻辑中 204–9

  in witchcraft and divination 在巫术和占卜中 197–202

  P. F. Strawson on P. F. 斯特劳森关于 185

Riesman, Paul 保罗·里斯曼 145–6, 157

Robbins, Joel 乔尔·罗宾斯 15, 31, 85–7, 129–35, 159, 203

Rogers, Douglas 道格拉斯·罗杰斯 11, 15, 26, 77–8, 81

Rose, Nikolas 尼古拉斯·罗斯 35, 109, 209

Rousseau, Jean-Jacques 让-雅克·卢梭 29, 91, 144, 174

Ryle, Gilbert 吉尔伯特·赖尔 47

Scheper-Hughes, Nancy 南希·舍佩尔-休斯 31

Schielke, Samuli 萨穆利·席尔克 171–3

science of unfreedom 不自由的科学 3, 9, 44, 149

Second Life 游戏《第二生》 106

Simon, Gregory 格雷戈里·西蒙 169–70

situationalist critique of virtue ethics 情境主义者对美德理论的批判 43

Skinner, Quentin 昆廷·斯金纳

144, 156

Smith, Adam 亚当·斯密 9, 57, 144, 156

society, contrasting conceptions of 关于社会的不同概念 16, 22, 116, 179

Socrates 苏格拉底 26, 112

Stasch, Rupert 鲁珀特·施塔施 159-61

State v. Snowden 佛罗里达州诉斯诺登案件 195

statistical reasoning 统计推理/统计逻辑 204-9

Stoczkowski, Wiktor 维克托·斯托维斯基 15, 31

Stoics and Stoicism 斯多葛学派, 即禁欲主义者和禁欲主义 37, 38, 49, 156

Strathern, Marilyn 玛丽莲·斯特拉森 17, 22, 68, 158, 181

Strawson, P. F. P. F. 斯特劳森 185, 199

Stroeken, Koen 科恩·斯特劳艾肯 198

subjectivation 主体化 101-8, 133

Tabligh Jama'at movement 塔布里·扎马特运动 104

'taking seriously' "认真对待" 46, 68, 213-14, 216, 217, 218, 220, 223

Taylor, Charles 查尔斯·泰勒 35, 49, 67, 93, 148

Urapmin people (Papua New Guinea) 乌拉普米安人(巴布亚新几内亚) 86-7, 129-35, 154, 159, 203

Utilitarianism 功利主义 41, 48, 50, 53, 58, 90

Venkatesan, Soumhya 苏马亚·文卡特桑 162, 183

Wari' people (Amazonia) 瓦里人(亚马孙河流域) 33, 221-3

Weber, Max 马克斯·韦伯 9, 76, 89, 131

Westermarck, Edward 爱德华·韦斯特马克 12

Willerslev, Rane 拉内·维勒斯拉夫 68, 157, 217-19

Williams, Bernard 伯纳德·威廉姆斯 49, 50, 51, 64, 68, 114, 115, 148, 165, 167, 194, 197,

206, 211
morality as peculiar 特定的道德 112, 196
on ethical theory and reflection 关于道德理论和反思 52, 213-14
on moral incapacity 关于道德无能 152-3
on relativism 关于相对主义/相对论 23, 27-8, 65
on responsibility 关于责任 188-90
Williams, Bernard (cont.) 伯纳德·威廉姆斯
on the ethnographic stance 关于民族志姿态 45, 47, 68, 69, 216

witchcraft 巫术 159, 180, 203, 204, 206, 207
Wolfram, Sybil 西比儿·沃尔弗拉姆 14, 17, 41

Yan, Yunxiang 阎云翔 23, 117
Yukaghir people (Siberia) 尤卡吉尔人(西伯利亚) 217-19

Zigon, Jarrett 贾勒科·齐贡 15, 116-19, 124-6, 128, 134
Žižek, Slavoj 斯拉沃热·齐泽克 88